श्री लीला रामायण

(तुलसी की आदर्श रामलीला)

भानुशंकर मेहता

लोकभारती प्रकाशन

लोकभारती प्रकाशन
पहली मंजिल, दरबारी बिल्डिंग, महात्मा गांधी मार्ग
प्रयागराज-211 001
वेबसाइट : www.lokbhartiprakashan.com
ईमेल : info@lokbhartiprakashan.com

शाखाएँ : 1-बी, नेताजी सुभाष मार्ग, दरियागंज
नई दिल्ली-110 002
अशोक राजपथ, साइंस कॉलेज के सामने
पटना-800 006
1, अनमोल सोराबजी संतुक लेन, धोबी तलाव,
मरीन लाइंस, मुम्बई-400 002

पहला संस्करण : 2014
दूसरा संस्करण : 2025

बी. के. ऑफसेट
नवीन शाहदरा, दिल्ली-110 032
द्वारा मुद्रित

SHRI LEELA RAMAYAN
by Dr. Bhanushankar Mehta

ISBN : 978-81-8031-856-6

मूल्य : ₹995

प्रातःस्मरणीय गोस्वामी तुलसी दास के
चरणों में
त्वदीयंवस्तु गोविंदं
त्वमेव चरणे अर्पित

विषय-सूची

श्री रामलीला

(भूमिका)

भारत के बहुसंख्य लोग रामलीला देखते हैं। हमने भी विगत वर्षों में विविध शैलियों में प्रस्तुत रामलीलाएँ देखी हैं। वाराणसी में अनेक रामलीलाएँ देखने का भी सौभाग्य मिला है। एक ओर वाराणसी की प्रतिष्ठित चित्रकूट लीला और रामनगर की रामलीला है जिसके बारे में कुछ नहीं कहना है। इन लीलाओं का मान्य आलेख और प्रस्तुतीकरण विधि है। इनके साथ एक ही कठिनाई है कि इन्हें अन्यत्र करना सम्भव नहीं है। बाकी वाराणसी नगर की दर्जनों लीलाएँ और राष्ट्रीय रामलीला मेला (मध्य प्रदेश) में आमन्त्रित मण्डलियों के कार्यक्रम ध्यान से देखे हैं। इनमें कुछेक तो प्रादेशिक शैली (लोक मंच) पर आधारित थीं और उनके बारे में भी कुछ कहना उचित न होगा। पर अन्य रामलीलाएँ जो 'रामचरितमानस' पर आधारित लीलाएँ प्रस्तुत की गयीं उनके बारे में सादर कहना है कि वे लीला को अन्य कवियों की रचनाओं से सजाते हैं, संवाद में भारतीय अध्यात्म और दर्शन का भी प्रदर्शन करते हैं और कथा में क्षेपकों का सहारा लेकर अनेक प्रसंग प्रस्तुत करते हैं। यद्यपि इसमें कोई आपत्ति नहीं है, रामकथा का अपनी भावना के अनुरूप शृंगार करने का सबको अधिकार है। फिर भी कुछ मण्डलियों ने कहा कि हमारे पास कोई आलेख नहीं है। फिर उत्साहवश बहुधा पात्र एक ही बात पाँच-छह बार दुहरा जाते हैं जिससे प्रसंग लम्बा होता है और थोड़ी ऊब भी होती है। पहले पात्र संस्कृत में वाल्मीकि की रामायण का श्लोक बोलता है, फिर मानस की चौपाई और उसका गद्य रूप प्रस्तुत करता है तदूनन्तर केशव की रामचन्द्रिका, तुलसी की कवितावती-गीतावली के छन्द, किसी अन्य कवि के काव्य, राधेश्याम रामायण की पंक्तियाँ, उर्दू के चुनिन्दा शेर अन्त में व्यास जी स्वयं कवि हुए तो उनका कवित्त पढ़ता है (मैंने तो रौ में आये रावण-अंगद संवाद में अंग्रेजी झड़प भी सुनी है)

प्रश्न यह है कि रामलीला के सम्पादक मेघाभगत और तुलसीदास की कल्पना क्या थी। मेघाभगत तो वैष्णव पूजन परम्परा में झाँकियाँ प्रस्तुत करते थे, उनकी लीला में संवाद का महत्त्व ही नहीं है। हाँ तुलसीदास ने संवादयुक्त रामलीला की परिकल्पना

की थी। उनकी मान्यता थी कि लीला मनदृग से देखनी चाहिए (चिन्तत भरत भरती निरनय, मनदृग देखत हनुमत अभिनय) दूसरे लीला एक अनुष्ठान है और उसी भावना से उसे करना चाहिए अर्थात् उसमें नाटक या लोकनाट्य के सिद्धान्त लागू नहीं होते (अन्य लीलानुकरण प्रवक्ष्यामि महामुने, यत्कृत्वा चाक्ष दृष्ट्वा हि मुच्यते पातकै नरः)। तीसरी बात अत्यन्त महत्त्वपूर्ण है कि लीला का उद्देश्य है ''जाको जहाँ अर्थ है जैसो, लीला ललित लखावत तैसो।'' अर्थात् मानस पाठ के साथ जब लीला की जाती है तो उसका उद्देश्य होता है कक्ष का स्पष्टीकरण, सरल भाषा में जनसाधारण को उसका अर्थ समझाना। तुलसी मंच की लीलाओं की परम्परा यही रही है कि मानस की कुछ चौपाइयों का पाठ तब गद्य में पात्र-विशेष द्वारा संवाद बोलना, पुनर्पाठ और तब दूसरे पात्र का प्रत्युत्तर संवाद। यह विधि नाटक या लोकनाट्य से भिन्न है पर लीलाप्रेमी जनता को मानस की एक-एक पंक्ति का अर्थ समझाने के लिए अच्छी योजना है। अब आजकल संवाद में छन्द, चौपाई, कवित्त जोड़ देते हैं, नाटक की शैली में उत्तर-प्रत्युत्तर संवाद होता है, गाना-बजाना भी हो जाता है। शायद लोगों को पसन्द भी आता है।

मुख्य बात लीला की परिभाषा मूलरूप से समझने की है तब मनचाही छूट ली जा सकती है। लीला की भागवत पुराण में व्याख्या की गयी है कि ''लीला विदधतः स्वैरमीश्वरस्यात्मायया'' प्रभु स्वयं लीला करते हैं और स्वयं ही लीला देखते हैं। यह गहरा वैष्णव विश्वास है कि लीलानुकरण से प्रेम भक्ति प्राप्त होती है और पाप का क्षय होता है। यदि किसी को अहंकार हो जाय कि हम तो अद्भुत श्रेष्ठ लीला करते हैं तो उन्हें समझना चाहिए कि यह लीलानुकरण है। वास्तविक लीला तो प्रभु ने 'अवतरित लीला' के अवसर पर की थी। हम तो अज्ञानी प्राणी हैं अपने बचकाना ढंग से उनकी लीला का अपनी औकात के अनुसार क्षुद्र अनुकरण मात्र करते हैं। लीला एक उपासना विधि है अतः यज्ञ, संकल्प, मुकुट-पूजन और विसर्जन सभी लीला के अभिन्न अंग हैं। लीला आधुनिक अर्थ में नाटक नहीं है, न ही वह लोकनाट्य है। प्रभु की कथा अपने ढंग से कहने की सबको छूट है। हर रूप में प्रभु वन्दनीय हैं पर लीला का अपना विधान है। मुकुट-पूजन के बाद लीला की अवधि में स्वरूप बने पात्र दिन-रात साक्षात् प्रभु की जीवन्त प्रतिमा माने जाते हैं, केवल वेशधारी अभिनेता नहीं। लीला में दर्शक स्वयं पात्र होता और साध्यता प्राप्त करता है, वह कक्ष के प्रत्येक अंश से, प्रत्येक संवाद से जुड़ता है जैसा नाटक में नहीं होता। लीला प्रभु के स्वरूप को स्पष्ट करती है, आचरण का पथ प्रदर्शित करती है। दर्शक हर बार वही लीला देखता है पर हर बार गहरे और अधिक गहरे उतरता है तथा हर बार नये मोती ढूँढ़ लाता है। लीला सन्तप्त राम कृष्ण रस का पान कराती है। लीला अरूप को रूपायित करने की कला है। प्रिय जो प्रत्यक्ष नहीं है उन्हीं की कथा स्मरण कर उसकी भोंड़ी ही सही नकल करना लीला है तो विरहाग्नि का उपचार भी है। लीला में समय (टाइम) और अवकाश (स्पेस) का विशेष महत्त्व नहीं। यहाँ तो सब-कुछ (त्रिकाल) 'क्षण' में निहित है। जो लीलारस में अवगाहन करता है वह

दिव्य भावालोक में प्रतिष्ठित होता है। लीला में जड़ चेतन और चेतन जड़ हो जाता है। लीला के स्थल बदलते हैं पर झाँकी तो अचल होकर मन में बस जाती है। इस स्थाणु गतिशीलता को गहरे उतरकर सिद्ध योगी ही पकड़ पाते हैं। इच्छामय नरवेश सँवारे अन्तर्यामी मायापति मर्कट की नाईं सबको नचाते हैं और जो इस सूत्रधर स्वामी को जान लेता है (तिहँ जानहिं जेहि दहिं जनाई) उसका माया रूपी विकट कपट खग से रक्षा होती है।

जिनमें श्रद्धा, विश्वास, आस्था का अभाव है उन्हें लीला नहीं देखनी चाहिए और जिन्हें वर्तमान विषाद के विष से त्राण पाना है उन्हें नाटक नहीं देखना चाहिए। यद्यपि दोनों ही मायानटी के दो पहलू हैं।

वर्तमान संग्रह में हमारा कुछ नहीं है। तुलसी की रामकथा है, उनका मानस है और गद्य-पद्य में उन्ही की पंक्तियाँ हैं। प्रत्येक प्रसंग का मानस के अनुसार स्वरूप दे दिया है। यदि लीला करनेवाले चाहें तो उनका कवित्त-छन्द रीति से शृंगार कर सकते हैं पर ध्यान रहे अतिरेक न हो, कथा का रस भंग न हो। क्षेपक जोड़ने से कथा का विस्तार होगा और यदि समय अनुमति दे तो वैसा कर सकते हैं। इस लीला-संग्रह में कोई दुराग्रह नहीं है, कोई बाध्यता नहीं है पर जो केवल तुलसी के रामचरितमानस को रूपायित करना चाहते हैं उनके लिए यह उपयोगी होगा।

संक्षेप में भी लीला की जा सकती है। इसके दो उदाहरण श्रेयस् की रामलीला और एकश्लोकी लीला में दिये हैं। समूचा काण्ड संक्षेप करके एक लीला में समेटा जा सकता है इसका उदाहरण 'पादुकाभिषेक' (सम्पूर्ण अयोध्याकाण्ड) लीला में दर्शाया है।

अन्त में आप लीला अपनी शैली में करें पर इतना अवश्य है इसका पाठ आपको रामचरितमानस के संक्षिप्त पाठ का सुख देगा। राम जी की प्रेरणा से यह लिखा गया और उन्हीं के युगल चरणों में अर्पित है।

-श्री राम शरणं प्रपद्ये-

-भानुशंकर मेहता

श्री रामलीला मंचन विधि

मध्य प्रदेश आदिवासी लोक कला परिषद् के तत्त्वावधान में प्रतिवर्ष राष्ट्रीय रामलीला मेला होता है। यहाँ सभी के लिए चौखटेवाला मंच उपलब्ध है अर्थात् एक विशाल मंच जिसका अग्र भाग खुला होता है और मध्य में दस-बारह मीटर लम्बा भीतर को घटता क्षेत्र होता है जिसमें परदे आदि लगाये जा सकते हैं। अग्र भाग में एक ओर रामायणी बैठते हैं और बाकी क्षेत्र लीलाभूमि का मुख्य भाग होता है। पीछे के हिस्से में झाँकियाँ या कम गति के दृश्य बनाये जाते हैं।

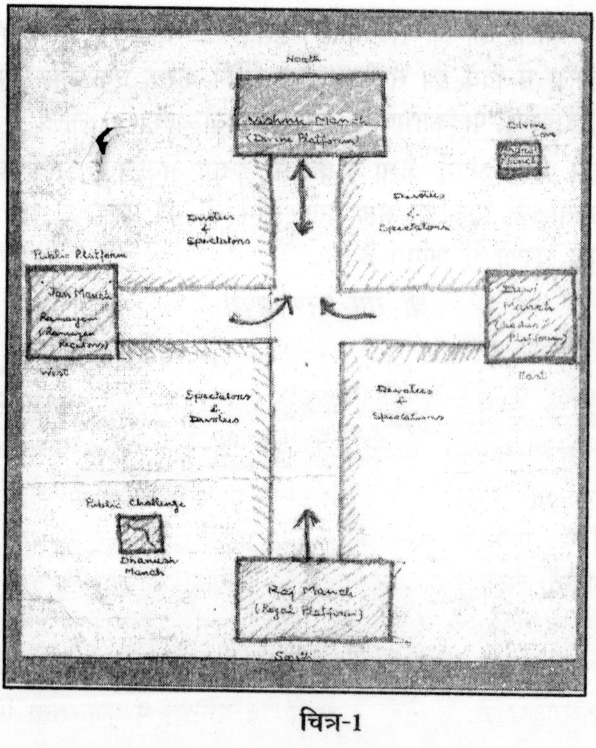

चित्र-1

आधुनिक प्रोसीनियम या चौखटे मंच पर लीला करनेवालों को कठिनाई नहीं होती। किन्तु बहुत-सी लीलाएँ मैदान में विशेष शैली में होती हैं। इन्हें ऐसे मंच पर असुविधा होती है। उदाहरण के लिए काशी की तुलसीदास द्वारा स्थापित चार मंच की लीलाएँ हैं जहाँ मैदान में चार दिशाओं में चार मंच बना लेते हैं और इन्हें गलियों से जोड़ देते हैं, दर्शक बचे स्थान में बैठ जाते हैं। यहाँ दृश्य बदलने, परदे लगाने की आवश्यकता नहीं होती। (चित्र 2)। वाराणसी जनपद में ही रामनगर (गंगा के पूर्वी तट पर वाराणसी

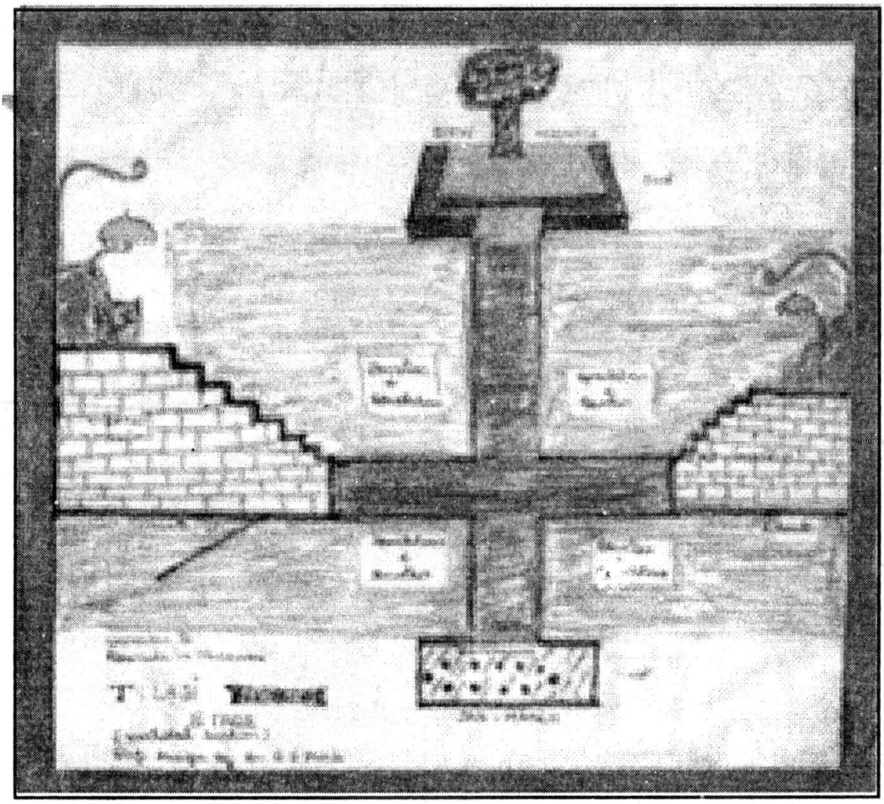

चित्र-2

नगर के सामने) है जहाँ की लीला में पूरे नगर में लीला-स्थल चुन लिये गये हैं और स्थान-विशेष की लीला वहीं होती है। यदि आवश्यक हुआ तो पात्र और दर्शक चलकर दूसरे स्थल पर जाते हैं। यहाँ कोई मंच विधान नहीं होता। बाग-बगीचे, भवन, मन्दिर, तालाब, वन, पगडण्डियाँ, रास्ते सभी लीला में प्रयुक्त होते हैं। ऐसी लीला दूसरे नगरों में करना सम्भव नहीं है। वाराणसी में ही तीसरी रामलीला चित्रकूट लीला है जहाँ रंगमंच की आवश्यकता नहीं होती। एक सोपानयुक्त ऊँचे चबूतरे पर प्रसंग-विशेष की झाँकी सजाते हैं और दर्शक चाक्षुष-यज्ञ करते हैं। यह वैष्णव मन्दिरों में पूजा-जैसा विधान है।

चित्रकूट लीला की झाँकी का दर्शन सुख लेने के लिए आस्थावान् दर्शक चाहिए।

इसी प्रकार प्रयाग में दल का विधान है। चौकियों पर झाँकियाँ सजाकर शोभा-यात्रा निकाली जाती है। शोभा-यात्रा का विधान वाराणसी में भी है, यहाँ भी राम बारात, नक्कटैया और भरत मिलाप की शोभा-यात्राएँ निकलती हैं। दिल्ली में भी पात्र जुलूस के रूप में रामलीला मैदान में पहुँचते हैं।

बाकी लोक मंच हैं जैसे जात्रा, नौटंकी, मवाई, यक्षगान, स्वाँग आदि और ये अपने विशेष मंच पर लीला करते हैं।

सच पूछिये तो रामकथा बहुआयामी है। लीला के अलावा कठपुतली, छाया, नृत्य, बैले, थियेटर (पारसी), लोकनाट्य और दशावतार, ललित विस्तार, हरिकथा के रूपों में प्रस्तुत की जा सकती है। रामकथा के मंच रूपों का अध्ययन एक रोचक विषय है। इसी प्रकार लीला की वेशभूषा, मुकुट, मुखौटे, पुश्त, रंग दीपक, शृंगार (मेकप), गतिविधि, संवाद और नृत्य-गीत-कथा गायन की शैलियों का अध्ययन भी भारत की (या आर्य संस्कृति) की विविधताओं और थाती का ज्ञान करानेवाला होगा।

इस संग्रह में दी गयी लीलाएँ किसी भी मंच पर प्रस्तुत की जा सकती हैं और सुविधानुसार, मंच के अनुकूल आलेख में सुधार करना आवश्यक होगा। खाका प्रस्तुत है, रंग लीला करनेवालों को भरना होगा।

–भानुशंकर मेहता

1
शिव विवाह

पाठ : *वर्णानामर्थसंघानां रसानां छन्दसामपि।*
मङ्गलानां च कर्त्तारौ वन्दे वाणीविनायकौ॥
भवानीशङ्करौ वन्दे श्रद्धाविश्वासरूपिणौ।
याभ्यां विना न पश्यन्ति सिद्धाः स्वान्तःस्थमीश्वरम्॥

जो सुमिरत सिधि होइ गन नायक करिबर बदन।
करउ अनुग्रह सोइ बुद्धि रासि सुभ गुन सदन॥

दृश्य-1

अगस्त्य ऋषि का आश्रम। शंकर जी सती जी के साथ पधारते हैं

पाठ : *एक बार त्रेता जुग माहीं। संभु गए कुंभज रिषि पाहीं॥*
रामकथा मुनिबर्ज बखानी। सुनी महेस परम सुखु मानी॥
शंकर जी अगस्त्य से बिदा लेते हैं।
मुनि सन बिदा मागि त्रिपुरारी। चले भवन सँग दच्छकुमारी॥
तेहि अवसर भंजन महिभारा। हरि रघुबंस लीन्ह अवतारा॥
बिरह बिकल नर इव रघुराई। खोजत बिपिन फिरत दोउ भाई॥
राम-लक्ष्मण आते हैं, राम सीता के विरह में विलाप कर रहे हैं।

शंकर : जय सच्चिदानंद, जग पावन। (प्रणाम करते हैं)

सती : (स्वगत) अरे, मेरे स्वामी तो सम्पूर्ण जगत् के ईश्वर हैं, इन्हें तो सब सिर नवाते हैं और ये राजा दशरथ के पुत्र को सच्चिदानन्द परमेश्वर कहकर प्रणाम कर रहे हैं? ब्रह्म तो सर्वव्यापी है, अजन्मा, अभेद है, जिसे वेद नहीं जान सके, वह नर रूप धारण करके आ

गया? सबका हित करनेवाले विष्णु जो सर्वज्ञ हैं, वे अज्ञानी बने स्त्री को खोज रहे हैं, वन-वन भटक रहे हैं? पर मेरे स्वामी तो सर्वज्ञ हैं, तब?

शंकर : (हँसकर) सती जी, आपका स्वभाव नारी-जैसा ही है, सन्देह में पड़ गयीं न। नहीं, ऐसा सन्देह तो करना ही नहीं चाहिए। अभी-अभी तो अगस्त्य जी ने इनकी भक्ति का रहस्य समझाया है व ही मेरे इष्ट देव राम हैं। इन्होंने भक्तों का कल्याण करने के लिए ही अवतार लिया है।

शिव : लगता है तुम्हारा सन्देह दूर नहीं हुआ है। ठीक है तो जाकर परीक्षा ले लो।

पाठ : *जैसें जाइ मोह भ्रम भारी। करेहु सो जतन बिबके बिचारी॥*
चलीं सती सिव आयसु पाई। करहिं बिचारु करौं का भाई॥
(सती राम की ओर जाती हैं)

शिव : मेरे कहने पर भी इनका सन्देह दूर नहीं हुआ। अब इनका कल्याण नहीं है।

खैर, होइहि सोइ जो राम रचि राखा।

पाठ : *अस कहि लगे जपन हरिनामा।*
(सती जी- सीता का रूप धारण कर राम के सामने आती हैं)

लक्ष्मण : अरे? यह क्या? माता सीता?

राम : (प्रणाम करते हैं) माता मैं दशरथ का पुत्र राम आपको प्रणाम करता हूँ।

कहिये, वृषकेतु कहाँ रह गये और आप वन में अकेली कैसे घूम रही हैं?

सती : (स्वगत) अरे, ये मुझे कैसे पहचान गये? हाय, मैंने व्यर्थ ही स्वामी का कहा नहीं माना।

चलूँ-उनके पास-(सहसा हर दिशा से सीता, राम-लक्ष्मण आते दिखते हैं। सती जी घबरा जाती हैं।)

पाठ : *गईं समीप महेस तब हँसि पूछी कुसलात।*
लीन्हि परीछा कवन बिधि कहहु सत्य सब बात॥

शिव : (हँसकर) क्यों ले आयी परीक्षा? कैसे ली परीक्षा? सच-सच बताइयेगा।

सती : (भयभीत) स्वामी कुछ भी परीक्षा नहीं ली, बस आप ही की भाँति प्रणाम किया और चली आयी। आपकी बात झूठ हो सकती है क्या?

पाठ : *तब संकर देखेउ धरि ध्याना। सतीं जो कीन्ह चरित सबु जाना॥*

शिव : (स्वगत) धन्य प्रभु आपकी माया! पर सती ने सीता का वेष धारण किया-यह तो बहुत बुरा हुआ। अब सती को पत्नी मानूँ तो भक्ति मार्ग को आघात लगेगा-बड़ा पाप होगा।

शिव : (प्रकट) चलिये सती जी - अब घर चलें।
(स्वगत) शंकर, अब इस तन से तुम सती से प्रीति नहीं करोगे।

आकाशवाणी : धन्य महेश, आपके संकल्प ने भक्ति की अच्छी दृढ़ता की है, आपके जैसा प्रण और कौन कर सकता है। आप वास्तव में राम के भक्त हैं।

सती : स्वामी, आपने क्या प्रण किया है?

शिव : कुछ नहीं, अब घर चलो।

सती : प्रभु मेरे अपराध तो कहिये? (स्वगत) हाय मैंने राम से कपट किया और स्वामी से झूठ बोली, पर तो भी कृपालु ने कुछ न कहा। अवश्य ही प्रभु ने मुझे त्याग दिया है। (बहुत दुःखित हो जाती है)

पाठ : *सती बसहिं कैलास तब अधिक सोचु मन माहिं।*
मरमु न कोऊ जान कछु जुग सम दिवस सिराहिं॥
एक दिन-

पाठ : *सतीं बिलोके ब्योम बिमाना। जात चले सुंदर बिधि नाना।*

सती : स्वामी, ये सुन्दर विमान कहाँ जा रहे हैं?

शिव : देवि, तुम्हारे पिता दक्ष प्रजापति एक बहुत बड़ा यज्ञ कर रहे हैं, ऋषि, देवता, नाग, सिद्ध सभी वहीं जा रहे हैं।

सती : नाथ, मेरे पिता के यहाँ इतना बड़ा उत्सव हो रहा है पर पता नहीं आपको क्यों नहीं बुलाया। आज्ञा हो तो मैं भी यज्ञ देख आऊँ।

शिव : देवि, तुमने अच्छी बात कही, अवश्य जाओ। दक्ष ने अपनी सब कन्याओं को बुला भेजा है पर मुझसे वैर के कारण तुम्हें बुलाना भूल गये। हाँ, इतना समझ लो तुम बिना बुलाये जाओगी तो शील, स्नेह, मान-मर्यादा कुछ न रह जायगा। सही है कि मित्र, प्रभु पिता और गुरु के घर बिना बुलाये भी जाया जा सकता है पर जब कोई वैर मानता हो तो वहाँ जाने से कल्याण नहीं होता अब तुम्हीं निर्णय करो।

सती : नहीं स्वामी, आप आज्ञा दें तो मैं जाऊँगी और पिता जी से पूछूँगी कि हमें क्यों नहीं बुलाया।

शंकर : हमारी समझ से तो यह अच्छी बात न होगी पर तुम्हारा मन है तो जाओ।

पाठ : *पिता भवन जब गईं भवानी। दच्छ त्रास काहुँ न सनमानी॥*

दृश्य-2
(दक्ष-यज्ञ)

सती : पिता जी, प्रणाम। माता जी प्रणाम।
(माँ बेटी को गले लगाती है)

सती : माँ, यह क्या पिता जी, मुझसे बात नहीं करते, मेरी बहनें, स्वजन मुँह फेर ले रहे हैं। कोई कुशल तक नहीं पूछता। इतना बड़ा यज्ञ हो रहा है और हमें बुलाया तक नहीं गया, क्यों?

एक बहन : अरे तो बिना बुलाये चली क्यों आयीं। रहती अपने मसान बाबा के पास।

सती : चुप रहो! और इस यज्ञ में मेरे स्वामी का भाग कहाँ है? मेरे स्वामी का अपमान?

माता : नहीं बेटी, क्रोध न कर, सब ठीक हो जायगा।

पाठ : *सिव अपमानु न जाइ सहि हृदयँ न होइ प्रबोध।*
सकल सभहि हठि हटकि तब बोलीं बचन सक्रोध॥

सती : सुनिये- सभी सभासदो, मुनिजनो, कान खोलकर सुन लो- यहाँ जिन लोगों ने शंकर का अपमान किया है, निन्दा सुनी है, उन सबको तुरन्त फल भोगना पड़ेगा। मेरे पिता को भी पछताना पड़ेगा। जहाँ भी सन्तों की, शिव की और विष्णु की निन्दा सुनी जाय वहाँ नियम है कि निन्दा करनेवाले की जीभ काट ले और ऐसा न हो तो कान मूँदकर चला जाय। त्रिपुरारि तो जगत् के आत्मा, जगत् पिता और सबके हितकारी हैं। मेरे मन्द बुद्धि पिता ने उनका अपमान किया है और दुर्भाग्य से मेरा यह शरीर इन्हीं के तेज से उत्पन्न हुआ है, इसलिए चन्द्रमौलि स्वामी को हृदय में धारण करके, मैं इस शरीर का परित्याग करती हूँ।
अस कहि जोग अगिनि तनु जारा। भयउ सकल मख हाहाकारा॥
(सती योगाग्नि में जल उठती हैं)

पाठ : *सती मरनु सुनि संभु गन लगे करन मख खीस।*
जग्य बिधंस बिलोकि भृगु रच्छा कीन्हि मुनीस॥
(शंकर के गण यज्ञ विध्वंस करते हैं और तब भृगु ऋषि किसी प्रकार शान्ति बनाते हैं)
समाचार सब संकर पाए। बीरभद्र करि कोप पठाए॥
(वीरभद्र आते हैं)
(वीरभद्र यज्ञ ध्वंस करके, दक्ष का सिर काट लेता है)

पाठ : *यह इतिहास सकल जग जानी। ताते मैं संछेप बखानी॥*

दृश्य-3

पाठ : *सतीं मरत हरि सन बरु मागा। जनम जनम सिव पद अनुरागा॥*
तेहि कारन हिमगिरि गृह जाई। जनमीं पारबती तनु पाई॥
नारद समाचार सब पाए। कौतुकहीं गिरि गेह सिधाए॥
(हिमवान्, मेनका बालिका पार्वती को गोद में लिये बैठे हैं, नारद जी पधारते हैं। सब लोग सिर नवाते हैं।)

हिमवान् : स्वागत मुनिश्रेष्ठ। आप तो त्रिकालज्ञ और आपकी गति सर्वत्र है। आप विचार कर इस इस कन्या के गुण-दोष बतायें।

नारद : गिरिराज, आपकी इस पुत्री में तो गुण-ही-गुण हैं। इसका नाम उमा, अम्बिका, भवानी है। सारा जगत् इसकी पूजा करेगा। हाँ दो-चार दोष भी हैं। इसका विवाह ऐसे व्यक्ति से होगा—जो
अगुन अमान, मात-पितु हीना। उदासीन सब संसय छीना॥
जोगी जटिल अकाम मन नगन अमंगल बेष॥
हाँ, ऐसा स्वामी मिलेगा- ऐसी ही हस्तरेखा पड़ी है। अब आज्ञा दें।

मैना : नाथ, देवर्षि की वाणी झूठ नहीं हो सकती, अब क्या किया जाय!

हिमवान् : देवर्षि, आप ही कोई उपाय बतायें।

नारद : देखो हिमवान्, जो लिखा है वह मिट नहीं सकता। हाँ, एक उपाय है—ये सारे दोष शिव जी में विद्यमान हैं। अतः इसका विवाह शंकर जी से हो तो सारे दोष गुण हो जायँगे। पर शंकर को पाना सहज नहीं है। इसके लिए यदि तुम्हारी कन्या तप करने को तैयार हो तो त्रिपुरारि भावी को भी मिटा सकते हैं। अब आज्ञा दें। (जाते हैं)

मैना : नाथ! मैं मुनिवर के वचनों का अर्थ ठीक से नहीं समझी। यदि घर, वर और कुल उत्तम हो और हमारी कन्या के योग्य हो तभी विवाह करेंगे, अन्यथा भले ही यह कुमारी रह जाय पर अपनी प्राण प्यारी को किसी ऐसे-वैसे को नहीं देंगे।

हिमवान् : देखो, देवर्षि के वचन कभी झूठ नहीं हो सकते। अतः चिन्ता छोड़ो- जिन्होंने पार्वती को (चाहे वे उसका) कल्याण करेंगे। नारद के वचन रहस्य भरे हैं, सचमुच शिव जी सब गुणों के भण्डार हैं। तुम सन्देह मत करो।

(दृश्य परिवर्तन- कुछ वर्ष बाद)

(पार्वती आकर माँ से कहती हैं-)

पाठ : *सुनहि मातु मैं दीख अस सपन सुनावउँ तोहि।*
सुंदर गौर सुबिप्रबर अस उपदेसेउ मोहि॥

पार्वती : माँ, आज मैंने एक विचित्र स्वप्न देखा। क्या देखती हूँ कि एक गौरवर्ण सुन्दर सुशील ब्राह्मण आये हैं और कहते हैं- नारद का वचन सत्य मानो और जाकर तपस्या करो।

माँ : अच्छा, ऐसा स्वप्न देखा। पर बेटी तू तो अत्यन्त कोमल है तप कैसे करेगी। सुनते हो जी यह क्या कह रही है।

(हिमवान् आते हैं)

पाठ : *सुनत बचन बिसमित महतारी।*
सपन सुनायउ गिरिहि हँकारी॥

मैना : तुम्हारी बेटी ने स्वप्न देखा है और अब तपस्या करने जा रही है।

हिम : क्यों बेटी, अभी तेरी उम्र तपस्या करने की नहीं है

(वेदशिरा ऋषि आते हैं)

पाठ : बेदसिरा मुनि आइ तब सबहि कहा समुझाइ।
पारबती महिमा सुनत रहे प्रबोधहि पाइ॥

(पार्वती सबको प्रणाम कर तप करने चल देती हैं)

(पार्वती तप करने बैठ जाती हैं)

पाठ : *उर धरि उमा प्रानपति चरना।*
जाइ बिपिन लागीं तपु करना॥
संबत सहस मूल फल खाए।
सागु खाइ सत बरस गवाँए॥

कछु दिन भोजनु बारि बतासा।
किए कठिन कछु दिन उपबासा॥
पुनि परिहरे सुखानेउ परना।
उमहि नामु तब भयउ अपरना॥

आकाशवाणी : हे गिरिराज कुमारी! तुम्हारे सब मनोरथ सफल हो गये हैं, तुम अब यह कठिन तप करना छोड़ दो। अब तुम्हें त्रिपुरारि पति रूप में प्राप्त होंगे।

पाठ : *सुनत गिरा बिधि गगन बखानी।*
पुलक गात गिरिजा हरषानी॥
उमा चरित सुंदर मैं गावा।
सुनहुँ संभु कर चरित सुहावा॥

दृश्य-4

(कैलास में शिवधाम)

पाठ : *जब तें सतीं जाइ तनु त्यागा। तब तें सिव मन भयउ बिरागा॥*
प्रगटे रामु कृतग्य कृपाला। रूप सील निधि तेज बिसाला॥
(श्रीराम- शिव के पास आते हैं)

श्रीराम : हे शिव शंकर आप धन्य हैं, आपको छोड़कर ऐसा कठोर व्रत कौन निबाह सकता था। सती जी तो गयीं पर अब उन्होंने पार्वती के रूप में जन्म लिया है। आपको पाने के लिए देवी पार्वती कठोर व्रत कर रही हैं। अब हे शिव शम्भो! मेरी बात मानें और जाकर शैलजा से विवाह करा लें।

शिव : यद्यपि ऐसा करना उचित तो नहीं जान पड़ता, पर आपकी बात टाली भी नहीं जा सकती- अतः आपकी आज्ञा शिरोधार्य है।
(श्री राम जय शिव शंकर कहकर बिदा लेते हैं। तभी सप्तर्षि आते हैं।)

शिव : हे सप्तर्षिगण आप पार्वती की परीक्षा लें और हिमवान् से कहें उन्हें घर ले जायँ।

दृश्य-5

(पार्वती तपस्यारत हैं) (सप्तर्षि आते हैं)

सप्तर्षि : हे शैल कुमारी! किसलिए ऐसी कठोर तपस्या कर रही हो। किसकी आराधना कर रही हो, क्या प्राप्त करना चाहती हो?

पार्वती : देखिये, मुझे अपने मन की बात कहने में बड़ा संकोच हो रहा है। मेरा मन हठ पकड़े बैठा है, मैं पानी पर दीवार उठाना चाहती हूँ। नारद मुनि ने जो कहा उसे सत्य मानकर मैं सदा शिव को पति रूप में प्राप्त करने की धुन ठान बैठी हूँ।

सप्तर्षि : वाह- बात भी नारद की मानी, हो तुम पर्वत की बेटी। अरे नारद के कहे पर जो चले उनका घर कभी बसा? चित्रकेतु, हिरण्यकश्यप की हालत ज्ञात है न। जरा सोचा-उदासीन, गुणहीन, निर्लज्ज, बेढंगा, नर-मुण्डमाल पहने, कुलहीन पति पाकर क्या करोगी। सती की क्या दशा हुई मालूम है न। भिखमंगे के घर स्त्री का क्या काम। तुम चाहो तो बैकुण्ठ के स्वामी से तुम्हारा विवाह रचा डालें।

पार्वती : (हँसकर) मैं पर्वत की बेटी हूँ-जो ठान लिया वही करूँगी। जो होगा सो होगा। विष्णु बहुत अच्छे हैं और शिव बहुत बुरे फिर भी जिसके मन में जो रम जाता है वही अच्छा लगता है। आप पहले मिले होते तो सोचती। अब आप लोग पधारें, बहुत विलम्ब हो गया है।

सप्तर्षि : हे भवानी! आपकी जय हो। आप माया हैं और शिव भगवान् आप दोनों जगत् के माता-पिता हैं। आपकी जय हो।

पाठ : *जाइ मुनिन्ह हिमवंतु पठाए। करि बिनती गिरजहिं गृह ल्याए॥*

पाठ : *भए मगन सिव सुनत सनेहा। हरषि सप्तरिषि गवने गेहा॥*

दृश्य-6

(देव लोक)

पाठ : *तारकु असुर भयउ तेहि काला। भुज प्रताप बल तेज बिसाला॥*
तेहिं सब लोक लोकपति जीते। भए देव सुख संपति रीते॥
अजर अमर सो जीति न जाई। हारे सुर करि बिबिध लराई॥
सब सन कहा बुझाइ बिधि, दनुज निधन तब होइ।
संभु सुक्र संभूत सुत एहि जीते रन सोइ॥

ब्रह्मा : हे देवताओ! तारकासुर वध शम्भु का सुत ही कर सकता है। दक्ष यज्ञ में सती ने देह त्याग दी, अब वे हिमाचल के घर पैदा हुईं और तप कर रही हैं। उधर शिव सब-कुछ त्यागकर समाधि लगाये बैठे हैं। अब एक ही उपाय है, कामदेव को भेजो कि उनके हृदय में कामवासना प्रकट करें। बस तब मैं विवाह करवा दूँगा।

देवता : आपकी सम्मति एकदम ठीक है। कामदेव जी देवकाज हित आप शिव जी की समाधि भंग करें।

काम : शिव से विरोध करने में मेरी कुशल नहीं है। फिर भी देवकाज है अतः प्राण देकर भी यह कार्य करूँगा।

दृश्य-7

(शिव समाधिरत हैं)

पाठ : *अस कहि चलेउ सबहि सिरु नाई।*
सुमन धनुष कर सहित सहाई॥
तब आपन प्रभाउ बिस्तारा।
निज बस कीन्ह सकल संसारा॥
सब के हृदयँ मदन अभिलाषा।
लता निहारि नवहिं तरू साखा॥
पसु पच्छी नभ जल थल चारी।
भए काम बस समय बिसारी॥
उभय घरी अस कौतुक भयऊ।
जौ लगि कामु संभु पहिं गयऊ॥
सिवहि बिलोकि ससंकेउ मारू।
भयउ जथाथिति सबु संसारू॥
(कामदेव डरते-डरते शिव के निकट जाता है)

काम : जय शिव शम्भो! ओह कैसा दुराधर्ष और दुर्गम रूप है। मैं क्या करूँ? वापस लौट जाऊँ-नहीं यह तो लज्जा की बात है! तब मरण ही श्रेयस्कर है! ठीक है।

पाठ : *प्रगटेसि तुरत रुचिर रितुराजा। कुसुमित नव तरु राजि बिराजा।*

चारों ओर बसन्त छा गया।- और कामदेव
सकल कला करि कोटि बिधि हारेउ सेन समेत।
चली न अचल समाधि सिव कोपेउ हृदयनिकेत॥

काम : अच्छा, तो आप ऐसे नहीं मानेंगे- तो लीजिये-
(पुष्प धनु पर पाँच तीर चढ़ाकर शिव के हृदय पर मारता है)

(तीर लगते ही शम्भु की समाधि टूटती है, नेत्र खोलकर देखते हैं)

शिव : कौन है? कौन है जो मेरे मन में वासना के ज्वार उठा रहा है? अच्छा- कामदेव- दुष्ट-

(क्रोध उमड़ता है-तीसरा नेत्र खुलता है और कामदेव जलकर भस्म हो जाता है।)

पाठ : *हाहाकार भयउ जग भारी। डरपे सुर भए असुर सुखारी॥*

(रति रोती हुई शिव के पास आकर उनके चरण पकड़ लेती हैं)

पाठ : *अति प्रेम करि बिनती बिबिध बिधि जोरि कर सन्मुख रही।*
प्रभु आसुतोष कृपाल सिव अबला निरखि बोले सही॥

शिव : देवी रति, शोक न कर, अब तेरे पति का नाम अनंग होगा। आगे यदुवंश में कृष्ण का अवतार होगा- तब तेरा पति उनके पुत्र के रूप में जन्म लेगा और तू पुनः उसे प्राप्त कर लेगी।

पाठ : *रति गवनी सुनि संकर बानी। कथा अपर अब कहउ बखानी॥*

पाठ : *देवन्हु समाचार सब पाए। ब्रह्मादिक बैकुंठ सिधाए॥*
सब सुर बिष्नु बिरंचि समेता। गये जहाँ सिव कृपानिकेता॥

(शिव के समीप सभी देवता आये हैं)

शिव : हे देवताओ, अपने आने का प्रयोजन कहें।

ब्रह्मा : हे प्रभु, आप अन्तरयामी है, तो भी भक्तिवश हो विनती करता हूँ। सभी देवताओं के मन में बड़ा चाव है कि अपनी आँखों आपका विवाह देख लें। अतः हे मदन-मद-मोचन कुछ ऐसा उपाय करें कि यह कामना पूर्ण हो। पार्वती ने आपके लिए कठोर तप किया है, अब उसे अंगीकार करें।

शिव : ठीक है, आप लोग कहते हैं तो यही किया जायगा।

(देवता दुन्दुभी बजाते हैं और पुष्प वर्षा करते हैं। जय-जयकार करते हैं।)

दृश्य-8

(पार्वती कक्ष, सप्तर्षि पधारते हैं)

सप्तर्षि : देवी पार्वती, उस दिन तो आपने हमारी बात नहीं सुनी- अब देखिये क्या हुआ। शंकर जी ने कामदेव को भस्म कर दिया है।

पार्वती : हे विज्ञानी मुनिवरो! आपने ठीक कहा कि शिव ने कामदेव को

भस्म कर दिया- पर यह तो बताइये कि क्या अब तक वे कामी पुरुष थे। मुझे तो ज्ञात है कि वे सदा से योगी, अजन्मा, अनिन्द्रा, निष्काम और भोगों से दूर रहनेवाले थे। मैंने वासनारहित हो उनकी सेवा की है।

सप्तर्षि : धन्य देवी, आपका प्रेम और विश्वास सच्चा है।

(मैना और हिमवान् आते हैं)

हिमवान् : मुनिवरो! यह क्या हुआ, सुना शिव ने कामदेव को भस्म कर दिया?

सप्तर्षि : दुःखी न हों शैलपति! शिव ने रति को वर दे दिया है और अब वे विवाह को तैयार हैं। आप कृपा कर शुभ दिन व शुभ घड़ी ठीक करें।

हिमवान् : जो आज्ञा।

पाठ : *सुदिनु सुनखतु सुघरी सोचाई। बेगि बेदबिधि लगन धराई॥*
पत्री सप्तरिषिन्ह सोइ दीन्ही। गहि पद बिनय हिमाचल कीन्ही॥
जाइ बिधिहि तिन्ह दीन्हि सो पाती। बाचत प्रीति न हृदयँ समाती॥

दृश्य-9

(शिवधाम)

पाठ : *लगे सँवारन सकल सुर बाहन बिबिध बिमान।*
होहिं सगुन मंगल सुभद करहिं अपछरा गान॥

(शम्भुगण शिव जी का शृंगार कर रहे हैं)

विष्णु : देवगण, आप लोग मुख्य बारात से अलग होकर चलें। वर के अनुरूप बारात न हुई तो सर्वत्र उपहास होगा।

(शिव जी की बारात सजती है)

पाठ : *नाना बाहन नाना बेषा। बिहसे सिव समाज निज देखा॥*
कोउ मुख हीन बिपुल मुख काहू। बिनु पद कर कोउ बहु पद बाहू॥
बिपुल नयन कोउ नयन बिहीना। रिष्टपुष्ट कोउ अति तनखीना॥

(पाठ के साथ शिवगण विचित्र रूप में सामने आते हैं)

पाठ : *जस दूलहु तस बनी बराता। कौतुक बिबिध होहिं मग जाता॥*
गए सकल तुहिनाचल गेहा। गावहिं मंगल सहित सनेहा॥

दृश्य-10

(हिमाचल का घर)

हिमाचल : अरे, बारात आ रही है, सावधान हो जाओ।

पाठ : *जगदंबा जहँ अवतरी सो पुरु बरनि कि जाइ।*
रिद्धि-सिद्धि संपत्ति सुख नित नूतन अधिकाइ॥

हिमाचल : चलिये सब लोग, बारात की अगवानी करने चलें।

एक नागरिक : अरे यह बारात है या यमराज की सेना? दूल्हा पागल है क्या जो बैल पर चढ़कर आया है, साँप लपेटे, खोपड़ी लिये, भस्म रमाये, जटाजूट बाँधे कैसा भयंकर है। और बराती भूत-प्रेत-पिशाच-योगिनी-राक्षस-बाप रे बाप। अरे जो बड़ा पुण्य किया होगा वही पार्वती का विवाह देख सकेगा।

दूसरा नागरिक : अरे भाई शिव शम्भु की बरात है, डरने की कोई बात नहीं है। शान्त रहो।

हिमवान् : महारानी से कहो परिछन के लिए पधारें।

(मैना और स्त्रियाँ आरती थाल लेकर आती हैं। शिव को देखकर थाल फेंक, भयभीत चिल्लाती भाग जाती हैं।)

मैना : (पार्वती को गोद में लेकर)-बेटी जिस विधाता ने तुम्हें ऐसा सुन्दर रूप दिया उसने तुम्हारे पति को ऐसा बावला कैसे बना दिया। हाय जो फल कल्पवृक्ष में लगना था वह बबूल में लगा दिया। नहीं यह विवाह नहीं होगा, मैं तुझे लेकर पहाड़ से कूद पड़ूँगी, आग में जल मरूँगी, समुद्र में डूब जाऊँगी (रोती हैं) अरे नारद जी, मैंने आपका क्या बिगाड़ा था जो मेरा घर उजाड़ दिया। उमा को ऐसा उपदेश दिया कि इस बौराह वर की प्राप्ति के लिए तप किया। आपको दूसरों का घर उजाड़ने में लाज नहीं आती। बाप को माँ की पीड़ा कैसे समझ में आ सकती है।

पार्वती : माँ, विधाता लिखा कोई मिटा नहीं सकता। व्यर्थ दुःखी होकर कलंक न करो। रोना छोड़ो। मेरे भाग्य में जो लिखा है वह होगा। तुम चिन्ता न करो।

(नारद आते हैं, सप्तर्षि भी आते हैं)

नारद : देवी मैना, आप भ्रम में पड़ गयी हैं, आपने न तो पार्वती को पहचाना है, न शिव को। अरे यह तो जगदम्बा भवानी हैं-सदा से शम्भु की अर्द्धाङ्गिनी रही हैं। आपने सती की कथा सुनी है, उस

समय हुई चूक के कारण इसने शरीर त्यागकर नूतन शरीर धारण किया है। अब प्रसन्न हो विवाह की रीति करें।

पाठ : *सुनि नारद के बचन तब सब कर मिटा बिषाद।*
छन महुँ ब्यापेउ सकल पुर घर घर यह संबाद॥
(मैंना शिव की आरती करती हैं। विवाह विधि होती है।)

हिमवान् : (शिव से)-नाथ यह पार्वती मेरे प्राणों-सी प्यारी है। इसे गृह किंकरा बनाकर रखें, इसके अपराध क्षमा करेंगे। बस इतना वर दें।
(मैना पार्वती को भेंटती है। पार्वती सबको प्रणाम करती हैं)

पाठ : *जननिहि बहुरि मिलि चली उचित असीस सब काहूँ दईं।*
फिरि फिरि बिलोकति मातु तन तब सखीं लै सिव पहिं गईं।
जाचक सकल संतोषि संकरु उमा सहित भवन चले।
सब अमर हरषे सुमन बरषि निसान नभ बाजे भले।

* * *

आदर दान बिनय बहुमाना। सब कर बिदा कीन्ह हिमवाना॥

2

नारद मोह

पाठ : *यन्मायावशवर्त्ति विश्वमखिलं ब्रह्मादिदेवासुरा,*
यत्सत्वादमृषैव भाति सकलं रज्जौ यथाहेर्भ्रमः।
यत्पादप्लवमेकमेव हि भवाम्भोधेस्तितीर्षावतां,
वन्देऽहं तमशेषकारणपरं रामाख्यमीशं हरिम्।

बंदउँ गुरु पद पदुम परागा। सुरुचि सुबास सरस अनुरागा॥
अमिअ मूरि मय चूरन चारू। समन सकल भव रुज परिवारू॥
जथा सुअंजन अंजि दृग साधक सिद्ध सुजान।
कौतुक देखत सैल बन भूतल भूरि निधान॥
रामकथा सुंदर कर तारी। संसय बिहग उड़ावनिहारी॥
रामकथा कलि बिटप कुठारी। सादर सुनु गिरिराजकुमारी॥
नारद श्राप दीन्ह एक बारा। कलप एक तेहि लगि अवतारा॥
गिरिजा चकित भईं सुनि बानी। नारद बिष्नुभगत पुनि ग्यानी॥

दृश्य-1

(मंच पर नारद जी हरिनाम गाते पधारते हैं।)

पाठ : *कारन कवन श्राप मुनि दीन्हा। का अपराध रमापति कीन्हा॥*
बोले बिहसि महेस तब ग्यानी मूढ़ न कोइ।
जेहि जस रघुपति करहिं जब सो तस तेहि छन होइ॥
(नारद तपस्या हेतु उत्तम स्थल ढूँढ़ते हैं)

नारद : हाँ, यह हिमगिरि गुहा अति पवित्र प्रतीत होती है। और यह आश्रम भी सुन्दर है। यहाँ के पर्वत, नदी और सुहावने वन देखकर हे प्रभो, हे लक्ष्मीपति! मेरा मन आपके चरणों में लग रहा है। हे नारायण, मेरा कहीं भी ढाई घड़ी से अधिक न ठहरने का शाप वापस ले लें और मुझे यहाँ बैठकर तपस्या करने दें।

आकाशवाणी : एवमस्तु।

(नारद ध्यान करने बैठते हैं और समाधि लग जाती है)

पाठ : *मुनि गति देखि सुरेस डेराना। कामहि बोलि कीन्ह सनमाना॥*

(काम और इन्द्र आते हैं)

इन्द्र : हे मकरध्वज, आज मेरा एक काम आन पड़ा है, तुम उसे कर डालो तो बड़ी कृपा होगी। वहाँ नारद मुनि को देख रहे हो, कठोर तप कर रहे हैं। मुझे भय है कि कहीं देवर्षि नारद मेरी पुरी हथियाने के फेर में तो नहीं हैं।

पाठ : *सूख हाड़ लै भाग सठ स्वान निरखि मृगराज।*
छीनि लेइ जनि जानि जड़ तिमि सुरपतिहि न लाज॥

कामदेव : जो आज्ञा सुरपति।

(नारद के चारों ओर सुन्दर पुष्प लिये अप्सराएँ और वस्त्र पट उड़ाते पवन-नर्तक वसन्त की रचना करते हैं। नृत्य संगीत होता, पर नारद का ध्यान नहीं टूटता।)

पाठ : *काम कला कछु मुनिहि न ब्यापी, निज भयँ डरेउ मनोभव पापी।*

कामदेव : अरे, इन पर तो कोई असर ही नहीं, जिसके रक्षक स्वयं लक्ष्मीपति हों उसकी मर्यादा कौन नष्ट कर सकता है। पर अब मेरा क्या होगा? चलूँ मुनि की ही शरण में।

(नारद के चरण पकड़कर) हे महामुनि, देवर्षि! मुझे क्षमा कर दें, मैंने आपकी तपस्या में विघ्न डाला।

नारद : कोई बात नहीं मदन, मैंने तुम्हारे कौतुक का तनिक भी बुरा नहीं माना। निर्भय होकर अपने घर जाओ। हाँ जाकर देवराज इन्द्र से कह देना कि मैं उनका राज्य नहीं चाहता।

कामदेव : हे महामुनि आप धन्य हैं। आपको बारम्बार प्रणाम।

(कामदेव जाता है)

नारद : अहा! नारायण की कृपा से आज मैंने कामदेव को परास्त कर दिया। अब केवल शिव ही काम विजेता नहीं, मैंने भी यह दुर्लभ

विजय प्राप्त की है। चलूँ, पहले शिव जी को ही यह समाचार सुनाऊँ।

दृश्य-2

पाठ : तब नारद हरि पद सिर नाई। चले हृदयँ अहमिति अधिकाई।
(शिव जी विराज रहे हैं)

नारद : देवाधिदेव आशुतोष भगवान् की जय हो।

शिव : कहिये देवर्षि, क्या समाचार लाये हैं।

नारद : भगवन्! इधर मैं तपस्यारत हो गया था और तब इन्द्र को भय हुआ कि कहीं मैं उसका पद न छीन लूँ अस्तु उसने कामदेव को मेरी तपस्या भंग करने हेतु भेजा। जी हाँ, जैसे आपके यहाँ भेजा था, पर कामदेव हार गया और मैंने भी कामारि का विरद प्राप्त किया है।

शिव : प्रिय नारद, यह तो बड़ा उत्तम हुआ, पर तुम्हें एक परामर्श देना चाहता हूँ। परामर्श क्या मेरी विनती है कि जैसे आपने यह कथा मुझे सुनायी वैसे विष्णु भगवान् को कदापि न सुनाइयेगा। कभी चर्चा चले भी तो चुप लगा जाइयेगा।
(शिव जाते हैं)

पाठ : *संभु दीन्ह उपदेस हित नहिं नारदहि सोहान।*
भरद्वाज! कौतुक सुनहु हरि इच्छा बलवान॥

नारद : देखा, जल मुन गये न! विष्णु को न सुनाना, नहीं तो काम विजय का इनका एकाधिकार छिन जायगा। चलूँ क्षीरसागर में नारायण के दर्शन कर ही आऊँ।
(नारायण-नारायण करते क्षीरसागर में शेष शय्या पर सोये विष्णु के निकट आते हैं)

विष्णु : (उठकर) आइये, आइये, मुनिवर बहुत दिन बाद आने की कृपा की। विराजें, क्या समाचार लाये हैं।

नारद : अब समाचार क्या-तपस्या करने बैठा तो इन्द्र ने भयवश हो कामदेव को भेजा पर वह मेरी तपस्या भंग न कर सका और क्षमा माँगकर चला गया। प्रभु अब कामदेव पर शिव के अलावा मैंने भी विजय प्राप्त कर ली है।

विष्णु : मुनिराज, आपके क्या कहने, आपके स्मरणमात्र से लोग मोह, मद काम और अभिमान से मुक्त हो जाते हैं। देखो मुनिवर, मोह तो

उसके मन में होता है जिसमें ज्ञान वैराग्य न हो और आप तो पक्के ब्रह्मचारी वीरव्रती हैं। काम की क्या औकात है जो आपको सताये।

नारद : भगवन्! यह सब आपकी कृपा है। अब आज्ञा दें, पिता जी से मिल लूँ। (जाते हैं)

पाठ : *करुनानिधि मन दीख बिचारी। उर अंकुरेउ गरब तरु भारी॥*
बेगि सो मैं डारिहउँ उखारी। पन हमार सेवक हितकारी॥
श्रीपति निज माया तब प्रेरी। सुनहु कठिन करनी तेहि केरी॥

दृश्य-3

पाठ : *बिरचेउ मग महुँ नगर तेहिं सत जोजन बिस्तार।*
श्रीनिवासपुर तें अधिक रचना बिबिध प्रकार॥

नारद : अहा, यह कौन-सा नगर है, यह तो वैकुण्ठ से भी सुन्दर है। कैसे सुन्दर भवन, उपवन, वापी तड़ाग हैं और देखो तो कैसे सुन्दर नर-नारी हैं मानो काम और रति मानव शरीर धारण कर विचरण कर रहे हों। (एक व्यक्ति से)
कहिये यह कौन-सा नगर है और यहाँ का राजा कौन है?

व्यक्ति : मुनिवर-यह श्री नगर है और शीलनिधि यहाँ के राजा हैं।

नारद : लगता है बड़े वैभवशाली राजा हैं।

व्यक्ति : जी हाँ, इनके वैभव और ठाठ-बाट का क्या कहना है। इनके पास इतने घोड़े-हाथी और सेनाएँ हैं कि गिना नहीं जा सकता। रूप तेज और बल में हमारे महाराज किसी से कम नहीं हैं। स्वयं इन्द्र भी इनसे ईर्ष्या करें ऐसे वैभवशाली हैं।

नारद : पर यह भीड़भाड़ कैसी है? कोई उत्सव है क्या?

व्यक्ति : जी हाँ, हमारे महाराज की एक परम सुन्दरी कन्या है विश्वमोहिनी और उसका स्वयंवर होनेवाला है इसी से देश-देश के राजा पधारे हैं।

नारद : अच्छा तो मैं भी राजा के दर्शन कर लूँ।

पाठ : *सुनि सब चरित भूपगृहँ आए। करि पूजा नृप मुनि बैठाए॥*
(नारद जी राजा के यहाँ आते हैं)

शीलनिधि : अरे, देवर्षि आप? पधारिये, पधारिये, बड़े सुअवसर पर आये। विराजिये। देवर्षि मेरी पुत्री का स्वयंवर है, कृपा कर उसे आशीर्वाद दें।

नारद : अरे कोई है, राजकुमारी जी को बुलाओ। (राजकुमारी आती है) देवर्षि के चरण छुओ बेटी। भगवन्-अब विचार करके इस कन्या के गुण-दोष ठीक-ठीक बता डालिये।
(नारद एकटक निहारते हैं)

पाठ : *देखि रूप मुनि बिरति बिसारी। बड़ी बार लगि रहे निहारी॥*
लच्छन तासु बिलोकि भुलाने। हृदयँ हरष नहिं प्रगट बखाने॥

शीलनिधि : प्रभु, क्या सोचने लगे?

नारद : नहीं, कुछ नहीं राजन्! आपकी कन्या अद्‌भुत गुणशीला है। इसका जिससे विवाह होगा, वह अमर हो जायगा, युद्ध में कोई उसे जीत नहीं सकेगा। संसार के सभी प्राणी इसके पति की सेवा करेंगे। बड़ी सुलक्षणी कन्या है। अक्षय सौभाग्यवती हो। अच्छा अब चलूँगा।

पाठ : *करौं जाइ सोइ जतन बिचारी। जेहि प्रकार मोहि बरै कुमारी॥*
जप तप कछु न होइ तेहि काला। हे बिधि मिलइ कवन बिधि बाला॥

नारद : हाय क्या करूँ कि यह कन्या मेरा वरण करे। अरे समय भी तो नहीं है कि कुछ जप-तप करें। हे विधाता, यह कन्या किस उपाय से मेरे हाथ लग पायेगी? इस समय तो मुझे अनुपम शोभा और निराला रूप मिल जाय तो राजकुमारी मुझ पर रीझकर मेरे गले में जयमाल डाल देगी। हाँ चलूँ भगवान् विष्णु के पास और उनकी सुन्दरता माँग लूँ, उनके-जैसा मेरा हित चाहनेवाला कोई और है भी तो नहीं। तो चलूँ—ॐ नमो नारायण। (विष्णु भगवान् प्रकट हो जाते हैं।)

नारद : प्रभु, आपकी कृपा अपरम्पार है, दास ने स्मरण किया और आप पधार गये। अब आप मेरी थोड़ी-सी सहायता कर दें। प्रभो! आप मुझे अपना हरि रूप दे दें। क्योंकि राजा शीलनिधि की कन्या विश्वमोहिनी को प्राप्त करने का और कोई उपाय नहीं है। समय कम है, तत्काल स्वयंवर में पहुँचना है। जल्दी कीजिये।

विष्णु : (हँसकर) नारद, हम वही करेंगे जिससे तुम्हारा परम हित हो।

पाठ : *कुपथ माँग रुज ब्याकुल रोगी। बैद न देइ सुनहु मुनि जोगी॥*
माया बिबस भए मुनि मूढ़ा। समुझी नहिं हरि गिरा निगूढ़ा॥

नारद : धन्य प्रभु! अब चलूँ श्रीनगर।

पाठ : *मुनि मन हरष रूप अति मोरें। मोहि तजि आनहि बरिहि न भोरें।*
मुनि हित कारन कृपानिधाना। दीन्ह कुरूप न जाइ बखाना॥

(नारद जी का रूप कुरूप बन्दर का हो जाता है)

पाठ : *रहे तहाँ दुइ रुद्र गन ते जानहिं सब भेउ।*
बिप्र बेष देखत फिरहिं परम कौतुकी तेउ॥

रुद्र-1 : भैया-नारद जी को देख रहे हो। विष्णु जी से हरि रूप माँगकर आये हैं। हरि माने समझे।

रुद्र-2 : नहीं, क्या माने।

रुद्र-1 : अरे हरि माने बन्दर होता है। लो वे आ गये। महामहिम प्रणाम। स्वयंवर में चल रहे हैं। आइये हम भी वहीं जा रहे हैं।

दृश्य-4

(स्वयंवर-स्थल)

पाठ : जेहिं समाज बैठे मुनि जाई। हृदयँ रूप अहमिति अधिकाई॥
(नारद और रुद्रगण बैठते हैं)

रुद्र-1 : वाह भगवान् ने इन्हें कैसी सुन्दरता दे डाली है।

रुद्र-2 : हाँ जी, राजकुमारी इनकी झलक भी पा जायगी तो बिना रीझे नहीं रहेगी।

रुद्र-1 : अजी वह इन्हें हरि मानकर इनके ही गले में जयमाल डालेगी देख लेना। (रुद्र-2 के कान में) मित्र चमत्कार देखो, सब लोग इन्हें नारद रूप में देख रहे हैं पर राजकुमारी को तो इनका हरि-रूप ही दिख रहा है। देख रहे हो वह कैसे कुपित हो रही है कि सभा में यह कुरूप बन्दर कैसे आ गया।

रुद्र-2 : (धीरे से) चुप रह, राजकुमारी इधर ही आ रही है।
(राजकुमारी जयमाला लिये-राजाओं को देखते आगे बढ़ती है, नारद को देखकर भी नहीं देखती। नारद बार-बार उचकते हैं, इशारे करते हैं पर व्यर्थ। रुद्रगण मुस्कराते हैं। राजकुमारी-राजवेष में विराज रहे विष्णु के गले में जयमाल डाल देती है। नारद निराश हो जाते हैं।)

पाठ : *दुलहिनि लै गे लच्छिनिवासा। नृपसमाज सब भयउ निरासा॥*
मुनि अति बिकल मोहँ मति गाँठी। मनि गिरि गई छूटि जनु गाँठी॥

नारद : अरे, विष्णु से भी सुन्दर वह राजा था जो उसका तुमने वरण कर लिया? मेरे में क्या कमी थी।

रुद्र-1 : अरे श्रीमान् जरा दर्पण में अपना मुख तो देखें।

नारद : क्या मतलब, अच्छा इस जल में देखता हूँ? अरे, यह क्या, विष्णु ने छल किया। मुझे बन्दर बना दिया और तुम दोनों, तुम दोनों मुझे देखकर हँस रहे थे। तुम दोनों कपटी और पापी हो जाओ। जाकर राक्षस हो जाओ। हँसी उड़ाने का फल भोगो। (पुनः जल में देखते हैं) अरे, यह तो मेरा अपना ही रूप है-बन्दर रूप कहाँ गया? चलूँ उस कमलापति की खबर लूँ, मेरे साथ छल? आज उन्हें या तो शाप दूँगा या प्राण दे दूँगा। अरे विष्णु, तुमने संसार में मेरी हँसी उड़वायी है, मैं देख लूँगा। लो वह तो उधर जा ही रहे हैं। (लक्ष्मी के साथ विष्णु आते हैं)

विष्णु : ओ हो, देवर्षि! आप इतने विकल हो कहाँ जा रहे हैं?

नारद : (क्रोध से) श्रीमान् आप कभी दूसरे की बढ़ती नहीं देख सकते, आपके मन में छल-कपट कूट-कूटकर भरा है। आपही ने समुद्र-मन्थन के सभय शिव को विष पिलाकर पागल बना दिया था, असुरो को सुरा पान कराकर देवताओं को अमृत पिला दिया था और स्वयं मणि और लक्ष्मी लेकर चल दिये थे। क्या किया जाय-आप परम स्वतन्त्र हैं, आपके सिर पर तो कोई है नहीं जो कुछ बोलेगा। जो मन में आता है करते हैं। भले को बुरा और बुरे को भला बनाते हैं, आपको तो कोई सुख-दुःख है नहीं, सबको चकमा देते हैं। लेकिन सुना, विष्णु आज भले घर बयाना दिया है, आज किये का फल भोगोगे। जिस मानव तन को धारण कर तुमने मुझे छला है वही तन तुम्हें धारण करना होगा, यह मेरा शाप है। मुझे बन्दर का रूप दिया था न, वही बन्दर तुम्हारी सहायता करेंगे और तुम्हें भी नारी-विरह में तड़पना पड़ेगा और जगह-जगह मारे-मारे फिरोगे। यह मेरा शाप है।

विष्णु : देवर्षि, आपका शाप सिर आँखों पर, बड़ी कृपा की। अब आप मायाजाल से मुक्त होते हैं।

पाठ : *श्राप सीस धरि हरषि हियँ प्रभु बहु बिनती कीन्हि।*
निज माया कै प्रबलता करषि कृपानिधि लीन्हि॥

नारद : अरे रमा कहाँ गयी, कहाँ गयी राजकुमारी? मैं कहाँ हूँ? मुझे क्या हो गया था? अरे, मैं कामदेव पर विजय पाकर मदमस्त हो गया था। हाँ, शिव जी ने पहले ही मुझे मना किया था, पर मैं माना नहीं (विष्णु के चरण में गिरकर) त्राहिमाम, हे शरणागत प्रभो, मेरी रक्षा करें। मेरा शाप व्यर्थ हो जाय।

विष्णु : विकल न हो नारद, जो कुछ हुआ मेरी इच्छा से हुआ।

नारद : पर मैंने तो आपको बहुत दुर्वचन कहे, उसके पाप से कैसे मुक्ति होगी।

विष्णु : होगी, अवश्य होगी, तुम जाकर शंकर शतनाम का जाप करो, सारी व्यथा नष्ट हो जायगी। शिव ही मेरे सर्वाधिक प्रिय हैं। इसे न भूलना।

नारद : देखो मुनिवर, जिस पर शिव की कृपा नहीं होती वह मेरी भी भक्ति नहीं पा सकता। यह बात हृदय में धारण कर पृथ्वी पर विचरण करो। अब कभी माया आपके पास नहीं फटकेगी।

पाठ : *बहुबिधि मुनिहि प्रबोधि प्रभु तब भए अंतरधान।*
सत्यलोक नारद चले करत राम गुन गान।
(रुद्रगण नारद के पास आते हैं)

रुद्र-1 : ऋषिराज, हम लोग ब्राह्मण नहीं हैं, हम तो शंकर के गण है। हमने आपकी हँसी उड़ाकर बहुत बड़ा अपराध किया है। कृपाल, अब अपना शाप शान्त कर दें।

नारद : रुद्रगण, जो हुआ सो हुआ। तुम दोनों को राक्षस तो होना ही पड़ेगा पर अत्यधिक वैभव, तेज और बल प्राप्त होगा। तुम अपने भुज बल पर विश्व जीत लोगे, जब विष्णु भगवान् मनुष्य के रूप में अवतार लेंगे और भगवान् के हाथों युद्ध में तुम्हारी मृत्यु होगी तब तुम मुक्त हो जाओगे, फिर कभी आवागमन के चक्र में नहीं पड़ोगे।

पाठ : *चले जुगल मुनि पद सिर नाई। भए निसाचर कालहि पाई॥*
एक कलप एहि हेतु प्रभु लीन्ह मनुज अवतार।
सुर रंजन सज्जन सुखद हरि भंजन भुबि भार।

3

रावण जन्म – क्षीरसागर की झाँकी

पाठ : *वन्दे बोधमयं नित्यं गुरुं शङ्कररूपिणम्।*
यमाश्रितो हि वक्रोऽपि चन्द्रा सर्वत्र वन्द्यते॥
बंदउँ गुरु पद कंज कृपा सिंधु नररूप हरि।
महामोह तम पुंज जासु बचन रबि कर निकर॥
श्रीगुर पद नस मनि गन जोती। सुमिरन दिब्य दृष्टि हियँ होती॥
दलन मोह तम सो सप्रकासू। बड़े भाग उर आवइ जासू॥
बहुरि बंदि खल गन सतिभाएँ। जै बिनु काज दाहिनेहु बाएँ॥
पर हित हानि लाभ जिन्ह केरें। उजरें हरष बिषाद बसेरें॥
सुधा सुरा सम साधु असाधू। जनक एक जग जलधि अगाधू॥
भलो भलाइहि पै लहइ लहइ निचाइहि नीचु।
सुधा सराहिअ अमरता गरल सराहिअ मीचु॥
जड़ चेतन गुन दोषमय बिस्व कीन्ह करतार।
संत हंस गुन गहहिं पय परिहरि बारि बिकार॥
जड़ चेतन जग जीव जत सकल राममय जानि।
बंदउँ सब के पद कमल सदा जोरि जुग पानि॥

पाठ : *काल पाइ मुनि! सुनु सोइ राजा। भयउ निसाचर सहित समाजा॥*
दस सिर ताहि, बीस भुजदंडा। रावन नाम बीर बरिबंडा॥
(रावण, विभीषण, कुम्भकरण बालरूप में विराजते हैं)

व्यास : भक्तिजनो, शापग्रस्त राजा प्रतापभानु कालान्तर में सपरिवार राक्षस हुआ। प्रतापभानु ने दस सिर बीस भुजाधारी रावण के रूप में जन्म लिया और आगे चलकर वह बड़ा वीर हुआ। और छोटा

भाई अरिमर्दन कुम्भकरण नाम से पैदा हुआ। राजा का एक सचिव था धर्मरुचि, उसने रावण के छोटे सौतेले भाई के रुप में जन्म लिया और संसार में विभीषण नाम से प्रसिद्ध हुआ।

पाठ : *उपजे जदपि पुलस्त्यकुल पावन अमल अनूप।*
तदपि महीसुर श्राप बस भए सकल अघरूप॥

पाठ : *कीन्ह बिबिध तप तीनिहू भाई। परम उग्र नहिं बरनि सौ जाई॥*
(रावण-कुम्भकरण-विभीषण तपस्यारत हैं। ब्रह्मा प्रसन्न हो दर्शन दते हैं)

ब्रह्मा : (रावण से) पुत्र, मैं तुम पर बहुत प्रसन्न हूँ, तुम मुझसे जो इच्छा हो वर माँग लो।

रावण : (ब्रह्मा जी के चरण स्पर्श करता है), हे जगत् के स्वामी, हे विधाता, आपने दर्शन देकर धन्य किया है। मैं क्या वर माँगूँ, फिर भी आप कहते हैं कि मनुष्य और बन्दर को छोड़कर हम किसी के मारे न मरें।

ब्रह्मा : एवमस्तु। तुमने सचमुच बड़ी भारी तपस्या की है।
(कुम्भकर्ण के पास जाते हैं)

पाठ : *पुनि प्रभु कुंभकरन पहिं गयऊ। तेहि बिलोकि मन बिसमय भयऊ॥*

ब्रह्मा : अरे, यदि यह दुष्ट नित्य भोजन करता रहा तो संसार उजड़ जायगा। देवी सरस्वती, आपका आवाहन करता हूँ कि इसकी मति फेर दें। (कुम्भकर्ण) पुत्र कुम्भकर्ण, तुम्हारी तपस्या पूर्ण हुई, वर माँगो।

कुम्भकर्ण : संसार के रचयिता ब्रह्मा जी, आप स्वयं पधारे, मैं धन्य हुआ। (चरण स्पर्श करता है) प्रभु देना ही चाहते हैं तो मुझे यह वर दीजिये कि मैं छह मास- हाँ सोता रहूँ। एक दिन उठूँ भोजन करके फिर सो जाऊँ।

ब्रह्मा : एवमस्तु- ऐसा ही होगा। (विभीषण के पास जाकर) वत्स विभीषण, जागो और वर माँगो।

विभीषण : (विकल हो ब्रह्मा के चरण स्पर्श करता है) - प्रभु आपके दर्शन हो गये, सब वर मिल गये, फिर भी देना है तो यही दें कि भगवान् के चरण-कमल में मेरी निर्मल भक्ति बनी रहे।

ब्रह्मा : एवमस्तु, धन्य विभीषण-तुमने उत्तम वर माँगा।

पाठ : *तिन्हहि देइ बर ब्रह्म सिधाए। हरषित ते अपने गृह आए॥*

दृश्य - 2

पाठ : *मय तनुजा मंदोदरि नामा। परम सुंदरी नारि ललामा॥*
सोइ मयँ दीन्हि रावनहि आनी। होइहि जातुधानपति जानी॥
गिरि त्रिकूट एक सिंधु मझारी। बिधि निर्मित दुर्गम अति भारी॥
सोइ मय दानम बहुरि सँवारा। कनक रचित मनिभवन अपारा॥

रावण : आहा, यह तो भोगावती और अमरावती से भी अधिक सुन्दर है। यहाँ मेरा भाई कुबेर राज्य करता है और करोड़ों यक्ष इसकी रक्षा करते हैं। यह कुबेर इन्द्र का दास है, अब इसे सीख देनी चाहिए। मेरे बहादुर राक्षसो! इस त्रिकूट पर्वत और उस पर बसे कटक को घेर लो और इसके रक्षकों को मार डालो।

रावण : (हँसता है) भाग गये अब! अब यहीं हमारी राजधानी बनेगी। वीर सैनिकों, तुम सबको यहाँ रहने को भवन मिलेंगे और सभी सुविधाएँ प्राप्त होंगी। हाँ, मुझे आवागमन हेतु एक विमान चाहिए, वह कुबेर के पास है।

(कुबेर के भवन में)

कुबेर का दूत : हे महाराज! आपका भाई रावण प्रबल सेना के साथ कोट द्वार पर उपस्थित है।

कुबेर : पूछो, वह क्या चाहता है?

कुबेर का दूत : महाराज, उसने लंका जीत ली है और अब आपका पुष्पक विमान ले जाना चाहता है।

कुबेर : अरे, यह तो ब्रह्मा जी से वर पाकर अजेय हो गया है, इससे लड़ना व्यर्थ है। जाओ, इसे पुष्पक विमान दे दो।

रावण : हाँ, अब ठीक है। परन्तु यह क्या, यह तो मेरे आराध्य शंकर भगवान् का आवास कैलास है। जरा देखूँ यह कितना भारी है। (कैलास उठाता है)
(कैलास पर्वत हिलाता है) (शिव पार्वती दिखते हैं)

पार्वती : देव यह क्या हो रहा है, भूकम्प कैसा?

शंकर : देवि! यह मेरा भक्त रावण अपने भुजबल की परीक्षा कर रहा है। शायद चाहता है कैलास को उठाकर लंका में स्थापित कर ले। बड़ा मूर्ख और अभिमानी है। ठीक है, देवि, इसका उपाय करता हूँ। (पैर के अँगूठे से कैलास को दबाते हैं) (पर्वत के नीचे दबा रावण चीत्कार करता है)

रावण : अरे, मरा, दबकर मरा। दया-देवाधिदेव भगवन् दया करें, मेरा अपराध क्षमा करें। अब भविष्य में कभी ऐसा नहीं करूँगा।

शंकर : ठीक है, तो जाओ, अब कभी हिमालय के आँगन में न आना।

रावण : जो आज्ञा देव, जय शिव शम्भो।

दृश्य - 3

पाठ : *सुख संपति सुत सेन सहाई। जय प्रताप बल बुद्धि बड़ाई॥*
नित नूतन सब बाढ़त जाई। जिमि प्रतिलाभ लोभ अधिकाई॥
बारिदनाद जेठ सुत तासू। भट महुँ प्रथम लीक जग जासू॥
कुमुख अंकपन कुलिसरद धूमकेतु अतिकाय।
एक एक जग जीति सक ऐसे सुभट निकाय॥

रावण : सुनो मेरे प्रिय रजनीचरों, हमारे बैरी ये देवता हैं, ये लोग कभी सामने आकर युद्ध नहीं करते और शत्रु प्रबल हुआ तो भागकर छिप जाते हैं। इनके मरण का एक ही उपाय है, वह कान खोलकर सुन लो। जहाँ-जहाँ ब्रह्मभोज, यज्ञ, होम और श्राद्ध होता दिखायी दे वहाँ पहुँचकर उसे नष्ट कर दो, इन्हीं से देवताओं को बल मिलता है। जब ऐसा होगा तो भूख-प्यास के मारे बेचारे देवता दुर्बल होकर हमारी शरण में आ जायँगे और हमारी चाकरी करेंगे।

मेघनाद : पिता जी की जय हो। मैं आपकी सेवा में देवराज इन्द्र को पकड़ लाया हूँ।

रावण : जीते रहो बेटा।

(ब्रह्मा प्रकट होते हैं)

ब्रह्मा : वत्स रावण, तुमने अपना प्रताप दिखा दिया, अब मेरा अनुरोध मानो और इन्द्र को छोड़ दो।

रावण : जो आज्ञा पितामह। पर एक शर्त है कि जिस देवता को जो आज्ञा दी जायगी, वह उसी प्रकार सेवा करेगा।

पाठ : *भुजबल बिस्व बस्य करि राखेसि कोउ न सुतंत्र।*
मंडलीक मनि रावन राज करइ निज यंत्र॥

दृश्य - 4

पाठ : *बरनि न जाइ अनीति घोर निसाचर जो करहिं।*
हिंसा पर अति प्रीति तिन के पापहि कवनि मिति॥

मानहिं मातु पिता नहिं देवा। साधुन्ह सन करवावहि सेवा॥
अतिसय देखि धर्म कै ग्लानी। परम सभीत धरा अकुलानी॥

धरा : पर्वत, नदी और समुद्र का बोझ मुझे इतना भारी नहीं लगता जितना मुझे इन परद्रोहियों का बोझ भारी लग रहा है। रावण के भय के मारे कोई भी कुछ नहीं बोल पा रहा है।
चलूँ औरों से परामर्श करूँ।

पाठ : *धेनु रूप धरि हृदयँ बिचारी। गई तहाँ जहँ सुर मुनि झारी॥*

धरा : (रोकर) हे देवताओ, मुनियो, आप यह दुर्दशा देख रहे हैं। ऐसा भ्रष्ट आचार तो कभी देखा न सुना था। जो धार्मिक हैं उन्हें सताया जाता है, देश निकाला दिया जाता है। वेद-पुराण का तो नाम लेना अपराध हो गया है। मैं आधारहीन हो गयी हूँ। मेरी रक्षा करें।

एक देवता : धरती माता, हमें भी कुछ समझ में नहीं आता क्या करें। अब एक ही उपाय है कि चलकर ब्रह्मा जी से मिलें और पूछें कि राक्षसों का नाश कैसे होगा।

दृश्य - 5

(ब्रह्मलोक)

पाठ : *सुर-मुनि-गंधर्वा, मिलि करि सर्बा गे बिरंचि के लोका।*
सँग गोतनुधारी, भूमि बिचारी, परम बिकल भय सोका।

सब : हे ब्रह्मदेव, हमारी रक्षा करें।

ब्रह्मा : हे देवो, मुनियो, गन्धर्वो, और पुत्री धरती, मैं स्वयं विकल हूँ। मेरे वरदान के बल से ही रावण यह सब कर रहा है। पृथ्वी जिस विष्णु की तू दासी है, वही अविनाशी, विष्णु, हम सबकी सहायता करेंगे। कुछ दिन धैर्य धरो और उनके चरणों में ध्यान लगाये रहो, वे भक्तों का दुःख जानते हैं, वही यह कठिन दुःख दूर करेंगे।

देवता : हे पितामह, क्यों न हम वैकुण्ठपुरी चलें।

देवता : नहीं, वे तो क्षीरसागर में रहते हैं, वहीं चला जाय।

शिव : हे देवताओ, मुनियो, भगवान् तो सर्वत्र व्याप्त हैं। जहाँ प्रेम है वहीं प्रकट हो जाते हैं। मेरी बात मानो और उनकी प्रार्थना करो।

सब देवता : साधु-साधु यही ठीक है। आइये प्रार्थना करें।

जय जय सुरनायक जन सुखदायक प्रनतपाल भगवंता।
गो द्विज हितकारी जय असुरारी सिंधुसुता प्रिय कंता॥
सारद श्रुति सेषा रिषय असेषा, जा कहुँ कोउ नहिं जाना।
जेहि दीन पिआरे, बेद पुकारे द्रवउ सो श्रीभगवाना॥
भव बारिधि मंदर सब बिधि सुंदर गुनमंदिर सुख पुंजा।
मुनि सिद्ध सकल सुर परम भयातुर नमत नाथ पद कंजा॥

आकाशवाणी : हे मुनि, सिद्ध, और देवताओं, आप लोग डरिये मत। लोक-कल्याण के लिए मैं मानव शरीर धारण करूँगा। अदिति ने मुझे पुत्र रूप में प्राप्त करने के लिए बड़ी तपस्या की थी और उन्हें मैं वर दे चुका हूँ, वे आजकल दशरथ और कौशल्या के रूप में अयोध्यापुरी में विराज रहे हैं। उन्हीं के यहाँ मैं रघुकुल में चार भाइयों के रूप में अवतार लूँगा। मैं नारद का वचन सत्य करने हेतु अपनी पराशक्ति के साथ अवतार लूँगा। पृथ्वी पर जो भार चढ़ा है वह सब मैं उतार डालूँगा अस्तु निर्भय होकर जायँ।

देवता : धन्य-धन्य।

ब्रह्मा : हे देवगण! आप लोग वानर शरीर धारण कर पृथ्वी पर विचरण करें और भगवान् के पधारने पर उनकी सेवा करें।

पाठ : *गए देव सब निज निज धामा। भूमि सहित मन कहुँ बिश्रामा॥*
जो कछु आयसु ब्रह्माँ दीन्हा। हरषे देव बिलंब न कीन्हा॥
बनचर देह धरी छिति माँही। अतुलित बल प्रताप तिन्ह पाहीं॥
गिरि तरु नख आयुध सब बीरा। हरि मारग चितवहिं मतिधीरा॥

(क्षीरसागर में शेषशायी भगवान् की झाँकी प्रकट होती है जिसमें प्रभु शेष पर अधलेटे हैं, लक्ष्मी चरण चाप रही हैं, नाभि से निकले कमल पर ब्रह्मा विराजमान हैं, नारद और तुबरू ऋषि हरिगान कर रहे हैं।)

4.

राम जन्म

पाठ : *बिप्र धेनु सुर संत हित लीन्ह मनुज अवतार।*
निज इच्छा निर्मित तनु माया गुन गो पार॥
एक बार भूपति मन माहीं। भै ग्लानि मोरें सुत नाहीं॥
(राजा दशरथ गुरु वशिष्ठ के आश्रम में आते हैं।)

दशरथ : गुरुदेव, चरण स्पर्श (गुरु वशिष्ठ के चरण स्पर्श करते हैं)

वशिष्ठ : आयुष्मान्! राजन्! कहिये किस कारण आना हुआ।

दशरथ : गुरुदेव! मुझे बड़ी ग्लानि हो रही है कि मेरे सुत नहीं है। मेरी तीन रानियाँ हैं, सभी सुन्दर और सद्आचरणवाली हैं। सभी मेरे अनुकूल हैं, मुझसे प्रेम करती हैं और इस सभी की की हरि-पद कमल में बड़ी आस्था है।

वशिष्ठ : राजन्, धैर्य धारण करें। आपको चार पुत्र होंगे।

दशरथ : पर कैसे गुरुदेव?

वशिष्ठ : इसके लिए आपको पुत्र कामेष्टि यज्ञ करना होगा और इस कार्य के लिए श्रृंगी ऋषि ही सबसे उपयुक्त हैं। यज्ञ का आयोजन करें और ऋषि को आमन्त्रित करें।

दशरथ : जो आज्ञा प्रभु!

पाठ : *सृंगी रिषिहि बसिष्ठ बोलावा। पुत्रकाम सुभ जग्य करावा॥*

श्रृंगी : ॐ अग्नेय स्वाहा। (आहुति डालते हैं)

पाठ : *प्रगटे अगिनि चरु कर लीन्हें।*
(ऋषि श्रृंगी यज्ञ कराते हैं)

अग्निदेव : आपका यज्ञ सफल हुआ। यह लीजिए पवित्र चरु इससे राजा की मनोकामनापूर्ण होगी।

पाठ : *तब अदृस्य भए पावक सकल सभहि समुझाइ।*
परमानंद मगन नृप हरष न हृदयँ समाइ॥

वशिष्ठ : राजन्! आपका सकल काज सिद्ध हुआ। अब आप जाकर यथा योग्य भाग बनाकर हवि बाँट दें।

दशरथ : मन्त्री जी रानियों को बुलायें।

(तीनों रानियाँ पधारती हैं)

पाठ : *अर्ध भाग कौसल्यहि दीन्हा। उभय भाग आधे कर कीन्हा॥*
कैकेई कहँ नृप सो दयऊ। रह्यो सो उभय भाग पुनि भयऊ॥
कौसल्या कैकेई हाथ धरि। दीन्ह सुमित्रहि मन प्रसन्न करि॥

(राजा चरु का वितरण करते हैं)

पाठ : *एहि बिधि गर्भसहित सब नारी।*
भईं हृदयँ हरषित सुख भारी॥
सुख जुत कछुक काल चलि गयऊ।
जेहिं प्रभु प्रगट सो अवसर भयऊ॥
जोग लगन ग्रह बार तिथि सकल भए अनुकूल।
चर अरु अचर हर्ष जुत राम जनम सुखमूल॥
नौमी तिथि मधु मास पुनीता। सुकल पच्छ अभिजित हरिप्रीता॥
मध्यदिवस अति सीत न घामा। पावन काल लोक बिश्रामा॥
सुर समूह बिनती करी पहुँचे निज निज धाम।
जगनिवास प्रभु प्रगटे अखिल लोक बिश्राम॥

(दशरथ का कक्ष)

(एक दासी का प्रवेश)

दासी : महाराज बधाई हो। बड़ी महारानी को पुत्र पैदा हुआ है।

दशरथ : आहा, आज मुझे ब्रह्मानन्द प्राप्त हुआ है। जिसका नाम सुनने मात्र से शुभ होता है, मेरे घर वे प्रभु पधारे हैं। मन्त्री जी, बाजे बजवाइये। नगर में उत्सव मनाया जाय।

(बाजे बजते हैं, उत्सव होता है)

(कौशल्या के महल में विश्व रूप भगवान् प्रकट होते हैं)

(कौशल्या स्तुति करती है)

कौशल्या : *भए प्रगट कृपाला दीनदयाला कौसल्या हितकारी।*
हरषित महतारी मुनि मन हारी अद्भुत रूप बिचारी॥
लोचन अभिरामा तनु घनस्यामा निज आयुध भुजचारी॥
भूषन बनमाला नयन बिसाला सोभासिंधु खरारी॥
कह दुइ कर जोरी अस्तुति तोरी केहि बिधि करौं अनंता।

माया गुन ग्यानातीत अमाना बेद पुरान भनंता॥
करुना सुख सागर सब गुन आगर जेहि गावहिं श्रुति संता।
सो मम हित लागी जन अनुरागी भयउ प्रगट श्रीकंता
माता पुनि बोली सो मति डोली तजहु तात यह रूपा।
कीजै सिसु लीला अति प्रियसीला यह सुख परम अनूपा॥

(शिशु राम रोते हैं।)

पाठ : *कैकयसुता सुमित्रा दोऊ। सुंदर सुत जनमत भैं ओऊ॥*

(दशरथ कक्ष दासी)

दासी : महाराज बधाई, महारानी कैकेयी और सुमित्रा ने भी पुत्रों को जन्म दिये हैं।

पाठ : *अवधपुरी सोहइ एहि भाँती। प्रभुहि मिलन आई जनु राती॥*

(अयोध्या के उत्सव, वेदपाठ, दान-दक्षिणा वितरण। वाद्यवादन, गीत-संगीत, प्रकाश, सर्वत्र जय-जयकार।)

(सब रानियाँ गोद में लिये, उन्हें खिलाती दिखती हैं)

पाठ : *नामकरन कर अवसरु जानी। भूप बोलि पठए मुनि ग्यानी॥*

(महल में वशिष्ठ जी आते हैं)

दशरथ : (गुरु की पूजा करके) गुरुवर, इन बालकों का नामकरण करें।

वसिष्ठ : सुनो राजन्! इनके नाम तो अनेक हैं मैं अपनी मति के अनुसार कहता हूँ—ये जो सुखधाम हैं इनका नाम 'राम' होगा। ये कैकेयी सुत-विश्व के भरण-पोषण करनेवाले हैं इनका नाम भरत होगा, जिनके स्मरण मात्र से रिप्रु नष्ट होगा ये शत्रुघ्न हैं और लक्षणों के धाम रामप्रिय सकल जगत् के आधार—ये लक्ष्मण हैं।

(चारों बालक खेलते हैं। बड़े होकर गुरु गृह जाकर विद्याध्ययन करते हैं। मृगया को जाते हैं। शिक्षा पूरी होने पर घर आते हैं।)

पाठ : *बाल चरित हरि बहुबिधि कीन्हा। अति अनंद दासन्ह कहँ दीन्हा॥*
कछुक काल बीतें सब भाई। बड़े भए परिजन सुखदाई॥

लीला में अनेक बाल-लीलाएँ होती हैं। चूड़ाकरन होता है। सब भाई मिलकर नृप लीला खेलते हैं।

पाठ : *ब्यापक अकल अनीह अज निर्गुन नाम न रूप।*
भगत हेतु नाना बिधि करत चरित्र अनूप॥

5

विश्वामित्र आगमन–ताड़का वध–अहल्या उद्धार

पाठ : *वन्दे बोधमयं नित्यं गुरुं शङ्कररूपिणम्।*
यमाश्रितो हि वक्रोऽपि चन्द्रः सर्वत्र वन्द्यते॥
सीताराम गुणग्राम पुण्यारण्य-विहारिणौ।
वन्दे विशुद्ध विज्ञानौ कवीश्वरकपीश्वरौ॥

जथा सुअंजन अंजि दृग साधक सिद्ध सुजान।
कौतुक देखत सैल बन भूतल भूरि निधान॥
गुरु पद रज मृदु मंजुल अंजन। नयन अमिअ दृग दोष बिभंजन॥
तेहिं करि बिमल बिबेक बिलोचन। बरनउँ राम चरित भव मोचन॥

दृश्य-1

पाठ : *बिस्वामित्र महामुनि ग्यानी। बसहिं बिपिन सुभ आश्रम जानी॥*
जहँ जप जग्य जोग मुनि करहीं। अति मारीच सुबाहुहि डरहीं॥
देखत जग्य निसाचर धावहिं। करहिं उपद्रव मुनि दुख पावहिं॥
गाधितनय मन चिंता ब्यापी। हरि बिनु मरहिं न निसिचर पापी॥
बहुबिधि करत मनोरथ जात लागि नहिं बार।
करि मज्जन सरऊ जल, गए भूप दरबार॥

(राजा दशरथ का दरबार)

द्वारपाल : महाराज की जय हो। महाराज, महामुनि विश्वामित्र जी पधारे हैं।

दशरथ : अरे विश्वामित्र जी, आइये सब लोग उनका स्वागत करें।
(जाकर विश्वामित्र को प्रणाम करके सादर दरबार में लाते हैं)

दशरथ : अहोभाग्य, मुनिवर विराजिये। (चरण पखारते हैं- दण्डवत् करते हैं। मुनि आशीर्वाद देते हैं। आज मैं धन्य हुआ। अरे प्रतिहारो, तत्काल जाओ और राजकुमारों को बुला लाओ। मुनिवर के लिए नैवेद्य लाओ। स्वीकार करें मुनिवर!
(राम लक्ष्मण आते हैं)

दशरथ : बेटा, ये महामुनि विश्वामित्रजी हैं, मन्त्रदृष्टा ऋषि हैं इन्हें प्रणाम करो।
(दोनों भाई प्रणाम करते हैं)

विश्वामित्र : (स्वगत) आहा, क्या रूप है, मानो पूर्णमासी का चन्द्रमा। (प्रकट) आयुष्मान् हो, चिरंजीवी यशस्वी हो।

दशरथ : मुनिवर, आपने प्रथम बार इस अकिंचन पर कृपा की है! आपने किस कारण कष्ट किया, शीघ्र बताइये। आपके कहने भर की देर है, मैं तत्काल उसे पूर्ण करूँगा।

विश्वामित्र : राजन्, हम सिद्धाश्रम में तपस्यारत हैं, हम लोग तप हवन करते हैं पर ताटक वन में महा भयंकर राक्षसी ताड़का, मारीच और सुबाहु अपने दलबल के साथ आते हैं। ये लोग आकर यज्ञ विध्वंस करते हैं, आश्रम पर रक्त, मांस, अस्थि, विष्ठा की अपावन वर्षा करते हैं और निरीह मुनिजनों को मारकर खा जाते हैं। इस कष्ट से निवारण हेतु मैं याचना करने आया हूँ।

दशरथ : अरे, यह तो बड़ी कष्टदायक स्थिति है, आप आज्ञा दें इसका तत्काल निवारण होगा। मैं प्रतिज्ञा करता हूँ कि इन राक्षसों का तत्काल विनाश होगा। मेरी सेना तैयार है, आप चाहेंगे तो मैं स्वयं आपके साथ चलूँगा। आज्ञा करें।

विश्वामित्र : नहीं राजन्, इसकी आवश्यकता नहीं होगी। बस आप अपने दोनों बालक राम और लक्ष्मण को मेरे साथ भेज दीजिये, ये निशाचरों का वध करके मुझे सनाथ बनायेंगे, आश्रम में शान्ति छा जायगी।

दशरथ : लेकिन मुनिवर! ये सुकुमार बालक-----

विश्वामित्र : नहीं राजन्, सन्देह न करें, प्रसन्न होकर, मोह अज्ञान त्यागकर इन्हें मेरे साथ भेज दें। इससे आपको सुजस और धर्म प्राप्त होगा। और

इनका भी परम कल्याण होगा।

दशरथ : (अत्यन्त व्याकुल) हे ब्रह्मदेव, मैंने बुढ़ापे में ये चार पुत्र पाये हैं। आपने विचार कर यह बात नहीं कही। इन्हें मैं कैसे दे सकता हूँ। मुनिवर आप माँगें पृथ्वी, धेनु, धन, राजकोष जो चाहे माँगें, एक निमिष में दे दूँगा। अरे शरीर और प्राण से प्रिय तो कुछ नहीं होता वह भी कहें तो दे दूँगा। पर ये पुत्र तो मुझे प्राणों से प्यारे हैं। कैसे इन्हें दे दूँ। जरा विचारिये, कहाँ वे भयानक क्रूर राक्षस और कहाँ ये मेरे किशोर बालक।

विश्वामित्र : ठीक है तो आप इन्हें रखिये, मुझे कुछ नहीं चाहिए, आपने वचन दिया था, उसे भी फेर लीजिये। मैं चला।

वशिष्ठ : ठहरिये ब्रह्मर्षि! महाराज दशरथ, आपको विश्वामित्र जी की याचना स्वीकार करनी चाहिए। आप श्रीराम को निरा बालक समझते हैं? अरे इनका तो अवतार ही राक्षसों के वध के लिए हुआ है। महामुनि विश्वामित्र की देख-रेख में इस अभियान का आरम्भ हो, यह बड़ी शुभ बात है। इस याचना में नियति का बड़ा महत्त्वपूर्ण आशय है आप निर्भय और निश्चिन्त हो राम-लक्ष्मण को मुनि के साँथ भेज दें।

दशरथ : जब आप कहते हैं तो ठीक है। बेटा राम, बेटा लक्ष्मण, तुम दोनों को मुनि विश्वामित्र के साथ जाना है। आज से ये ही तुम्हारे पिता हैं, देखों इन्हें कोई कष्ट न देना और अच्छी तरह रहना। (दोनों को गले लगाकर- विश्वामित्र को देते हैं) मुनिवर- ये दोनों मेरे प्राणों से भी प्यारे हैं, इनका ध्यान रखियेगा। राम-लक्ष्मण अब जाओ माता से आज्ञा लेकर आओ और मुनिवर के साथ जाने की तैयारी करो।

दृश्य-2

पाठ : *पुरुषसिंह दोउ बीर हरषि चले मुनि भय हरन।*
कृपासिंधु मतिधीर अखिल बिस्व कारन करन॥
स्याम गौर सुंदर दोउ भाई। बिस्वामित्र महानिधि पाई।

श्रीराम : गुरु जी, आप रुक क्यों गये?

विश्वामित्र : वत्स राम, देखते हो यहाँ से दो मार्ग गये हैं, एक मार्ग तीन दिन में निरापद हमें आश्रम तक पहुँचा देगा। दूसरा मार्ग भयानक

विपिन से होकर जाता है और इसी में वह भयंकर राक्षसी ताड़का रहती है। तो यह मार्ग बहुत छोटा, आज शाम तक हमें आश्रम पहुँचा देगा पर इस नरभक्षिणी के भय से कोई इस मार्ग से नहीं जाता। बोलो किधर से चलें?

श्रीराम : गुरुदेव, आप तो हमें राक्षसों का वध करने ही लाये हैं, तब राक्षसी से भय क्या। इस वन मार्ग से ही चलें।

(तीनों आगे बढ़ते हैं, तभी बवण्डर-सी चीखती-चिल्लाती ताड़का आती है। राम की ओर झपटती है। राम रुकते हैं।)

श्रीराम : गुरुदेव, यह नारी है।

विश्वामित्र : हाँ, पर राक्षसी है, इसका वध करने में कोई दोष नहीं।

(श्रीराम तीर से ताड़का का वध करते हैं)

पाठ : *एकहिं बान प्रान हरि लीन्हा। दीन जानि तेहि निज पद दीन्हा॥*

विश्वामित्र : धन्य राम, तुम प्रथम परीक्षण में सफल हुए। अब मैं तुम्हें शस्त्र और शास्त्र की कला तथा अतिबला विद्या देता हूँ। इन विद्याओं को सीखकर कभी भूख-प्यास नहीं सतायेगी और शरीर में अतुलित बल और तेज निरन्तर बना रहेगा और ये अमोध अस्त्र देता हूँ, इन्हें पाकर तुम अजेय हो जाओगे। आओ अब चलें।

दृश्य-3

पाठ : *आयुध सर्ब समर्पि कै प्रभु निज आश्रम आनि।*
कंद मूल फल भोजन दीन्ह भगति हित जानि॥

विश्वामित्र : आओ राम-लक्ष्मण, यही हमारा आश्रम है और ये हैं यहाँ के आश्रमवासी, मेरे शिष्य।

श्रीराम : गुरुदेव, आपके आश्रम में आकर हम धन्य हुए। मुनिवर! आप निर्भय होकर सबके साथ यज्ञ आरम्भ करें।

(यज्ञ आरम्भ होता है, ऊँचे स्वर में अग्नि में आहुतियाँ पड़ती हैं।) तभी शोर होता है। राम-लक्ष्मण सावधान हो जाते हैं) (मारीच, सुबाहु राक्षसों के साथ आकर हमला करते हैं)

मरीच : बहादुरों, दशानन की आज्ञा की अवहेलना करके ये बाबा लोग फिर यज्ञ कर रहे हैं। इनका यज्ञ ध्वंस करके इन्हें खा जाओ।

(राक्षस मारीच की जय)

(तभी राम तीर चलाते हैं)

पाठ : *बिनु फर बान राम तेहि मारा। सत जोजन गा सागर पारा॥*

सुबाहु : अरे मारीच कहाँ गया? यह कौन छोकरा है- इसी को मारो।

राम : (पावक सर चलाकर सुबाहु को मार देते हैं। दोनों भाई सभी राक्षसों को मार डालते हैं।)

पाठ : *पावक सर सुबाहु पुनि मारा। अनुज निसाचर कटकु सँघारा।*
मारि असुर द्विज निर्भयकारी। अस्तुति करहिं देव मुनि सारी॥

दृश्य-4

(विश्वामित्र आश्रम)

पाठ : *तहँ पुनि कछुक दिवस रघुराया। रहे कीन्हि बिप्रन्ह पर दाया॥*
भगति हेतु बहु कथा पुराना। कहे बिप्र जद्यपि प्रभु जाना॥

विश्वामित्र : तो इस प्रकार हिरण्याक्ष का अन्त हुआ और महावाराह भगवान् ने पृथ्वी को उबार लिया।

(एक शिष्य आता है)

शिष्य : गुरु जी, मिथिला से महाराज जनक का दूत आया है।

विश्वामित्र : उसे सादर लिवा लाओ। (दूत आता है)

दूत : महामुनि को सेवक का प्रणाम्। प्रभु, महाराज जनक ने प्रणाम निवेदित किया है, आप सबकी कुशल पूछी है और सन्देश भेजा है---

विश्वामित्र : क्या है सन्देश?

दूत : ऋषिवर, महाराज जनक ने धनुषयज्ञ का बृहद् आयोजन किया है और आप सबको आमन्त्रित किया है।

विश्वामित्र : ठीक है, हम आयेंगे। (दूत जाता है)

विश्वामित्र : चलो राम-लक्ष्मण हमारे साथ जनकपुर चलो। वहाँ धनुषयज्ञ देख आयें। राजा जनक के पास शिव जी का एक अति प्रसिद्ध धनुष रखा है, यह यज्ञ उसी से सम्बन्धित है। इस पावन प्राचीन धनुष का दर्शन करने की मेरी बड़ी इच्छा है। बोलो चलोगे।

श्रीराम : गुरुदेव की आज्ञा है तो अवश्य चलेंगे।

विश्वामित्र : तो शिष्यगणो, सब लोग चलने की तैयारी करो।

दृश्य-5

(एक उजाड़ आश्रम और एक विशाल शिलाखण्ड)

(विश्वामित्र, राम, लक्ष्मण सहित आते हैं)

पाठ : *आश्रम एक दीख मग माहीं। खग मृग जीव जंतु तहँ नाहीं।*

श्रीराम : गुरुजी, यह कैसा आश्रम है, यहाँ कौन रहता था?

विश्वामित्र : बता, यह गौतम ऋषि का आश्रम है। यहाँ एक दुःखद घटना हो गयी थी।

श्रीराम : कैसी घटना?

विश्वामित्र : यहाँ परम तपस्वी गौतम अपनी परम रूपवती अहल्या के साथ रहते थे। एक दिन ऋषि स्नान करने गये थे तभी इन्द्र गौतम का रूप बनाकर आया और अहल्या के साथ रमण किया। ऋषि लौटे तो तत्काल सब-कुछ समझ गये और अहल्या को शाप दे दिया। यह शिला देखते हो न, वह अहल्या ही है तो यह पत्थर बनी बड़े धैर्य से तुम्हारी प्रतीक्षा कर रही है। इस पर कृपा कर चरण स्पर्श करा दीजिये।

पाठ : *गौतम नारी श्राप बस उपल देह धरि धीर।*
चरन कमल रज चाहति कृपा करहु रघुबीर॥

(राम शिला को छूते हैं और वह जीवित नारी मूर्ति बन जाती है)

पाठ : *परसत पद पावन सोक नसावन प्रगट भई तपपुंज सही।*
देखत रघुनायक जन सुखदायक सनमुख होइ कर जोरि रही॥
अति प्रेम अधीरा पुलक सरीरा मुख नहिं आवइ बचन कही।
अतिसय बड़भागी चरनन्हि लागी जुगत नयन जलधार बही॥

अहल्या : केवल ज्ञान से ही जाने जा सकनेवाले हे रघुराई आपकी जय हो। कहाँ मैं अपावन नारी और कहाँ आप जग पावन भगवान्। हे कमल नयन, जन्म-मरण के बन्धन मिटानेवाले, मैं आपकी शरणागत हूँ। मुनि ने शाप देकर अच्छा ही किया कि मैं आँखों से आपको देख सकी। हे प्रभु! मैं मति की मारी हूँ, बस मुझे इतना वर दीजिये कि मेरा मन आपके चरण-कमल में लगा रहे। मैं धन्य हूँ कि जिस चरण से सुरसरिता गंगा निकली, जिसे शिव ने सिर पर धारण किया और ब्रह्मा जिन चरणों की पूजा करते रहते हैं उन्हीं चरण

कमलों को आपने मेरे सिर पर रखा।

राम : हे देवि, हे श्रेष्ठ नारी, आप सानन्द पति लोक को सिधारो।

पाठ : *अस प्रभु दीनबंधु हरि कारन रहित दयाल।*
तुलसिदास सठ तेहि भजु छाड़ि कपट जंजाल॥
चले राम लछिमन मुनि संगा। गए जहाँ जग पावनि गंगा॥

श्रीराम : हे प्रभो, यह सुरसरी गंगा धरती पर कब और कैसे आयी।

विश्वामित्र : वत्स राम, यह बड़ी मनोहारी कथा है। तुम्हारे पूर्वजों में एक थे राजा सगर जिन्होंने अश्वमेध यज्ञ किया। सगर के साठ हजार पुत्र थे एक रानी से और दूसरी से एक पुत्र था। साठ हजार पुत्र पाताल में घोड़ा ढूँढ़ते कपिल मुनि के आश्रम में पहुँचे जहाँ इन्द्र ने घोड़ा बाँध दिया था। मुनि समाधिस्थ थे। लड़कों ने मुनि को चोर मानकर भला-बुरा कहा और तब ऋषि कुपित हुए और उनके कोपानल में साठ हजार राजकुमार जलकर भस्म हो गये। जब सगर को पता चला तो बड़े दुःखी हुए, पुत्र, पौत्र इनकी मुक्ति का प्रयास करने लगे। अन्त में भगीरथ की तपस्या सफल हुई। ब्रह्मलोक से गंगा शिव के जटाजूट में अवतरित हुई और फिर वहाँ से निकलकर आर्यावर्त्त को पवित्र कर भगवती भागीरथी पाताल लोक पहुँची और सगर पुत्रों का उद्धार हो गया। तब से पवित्र पावनी गंगा ने न जाने कितने लोगों का उद्धार किया है। आओ गंगा को प्रणाम करो, गंगाजल पान करो और गंगा में स्नान कर तन-मन को पवित्र बनाओ।

श्रीराम तथा मुनिगण : जय माँ गंगे। जय पुण्य सलिला भगवती भगीरथी।

पाठ : *हरषि चले मुनि बृंद सहाया। बेगि बिदेह नगर निअराया॥*
पुर रम्यता राम जब देखी। हरषे अनुज समेत बिसेषी॥
देखि अनूप एक अँवराई। सब सुबास सब भाँति सुहाई॥

विश्वामित्र : वत्स राम, यह बड़ा सुन्दर स्थान है, मेरा मन कहता है यहाँ डेरा डाल लिया जाय।

श्रीराम : ठीक है गुरुवर।

पाठ : *भलेहिं नाथ कहि कृपानिकेता। उतरे तहँ मुनिबृंद समेता॥*

6.
फुलवारी लीला

पाठ : *उद्भवस्थितिसंहारकारिणीं क्लेशहारिणीम्।*
सर्वश्रेयस्कारीं सीतां नतोऽहं रामवल्लभाम्॥
जनकसुता जग जननि जानकी। अतिसय प्रिय करुनानिधान की॥
ताके जुग पद कमल मनावउँ। जासु कृपाँ निरमल मति पावउँ॥
पुनि मन बचन कर्म रघुनायक। चरन कमल बंदउँ सब लायक॥
राजिवनयन धरें धनु सायक। भगत बिपति भंजन सुखदायक॥
गिरा अरथ जल बीचि सम कहिअत भिन्न न भिन्न।
बंदउँ सीता राम पद जिन्हहि परम प्रिय खिन्न॥

दृश्य-1

पाठ : *विस्वामित्र महामुनि आए। समाचार मिथिलापति पाए॥*

(जनक दरबार)

द्वारपाल : महाराज की जय हो! महामुनि विश्वामित्र पधारे हैं और नगर के छोर पर अमराई में विराज रहे हैं।

पाठ : *संग सचिव सुचि भूरि भट भूसुर बर गुर ग्याति।*
चले मिलन मुनिनायकहि मुदित राउ एहि भाँति॥
(विश्वामित्र आवास में जनक पधारते हैं)

जनक : (चरण में सिर झुकाकर) प्रणाम मुनिवर। आपने मुझ पर अपार कृपा की है, अपने सौभाग्य से पुलकित हूँ। मुनिवर मार्ग में कोई कष्ट तो नहीं हुआ।

(सहसा राम-लक्ष्मण पधारते हैं) (विश्वामित्र पास बैठाते हैं)

जनक : कहिये नाथ, ये दोनों सुन्दर बालक कोई मुनिकुल तिलक हैं या कहीं के राजकुमार हैं या फिर---(सोचकर) जिनका परिचय वेदों ने नेति-नेति कहकर दिया है कहीं वे ही तो युगल रूप धरकर अवतरित हुए हैं। मुनिवर मैं स्वभाव से विरागी हूँ पर इन्हें देखकर मुझे लगता है कि मेरा मन चकोर चन्द्रमा की ओर आकृष्ट हो गया है। मैं आपसे सत्यभाव से पूछ रहा हूँ।

विश्वामित्र : राजन्! आप ठीक कह रहे हैं, आपकी बात असत्य हो सकती है क्या? संसार के सभी लोगों के ये प्रिय हैं। (विहँसकर) राजा दशरथ के पुत्र हैं। मेरा हित करने राजा ने इन्हें मेरे यहाँ भेजा, आश्रम में इन्होंने राक्षसों का वध करके मख की रक्षा की। आपका निमन्त्रण मिला तो सोचा इन्हें भी साथ ले चलूँ।

जनक : यह तो आपने मुझ पर अनन्य उपकार किया। ये दोनों तो आनन्द के स्वरूप हैं, देखने से लगता है जैसे ब्रह्म और जीव एक साथ आ रहे हों। मुनिवर अब कृपा करें- सबके साथ नगर में चलें और मेरा अतिथ्य ग्रहण करें।

पाठ : *सुंदर सदनु सुखद सब काला। तहाँ बासु लै दीन्ह भुआला॥*

दृश्य-2

पाठ : *लखन हृदयँ लालसा बिसेषी। जाइ जनकपुर आइअ देखी॥*

श्रीराम : गुरुवर! लखन पुर देखना चाहते हैं, आपके भय से कह नहीं पा रहे हैं। आपकी आज्ञा हो तो इसे नगर दिखा लाऊँ।

विश्वामित्र : वत्स राम, तुम वास्तव में नीतिवान् हो, धरम सेतु के पालक हो। जाओ दोनों भाई नगर देख आओ।

(जनकपुर का मार्ग)

पाठ : *देखन नगरु भूपसुत आए। समाचार पुरवासिन पाए॥*
निरखि सहज सुंदर दोउ भाई। होहिं सुखी लोचन फल पाई॥
बय किसोर सुषमा सदन स्याम गौर सुख धाम।
अंग अंग पर वारिअहिं कोटि कोटि सत काम॥

स्त्री एक : अरी सखी, ऐसा कौन है जो इन्हें देख मोहित न हो। पर ये हैं कौन?

स्त्री दूसरी : अब मैंने जो सुना वह बताती हूँ। अवध के राजा दशरथ के ये पुत्र हैं और महामुनि विश्वामित्र के साथ आये हैं। कहते हैं राक्षसों का वध करके मुनि के मख की रक्षा की है।

स्त्री तीसरी : हाँ, और देखो ये जो साँवले-से हैं, हाथ में धनुष-बाण लिये वे कौशल्या के पुत्र राम हैं और दूसरे जो गोरे-से हैं ये सुमित्रा नन्दन हैं राम के छोटे भाई हैं। कहते हैं मार्ग में इन्होंने शिला बनी अहल्या का उद्धार किया।

स्त्री दूसरी : हाँ मुनिवर का काज करके ये यज्ञ देखने चले आये हैं।

स्त्री तीसरी : बहन, मुझे तो लगता है अपनी जानकी के लिए कोई वर हो सकता है तो यही है।

स्त्री एक : तो चलो, राजा जी से कहें प्रतिज्ञा तोड़कर इनसे कन्या का विवाह कर डालें।

स्त्री दूसरी : अरी हटो, वे प्रतिज्ञा से टस-से-मस नहीं होंगे।

स्त्री तीसरी : अरी अगर विधाता भले होंगे तो अवश्य जानकी को ये ही मिलेंगे।

स्त्री एक : सबसे बड़ी बात तो यह कि अगर यह विवाह हो जाय तो आगे भी ये आते-जाते रहेंगे और हम बार-बार इनके दर्शन कर पायेंगे।

स्त्री दूसरी : यह सब बड़ी अच्छी कल्पनाएँ हैं पर शिव का धनुष कितना कठोर है और ये कितने सुकुमार हैं।

स्त्री तीसरी : बहना देखने को ही सुकुमार हैं सुना नहीं राक्षसों का वध करके आये हैं, अहल्या का उद्धार करके आये हैं। विधाता ने सोचकर ही सिया जी को बनाया है और उसी ने इन्हें भी बनाया है।

स्त्री एक : चल तेरे मुँह में घी शक्कर।

पाठ : *पुर पूरब दिसि गे दोउ भाई। जहँ धनुमख हित भूमि बनाई॥*

श्रीराम : देखो लक्ष्मण, यह धनुष-यज्ञ का मंच है और वह अत्यन्त विस्तृत आँगन है। वहाँ मनोहर वेदी है और उसी के चारों ओर राजा लोग बैठेंगे। उधर नगरवासियों के बैठने का स्थान बना है। चलो भाई अब गुरु जी के पास लौट चलें, सन्ध्या का समय हो गया।

पाठ : *सभय सप्रेम बिनीत अति, सकुच सहित दोउ भाइ।*
गुरु पद पंकज नाइ सिर, बैठे आयसु पाइ॥

दृश्य-3

पाठ : *उठे लखनु निसि बिगत सुनि अरुनसिखा धुनि कान।*
गुर तें पहिलेहिं जगतपति जागे रामु सुजान॥

समय जानि गुर आयसु पाई। लेन प्रसून चले दोउ भाई॥
भूप बागु बर देखेउ जाई। जहँ बसंत रितु रही लोभाई॥
नव पल्लव फल सुमन सुहाए। निज संपति सुर रूख लजाए।
चातक कोकिल कीर चकोरा। कूजत बिहरा नटत कल मोरा॥
बागु तड़ागु बिलोकि प्रभु हरषे बंधु समेत।
परम रम्य आरामु यहु जो रामहि सुख देत॥

श्रीराम : हे उपवन के माली, आप अनुमति दें तो हम पूजा के लिए थोड़े फूल ले लें।

माली : अवश्य ले लें- जितने चाहें चुन लें (पुष्प चयन करते हैं)

पाठ : *तेहि अवसर सीता तहँ आई। गिरिजा पूजन जननि पठाई॥*
सर समीप गिरिजा गृह सोहा। बरनि न जाइ देखि मनु मोहा॥
पूजा कीन्हि अधिक अनुरागा। निज अनुरूप सुभग बरु मागा॥
(सीता गिरजा पूजन करती हैं)

पाठ : *एक सखी सिय संगु बिहाई। गई रही देखन फुलवाई॥*
(एक सखी सबसे अलग हो फुलवाड़ी में जाती है और राम-लखन को देखती है, और बदहवास सीता के पास आती है)

दूसरी सखी : अरी तुझे क्या हो गया, शरीर रोमांचित है, आँखों में आँसू है क्या हुआ होश में आ कुछ बता तो।

एक सखी : क्या कहूँ कैसे कहूँ क्या देखा! फुलवाड़ी में दो कुँवर आये हैं, किशोर हैं, अति सुन्दर हैं, एक साँवरे हैं, दूसरे गोरे अब क्या बताऊँ जीभ को आँख नहीं, आँख के पास वाणी नहीं।

दूसरी सखी : अच्छा कहीं ये वही राजपुत्र तो नहीं जो मुनि जी के साथ आये हैं जिनकी पूरे जनकपुर में चर्चा है। चलो हम भी उन्हें देख आयें। देखने योग्य हों तो अवश्य देखना चाहिए! राजकुमारी जी, आप भी चलें।

सीता : चलो! (स्वगत) कहीं वे ही तो नहीं, मेरे स्वामी, कहीं वे ही तो नहीं जिनकी नारद जी ने चर्चा की थी।
(कंगन, करधनी, बिछुओं की छम-छम के साथ उधर जाती हैं जहाँ राम-लक्ष्मण पुष्प चयन कर रहे हैं)

पाठ : *कंकन किंकिनि नूपुर धुनि सुनि। कहत लखन सन रामु हृदयँ गुनि॥*

श्रीराम : देखो लक्ष्मण, यह ध्वनि सुन रहे हो, लगता है जैसे कामदेव दुन्दुभी बजाकर विश्वविजय करने निकला हो। उधर -

(सहसा सीता को देखते हैं- नयन चार होते हैं)

पाठ : *सिय मुख ससि भए नयन चकोरा-*

पाठ : *सिय सोभा हियँ बरनि प्रभु आपनि दसा बिचारि।*
बोले सुचि मन अनुज सन बचन समय अनुहारि॥

श्रीराम : देखो लक्ष्मण, ये ही हैं जनक तनया, जिनके लिए यह धनुषयज्ञ हो रहा है। सखियों के साथ गौरी-पूजन को आयी हैं, इनकी शोभा से फुलवारी आलोकित हो उठी। इनकी शोभा देख मेरा मन क्यों डगमगा उठा है- भगवान् ही जाने। भाई मेरे दायें अंग फड़क रहे हैं। रघुवंशी तो कभी कुमार्ग पर पाँव नहीं धरते। कभी परायी स्त्री पर मन और दृष्टि नहीं डालते। आओ, उधर चलें।

सीता : (स्वगत)-(चारों ओर देखती हैं)- अरे वे नृपकिशोर कहाँ गये।

सखी : राजकुमारी जी इधर आइये, इस लता की ओट से देखिये,
उधर जा रहे हैं साँवरे और गोरे दोनों कुमार
(सीता देखती रह जाती हैं साखियाँ मुस्कराती हैं)

पाठ : *लताभवन तें प्रगट भे तेहि अवसर दोउ भाइ।*
निकसे जनु जुग बिमल बिधु जलद पटल बिलगाइ॥
(सहसा- लता मण्डप से बाहर आकर सामने आ जाते हैं)

एक सखी : देखो सखी बायें हाथ में फूल का दोना लिये खड़े हैं वे ही साँवरे कुँवर हैं।

दो सखी : अरी आँख खोलकर, जी भर-भर देख लें, गिरिजा माता का फिर ध्यान करना।
(सीता आँख खोल देखती हैं)

एक सखी : चलो चलो देर हो रही है, कल फिर आयेंगे।
(सब सखियाँ हँस देती हैं) (सीता इधर-उधर देखती हैं)

पाठ : *देखन मिस मृग बिहग तरु फिरइ बहोरि बहोरि।*
निरखि निरखि रघुबीर छबि बाढ़इ प्रीति न थोरि॥
गई भवानी भवन बहोरी। बंदि चरन बोली कर जोरी॥
(सीता पुनः गिरिजा मन्दिर से आती हैं और प्रार्थना करती हैं)

सीता : *जय जय गिरिबरराज किसोरी।*
जय महंस मुख चन्द चकोरी॥

जय गजबदन षडानन माता।
जगत जननि दामिनि दुति गाता॥
देबि पूजि पद कमल तुम्हारे। सुरनर मुनि सब होहिं सुखारे॥
मोर मनोरथु जानहु नीकें। बसहु सदा उर पुर सबही के॥

(देवी के चरन स्पर्श करती है) (देवी की माला खिसककर सीता के गले में आ पड़ती है)

गौरी : सुना सीता, यह हमारी सत्य आशीष है, तुम्हारी कामना पूर्ण होगी! नारद के वचन सदा सच्चे और निरछल होते हैं। जिसमें तुम्हारा मन रम गया है वही तुम्हें प्राप्त होगा। वह सहज सुन्दर वर तुम्हें अवश्य मिलेगा। वह करुणानिधान, सुजान और शीलवान् है।

सखी : ले, अब तो प्रसन्न हो जा, देवी का आशीर्वाद भी मिल गया। सब जाती हैं।

दृश्य-4

पाठ : *हृदयँ सराहत सीय लोनाई। गुर समीप गवने दोउ भाई॥*

(गुरु के पास आते हैं पुष्प रखते हैं)

पाठ : *राम कहा सबु कौसिक पाहीं। सरल सुभाउ छुअत छल नाहीं॥*

विश्वामित्र : सुन्दर पुष्प लाये हो, अब मैं पूजा कर लूँ। मेरे आशीर्वाद तुम लोगों के साथ हैं वत्स राम तुम्हारे मनोरथ सफल होंगे। (जाते हैं)

श्रीराम : चलो हम भी सन्ध्या वन्दन कर लें। देखो पूर्व दिशा से चन्द्र उदय हो रहा है- (स्वगत) मानो सीता का मुख हो- लेकिन चन्द्र और सीता की क्या तुलना!

पाठ : *जनम सिंधु पुनि बंधु बिषु दिन मलीन सकलंक।*
सिय मुख समता पाव किमि चंदु बापुरो रंक॥
गुर पहिं चलें निसा बड़ि जानी॥

विश्वामित्र : वत्स राम लक्ष्मण आज जाकर विश्राम करो। काल प्रातः धनुष यज्ञ में जाना है।

राम-लक्ष्मण : प्रणाम गुरुवर।

विश्वामित्र : आयुष्मान् हो।

7
धनुष–यज्ञ

पाठ : *नीलाम्बुजश्यामलकोमलाङ्गं सीतासमारोपितवामभागम्!*
पाणौ महासायकचारुचापं, नमामि रामं रघुवंशनाथम्॥
सतानंद पद बंदि प्रभु बैठे गुर पहिं जाइ।
चलहु तात मुनि कहेउ तब पठवा जनक बोलाइ॥
सीय स्वयंबरु देखिय जाई। ईसु काहि धौं देइ बड़ाई॥

दृश्य-1

जनक : दे शतानन्द जी महाराज, आप तत्काल मुनि विश्वामित्र के पास जायें और उन्हें सादर बुला लाइये।

(शतानन्द विश्वामित्र के पास जाते हैं)

शतानन्द : मुनिवर प्रणाम! महाराज जनक ने प्रार्थना की है कि धनुष यज्ञ में पधारने का कष्ट करें।

विश्वामित्र : यशस्वी हो शतानन्द जी, हम तत्काल ही आते हैं। वत्स राम और लक्ष्मण, राजा जनक का बुलौवा आया है, चलो सीय-स्वयंबर देख आयें, देखा जाय ईश्वर किसको यश देता है।

लक्ष्मण : हे नाथ यदि यह यश किसी को मिलना भी है तो वह उसी को मिलेगा जिस पर आपकी कृपा होगी।

विश्वामित्र : आशीर्वाद हो, तुम्हारी वाणी फलवती हो। चलो चलें।

दृश्य-2

(स्वयंवर स्थल)

जनक : अरे मन्त्री जी, देखिये भीड़ बहुत हो रही है, सेवकों से कहिये सब को यथोचित आसनों पर बैठायें।

(विश्वामित्र के साथ राजकुँवर द्वय पधारते हैं)

एक राजा : आहा, लगता है तारों भरे आकाश में दो-दो पूर्ण चन्द्र खिल गये हैं।

दूसरा राजा : मुझे तो लगता है जैसे वीर रस शरीर धारण कर आ गया है।

तीसरा राजा : नहीं नहीं, मुझे तो लगता है जैसे स्वयं काल आ पहुँचे हैं।

पाठ : *जिन्ह कें रही भावना जैसी। प्रभु मूरति तिन्ह देखी तिन तैसी॥*

एक स्त्री : देखो सखी स्वयं कामदेव पधारे हैं।

एक ऋषी : धन्य साक्षात् विराट् रूप भगवान् पधारे हैं।

जनक के सम्बन्धी : देखो मामा जी ये तो अपने सगे ही दिखते हैं।

एक योगी : वाह शान्त, शुद्ध, सम सहज प्रकाशरूप परम तत्त्व आ गया है।

एक भक्त : हमारे तो इष्ट पधारे हैं।

पाठ : *रामहि चितव भायँ जेहि सीया। सो सनेहु सुखु नहिं कथनीया॥*
राजत राज समाज महुँ कोसलराज किसोर।
सुंदर स्यामल गौर तन बिस्व बिलोचन चोर॥

विश्वामित्र : महाराज जनक, आपने रंगभूमि तो बहुत ही सुन्दर बनायी है।

जनक : आभारी हूँ मुनिवर, सब आपकी कृपा है। इधर पधारें और दोनों राजकुमारों के साथ यहाँ विराजें। (मुनिवर विराजते हैं)

(रावण बाणासुर प्रसंग)

एक राजा : मुझे तो लगता है कि या तो राम ही धनुष तोड़ेंगे, या फिर बिना धनुष तोड़े ही सीता इनके गले में जयमाल डालेंगी।

दूसरा राजा : क्या गाल बजा रहे हो, दशरथ के रण बाँकुरों को युद्ध में जीतोगे, व्यर्थ मन मोदक खा रहे हो। अरे मूढ़ यह जानकी नहीं साक्षात् माता जगदम्बा हैं और ये राम जगत् पिता हैं। अब तुम लोगों को जो जी में आये करो, हमें तो आज जन्म-जन्म के सुकृत का फल मिल गया।

तीसरा राजा : अरे, इस फेर में न रहना, धनुष तोड़ देने पर भी विवाह हो जाय यह कोई (कपटी) हँसी खेल है? फिर बिना धनुष तोड़े राजकुमारी ब्याह ले जाय इतना साहस किसमें है। देखते हैं तोड़ें या न तोड़ें, हम युद्ध करके इन्हें पछाड़ देंगे।

पाठ : *जानि सुअवसरु सीय तब पठई जनक बोलाइ।*
चतुर सखीं सुंदर सकल सादर चलीं लेवाइ॥
चलीं संग लै सखीं सयानी। गावति गीत मनोहर बानी॥
(गीत गाते हुए सखियाँ सीता को लेकर आती हैं)
पानि सरोज सोह जयमाला। अवचट चितए सकल भुआला॥
(सीता बैठती हैं)

जनक : बन्दीजन, अब आप लोग सबको हमारे प्रण की सूचना दें।

बंदीजन : सुनहु सकल महिपाल, पन बिदेह कर कहहिं हम भुजा उठाइ बिसाल। सुनिये, आपकी भुजाओं का बल यदि चन्द्रमा है तो समझ लें यह शिव धनु राहु है। आपको बता दें, रावण और बाणासुर-जैसे योद्धा भी आये थे पर धनुष देखकर चुपके से खिसक गये। बड़ा कठोर है यह पुरारि को दण्ड। आज राज-समाज में जो कोई इसे तोड़ेगा त्रिभुवन विजय के साथ उसे बैदेही प्राप्त होगी।

पाठ : *सुनि पन सकल भूप अभिलाषे। भटमानी अतिसय मन माखे॥*
परिकर बाँधि उठे अकुलाई। चले इष्टदेवन्ह सिर नाई॥
(एक के बाद एक राजा उठते हैं और धनुष उठाने की असफल चेष्टा करते हैं)

पाठ : *तमकि ताकि तकि सिवधनु धरहीं।*
उठइ न कोटि भाँति बलु करहीं॥
जिन्ह के कछु बिचारु मन माहीं।
चाप समीप महीप न जाहीं॥

एक राजा : यह धनुष ऐसे नहीं उठेगा, आइये मिलकर प्रयास करें।

दूसरा राजा : फिर सीता का वरण कौन करेगा?

तीसरा राजा : यह बाद में देखेंगे, पहले धनुष तो टूटे।
(दो राजा, तीन राजा फिर अनेक राजा मिलकर प्रयास करते हैं)

पाठ : *भूप सहस दस एकहि बारा। लगे उठावन टरइ न टारा॥*
श्रीहत भए हारि हियँ राजा। बैठे निज निज जाइ समाजा॥
नृपन्ह बिलोकि जनक अकुलाने। बोले बचन रोष जनु साने॥

जनक : मैंने जो प्रण ठाना था उसे सुनकर दूर-दूर देश के राजा यहाँ पधारे हैं, देवता और दैत्य भी नर वेष धारण कर आये हैं। पर इतनी

सुन्दर कन्या और इतनी बड़ी विजय श्री, व्यापक कीर्ति को प्राप्त करने हेतु लगता है, ब्रह्मा ने एक भी वीर पैदा नहीं किया। किसी ने भी शिव का धनुष नहीं तोड़ा, अरे तोड़ने की तो बात क्या, उसे तिल भर सरका तक नहीं सके। अब कोई अपनी वीरता का दम न भरे, हाँ, मैंने जान लिया है कि पृथ्वी वीरविहीन हो गयी है। अब आप लोग आशा त्यागकर अपने-अपने देश पधारें, विधाता ने वैदेही विवाह लिखा ही नहीं। यदि मैं अपना प्रण त्यागता हूँ तो भारी पाप लगेगा अस्तु कुँवारी कुँवारी रहे तो इसमें मैं क्या कर सकता हूँ। अगर मैं जानता कि पृथ्वी पर कोई वीर नहीं है तो ऐसा प्रण क्यों करता, और अपना उपहास क्यों कराता, अच्छा अब पधारें।

पाठ : *जनक बचन सुनि सब नर नारी। देखि जानकिहि भए दुखारी॥*
माखे लखनु कुटिल भइँ भौंहें। रदपट फरकत नयन रिसौंहें॥
कहि न सकत रघुबीर डर लगे बचन जनु बान।
नाइ राम पद कमल सिरु बोले गिरा प्रमान॥
(लक्ष्मण उठते हैं, गुरु और श्रीराम को प्रणाम कर कुछ कहने की अनुमति प्राप्त करते हैं)

लक्ष्मण : देखिये, जहाँ कहीं एक भी रघुवंशी बैठा हो, उस समाज में ऐसी अनुचित बातें महाराज जनक ने कही हैं। उन्हें पता है यहाँ रघुकुलमणि बैठे हैं। भैया, भानुकुल पंकज भानु, मैं सहज स्वभाव से कह रहा हूँ। तनिक भी अभिमानवश नहीं, यदि आपकी आज्ञा हो तो मैं इस ब्रह्माण्ड को गेंद की भाँति उठा लूँ, इसे कच्चे घड़े की तरह फोड़ डालूँ, इस सुमेरु पर्वत को मूली की भाँति उखाड़ फेंकूँ। आपकी महिमा के प्रताप से प्रभु यह पुराना धनुष क्या चीज है। नाथ आप आज्ञा दें तो ऐसा कौतुक करूँ कि सब देखते रहें, कमल नाल की भाँति प्रत्यंचा चढ़ाकर इसे उठा लूँ और सौ योजन तक दौड़ जाऊँ। आपके प्रताप से अभी इस धनुष को कुकुरमुत्ते की भाँति तोड़कर फेंक दूँ। आपकी शपथ लेकर कहता हूँ कि ऐसा न करूँ तो कभी किसी धनुष को हाथ नहीं लगाऊँगा।

पाठ : *लखन सकोप बचन जे बोले। डगमगानि महि दिग्गज डोले।*

श्रीराम : लक्ष्मण, अब बैठ जाओ। (लक्ष्मण बैठ जाते हैं)

विश्वामित्र : हे राम, अब उठो और धनुष तोड़कर जनक का सन्ताप दूर करो। (श्री राम उठकर गुरु चरण में सिर नवाते हैं)

पाठ : *उदित उदय गिरि मंच पर रघुबर बालपतंग।*
बिकसे संत सरोज सब हरषे लोचन भृंग॥

श्रीराम : गुरुवर! आज्ञा दें।

विश्वामित्र : जाओ, यशस्वी हो। (राम धीरे-धीरे चलते हैं)

एक स्त्री : हे भगवान्, हमने या हमारे पूर्वजो ने कोई भी पुण्य किया हो तो उसके प्रभाव से यह शिव धनुष कमल नाल-सा कोमल तथा हलका हो जाय।

सुनयना : देखो सखी, यहाँ हमारे हितू लोग भी तमाशा देख रहे हैं। कोई भी जाकर गुरु विश्वामित्र को समझाता क्यों नहीं कि ऐसे कोमल बालकों के साथ ऐसा हठ क्यों कर रहे हैं! सखी जिस धनुष को रावण बाणासुर ने हाथ नहीं लगाया, बड़े-बड़े राजा डींग मारते रहे पर हारकर बैठ गये, वह धनुष इस राजकुमार को उठाने को कहते हैं। यह बाल-मराल क्या मन्दराचल उठायेगा? राजा जी की तो मति मारी गयी है।

सखी : महारानी जी, छोटा समझकर भ्रम न करें, इनके तेज को देखें। आप जानती हैं छोटे-से अगस्त्य ऋषि महासागर पी गये थे। उस सूर्य को देखो, कितना छोटा है पर सारे विश्व का अन्धकार हर लेता है। छोटा-सा मन्त्र त्रिदेव को वश में कर लेता है, छोटा-सा अंकुश महामतवाले हाथी को वश में कर लेता है। अतः संशय मत करो। राम अवश्य धनुष तोड़ेंगे।

पाठ : *तब रामहि बिलोकि बैदेही। सभय हृदयँ बिनवति जेहि तेही॥*

सीता : हे महेश, हे भवानी, हे विधाता, मुझ पर प्रसन्न होइये, मैंने आज तक आपकी सेवा की है उसका सुफल दीजिये, इस धनुष की गरुआई हर लीजिये। हे गणेश जी, हे देवताओ, मेरी विनती सुनें। उफ बिना समझे-बूझे पिता जी ने भी हठ ठान लिया, ये मन्त्री लोग भी ठीक परामर्श नहीं देते, अब इतना कठोर धनुष, और ये कोमल गात किशोर! इतने विद्वान् बैठे हैं, कुछ कहते क्यों नहीं! हे विधाता, शिरीष के फूल से क्या हीरा बेधा जा सकता है? हे शम्भु के धनुष, मैं आपकी शरणागत हूँ आप ही कृपा करें, अपनी जड़ता इन लोगों पर उतार फेंकिये और खूब हलके हो जाइये।

पाठ : *अति परिताप सीय मन माहीं। लव निमेष जुग सय सम जाहीं॥*

सीता : हे घट-घट वासी भगवान्, यदि तन-मन-वचन से मेरा मन रघुपति के चरण में लगा है तो मुझे इनकी दासी बना दीजिये, कहते हैं जिसका जिस पर सत्य सनेह होता है वह उसे अवश्य मिलता है, मेरा भी प्रण निभाइये प्रभु।

पाठ : सियहि बिलोकि तकेउ धनु कैसें। चितव गरुरु लघु ब्यालहि जैसें॥

लक्ष्मण : हे दिग्गज, कच्छप, शेष और वाराह भगवान्, धैर्य से पृथ्वी को सँभाले रहिये, तनिक भी हिले नहीं, श्री राम अब धनुष तोड़ने ही वाले हैं।

(श्री राम धनुष के निकट आते हैं)

पाठ : *देखी बिपुल बिकल बैदेही। निमिष बिहात कलप सम तेही॥*
तृषित बारि बिनु जो तनु त्यागा। मुएँ करइ का सुधा तड़ागा॥
का बरषा सब कृषी सुखानें। समय चुकें पुनि का पछितानें॥
अस जियँ जानि जानकी देखी।

(श्री राम गुरु को, धनुष को प्रणाम करते हैं और तब बिना प्रयास धनुष उठा लेते हैं।)

पाठ : *अति लाघवँ उठाइ धनु लीन्हा।*
लेत चढ़ावत खैंचत गाढ़ें। काहुँ न लखा देख सबु ठाढ़ें॥
तेहि छन राम मध्य धनु तोरा। भरे भुवन धुनि घोर कठोरा॥

(सहसा भयंकर ध्वनि के साथ धनुष दो खण्ड हो गिर पड़ता है)

(चतुर्दिक् हर्ष छा जाता है, बाजे बजते हैं, पुष्प वर्षा होती है, सब ओर जय-जयकार होने लगती है! सर्वत्र चर्चा होती है श्रीराम ने धनुष तोड़ दिया।)

पाठ : *श्रीहत भए भूप धनु टूटे। जैसें दिवस दीप छबि छूटे॥*
सीय सुखहि बरनिअ केहि भाँती। जनु चातकी पाइ जलु स्वाती॥

पाठ : *सतानंद तब आयसु दीन्हा। सीताँ गमनु राम पहिं कीन्हा॥*
संग सखीं सुंदर चतुर गावहिं मंगलचार।
गवनी बाल मराल गति सुषमा अंग अपार॥

(जयमाल लिये सीता सखियों सहित आती हैं)

सखी : राजकुमारी जी, जयमाल पहनाइये।

(जयमाल उठाती हैं, पर प्रेमविवश पहना नहीं पातीं। राम तनिक झुककर, जयमाल पहन लेते हैं।)

पाठ : *रघुबर उर जयमाल देखि देव बरिसहिं सुमन।*
सकुचे सकल भुआल जनु बिलोकि रबि कुमुदगन॥
(राम सीता आस-पास खड़े हैं।)
(चारों ओर नृत्य, गायन, पुष्पवर्षा होती है, नर-नारी आरती करते हैं)

पाठ : *सोहति सीह राम कै जोरी। छबि सिंगारु मनहुँ एक ठोरी॥*

एक सखी : अरी, प्रभु के पैर छू।

सीता : ना, डर लगता है, पता है न गौतम तिय का क्या हुआ था।
(राम मुस्कराते हैं)

पाठ : *तब सिय देखि भूप अभिलाषे। कूर कपूत मूढ़ मन माखे॥*

राजा 3 : अरे देखते क्या हो? छीन लो इससे सीता को और बाँध लो दोनों राजकुमारों को। धनुष तोड़ने से क्या होता है? हम भी देखते हैं हमारे जीते जी कौन सीता से ब्याह करता है।

राजा 4 : और हाँ जनक चीं-चपड़ करे तो उसे भी युद्ध करके बन्दी बना लो।

राजा 1 : अरे निर्लज्जो, तुम लोगों ने तो लज्जा को भी लज्जित कर दिया है। देख लिया तुम्हारी बल वीरता, वह तो धनुष के साथ गयी, अब कहीं से उधार वीरता लाये हो। विधाता ने तो पहले ही तुम लोगों के मुँह पर कालिख पोत दी है। होश में आओ, बात बहादुरों, लक्ष्मण को क्रोध आ गया तो फिर किसी की खैर नहीं। अरे मूर्खों राम के दर्शन करो और अपने को धन्य मानो।

पाठ : *कोलाहलु सुनि सीय सकानी। सखीं लवाइ गईं जहँ रानी॥*
राम सुभायँ चले गुरु पाहीं। सिय सनेहु बरनत मन माहीं॥
(सीता रानी के पास और राम गुरु के पास जाते हैं)
खरभरु देखि बिकल पुर नारीं। सब मिलि देहिं महीपन्ह गारीं॥

पाठ : *तेहिं अवसर सुनि सिवधनु भंगा। आयउ भृगुकुल कमल पतंगा॥*
(परशुराम रंग स्थल में आते हैं)

पाठ : *देखि महीप सकल सकुचाने। बाज झपट जनु लवा लुकाने॥*
(भय से राजाओं में भगदड़ मच जाती है, वे छुपने लगते हैं)

पाठ : *पितु समेत कहि कहि निज नामा। लगे करन सब दंड प्रनामा॥*

पाठ : *कोलाहलु सुनि सीय सकानी। सखीं लवाइ गईं जहँ रानी॥*
राम सुभायँ चले गुरु पाहीं। सिय सनेहु बरनत मन माहीं॥
(सीता रानी के पास और राम गुरु के पास जाते हैं)
खरभरु देखि बिकल पुर नारीं। सब मिलि देहिं महीपन्ह गारीं॥

पाठ : *तेहिं अवसर सुनि सिवधनु भंगा। आयउ भृगुकुल कमल पतंगा॥*
(परशुराम रंग स्थल में आते हैं)

पाठ : *देखि महीप सकल सकुचाने। बाज झपट जनु लवा लुकाने॥*
(भय से राजाओं में भगदड़ मच जाती है, वे छुपने लगते हैं)

पाठ : *पितु समेत कहि कहि निज नामा। लगे करन सब दंड प्रनामा॥*
(राजा लोग पिता का नाम, अपना नाम लेकर दण्ड-प्रणाम करते हैं और परशुराम उन्हें दुतकारते हैं)

जनक : आहा भगवान् परशुराम, मेरा दण्डवत् प्रणाम स्वीकार करें। मैं धन्य हुआ। बेटी सीता यहाँ आओ, भगवान् को प्रणाम करो। (सीता प्रणाम करती हैं)

परशुराम : पुत्री तेरा अहिवात अचल हो। (सीता जाती हैं)

विश्वामित्र : मेरा भी प्रणाम स्वीकार करें भगवान्।

परशुराम : अरे आप, प्रणाम (गले मिलते हैं)

विश्वामित्र : वत्स राम लक्ष्मण प्रणाम करो (दोनों प्रणाम करते हैं)

परशुराम : आशीर्वाद- चिरंजीवी हो! दोनों बालक सुन्दर हैं। हाँ, तो जनक, यह भीड़ कैसी है, ये राजा यहाँ क्यों आये हैं?

जनक : महाराज मैंने सीता के स्वयंवर का आयोजन किया था! (परशुराम टूटे धनुष के पास जाते हैं और तब अत्यन्त कोप कर कहते हैं)

परशुराम : अरे जड़ जनक, यह धनुष किसने तोड़ा है, जल्दी बता रे मूढ़ नहीं तो जहाँ तक तेरा राज्य है पृथ्वी उलटकर रख दूँगा। बोल।

राजा 3 : (चुपके) क्या बोलेगा? अब लो मजा और तोड़ो धनुष!

पाठ : *सभय बिलोके लोग सब जानि जानकी भीरु।*
हृदयँ न हरषु बिषादु कछु बोले श्रीरघुबीरु॥

श्रीराम : हे नाथ, शिव का धनुष तोड़नेवाला, आपका ही कोई दास होगा। उसके लिए जो आज्ञा हो मुझसे कहें।

परशुराम : (बड़े क्रोध से) राम सेवक तो वह होता है तो सेवकाई करे, जिसने

समझा, पर यह तो छूते ही टूट गया।

परशुराम : (परशु की ओर देखकर) अरे शठ, तूने मेरा स्वभाव नहीं सुना। केवल बालक समझकर छोड़ रहा हूँ और तू मुझे कोरा मुनि समझ रहा है? मैं अत्यन्त क्रोधी, बाल ब्रह्मचारी हूँ, दुनिया मुझे क्षत्रियों का शत्रु जानती है। अपने इसी भुजबल से इक्कीस बार पृथ्वी क्षत्रियविहीन कर डाली है। अरे छोकरे सहसबाहु की भुजाएँ काटनेवाला यह परशु देखा है? क्यों माता-पिता को शोक में डालता है, गर्भ के बच्चों को भी काट डालनेवाला मेरा यह परशु बड़ा भयनक है।

लक्ष्मण : (हँसकर) हे महाभट मुनीश, आप बार-बार फरसा क्या चमकाते हैं, रूप क्या कुम्हड़े की बतिया हैं कि तर्जनी देखकर मुरझा जायँगे? आप क्या फूँक से पहाड़ उड़ाना चाहते हैं? आपके हाथ में कुठार और धनुष-बाण देखकर मैं कुछ अभिमान से बोल गया, अब जान गया आप भृगुवंशी हैं, हाँ कन्धे पर जनेऊ भी है अतः अब आप जो कहेंगे वह क्रोध रोककर सहना होगा, क्योंकि हमारे कुल में देवता, ब्राह्मण, भक्त और गौ पर वीरता नहीं दिखायी जाती। इन्हें मारें तो अपयश, इनसे हारें तो अपकीर्ति। अतः आप मारें तो भी हमें पैर ही पड़ना होगा। लेकिन यह तो कहें यह फरसा लेकर क्यों घूमते हैं? आपके तो वचन ही करोड़ फरसे के बराबर हैं।

परशुराम : देखिये कौशिक, यह कुटिल मन्द बालक कालबश है, अपने कुल का नाश करनेवाला, सूर्यकुल का कलंक है। निपट निरंकुश है, मूर्ख और निडर है। अभी एक क्षण में काल का कौर बन जायेगा, तब मुझे दोष न दीजियेगा। अभी इसे बचाना हो तो इसे मेरा प्रताप और क्रोध बताकर इसका मुँह बन्द करायें।

लक्ष्मण : मुनिवर, आप जब स्वयं उपस्थित हैं तो अपने सुयश का वर्णन और किसी से क्यों कराते हैं, अरे आपने तो अपने मुँह अपनी करनी, अनेक बार, अनेक प्रकार से वरनन की है और इस पर भी सन्तोष न हुआ हो तो कुछ और कहिये, व्यर्थ क्रोध रोककर जी छोटा मत कीजिये। आप तो वीरव्रती हैं धीर और शान्त हैं अतः गाली देना आपको शोभा नहीं देता। अरे, शूरवीर तो समर में पराक्रम कर दिखाते हैं मुँह से कहते नहीं, वे तो कायर होते हैं जो

और निडर है। अभी एक क्षण में काल का कौर बन जायेगा, तब मुझे दोष न दीजियेगा। अभी इसे बचाना हो तो इसे मेरा प्रताप और क्रोध बताकर इसका मुँह बन्द करायें।

लक्ष्मण : मुनिवर, आप जब स्वयं उपस्थित हैं तो अपने सुयश का वर्णन और किसी से क्यों कराते हैं, अरे आपने तो अपने मुँह अपनी करनी, अनेक बार, अनेक प्रकार से वरनन की है और इस पर भी सन्तोष न हुआ हो तो कुछ और कहिये, व्यर्थ क्रोध रोककर जी छोटा मत कीजिये। आप तो वीरव्रती हैं धीर और शान्त हैं अतः गाली देना आपको शोभा नहीं देता। अरे, शूरवीर तो समर में पराक्रम कर दिखाते हैं मुँह से कहते नहीं, वे तो कायर होते हैं जो सामने शत्रु को देखकर प्रलाप करते हैं। बार-बार काल की दुहाई दे रहे हैं जैसे आपके बुलाने से काल चला आयेगा और मुझे मार देगा।

परशुराम : (परशु उठाकर) अब कोई मुझे दोष न दे, यह कटुवादी बालक वध के योग्य है। बालक समझकर मैंने इसे बहुत बचाया पर यह तो मरने को तुल गया है।

विश्वामित्र : अरे आप भी क्या कहते हैं, इसका अपराध क्षमा करें, अभी बालक है, साधु पुरुष बच्चों की बातों का बुरा नहीं मानते।

परशुराम : कौशिक, आप देख रहे हैं मेरे हाथ में तीव्रधार का परशु है, मेरे हृदय में करुणा की बूँद नहीं है और सामने मेरे गुरु का द्रोही खड़ा है। आपके संकोचवश ही इसे छोड़े जा रहा हूँ नहीं तो इसे काटकर गुरुऋण से उऋण हो जाता।

लक्ष्मण : मुनिवर आपका शील तो जगत् विख्यात है, माता-पिता के ऋण से तो उऋण हो ही चुके हैं, गुरु का ऋण बचा है, ब्याज भी बहुत बढ़ गया होगा, वह आप मेरे मत्थे मढ़ रहे हैं। आप कोई मुनीम बुलवायें, मैं थैली खोल सब चुका दूँगा।

परशुराम : (परशु सँभालते हैं, लोग 'हाय'-'हाय' चिल्लाते हैं)

लक्ष्मण : देखिये भृगुवर, आप बार-बार मुझे फरसा दिखाते हैं, मैं आपको ब्राह्मण समझकर छोड़ता जाता हूँ। लगता है युद्ध में किसी वीर से आपका पाला नहीं पड़ा, आप तो लगता है घर के शेर हैं। (लोग- अनुचित है, अनुचित है कहते हैं, श्रीराम इशारे से लखनलाल को मना करते हैं)

कीजिये। इतनी देर से खड़े हैं, पाँव दुःख गये होंगे। अब बैठ जाइये। मुनिवर क्रोध करने से तो धनुष जुड़ नहीं जायगा। आपको यह धनुष अति प्रिय है तो गुणी कारीगर बुलवाकर जुड़वा डालते हैं।

पाठ : *बोलत लखनहिं जनकु डेराहीं। मष्ट करहु अनुचित भल नाहीं॥*
थर थर काँपहिं पुर नर नारी। छोट कुमार खोट बड़ भारी॥

परशुराम : देख राम तेरा भाई समझकर इसे छोड़े जा रहा हूँ पर यह तो विषभरा कनक घट है।

(लखन फिर हँसते हैं, राम नयन तरेरते हैं, लक्ष्मण गुरु के पास जाते हैं।)

राम : हे नाथ, आप सुजान हैं, बर्रे बालक एक-जैसे होते हैं अस्तु सन्त इन्हें नहीं छेड़ते। अब बताइये आपका क्रोध कैसे शान्त होगा।

परशुराम : अरे क्रोध शान्त होने की बात कहता है, देख अभी भी कैसे देख रहा है, इसके कण्ठ पर कुठार नहीं दिया तो क्रोध करके क्या कर लिया। आज कृपा करके बहुत दुःख सहना पड़ा है, सारा शरीर जल रहा है।

लक्ष्मण : कृपा करने से शरीर जलता है तो क्रोध करते तो क्या होता?

परशुराम : अरे जनक, इसे मेरी आँखों के आगे से हटाओ।

लक्ष्मण : क्यो तकलीफ करते हैं, आँख मूँद लें, कोई न दिखेगा।

परशुराम : अरे शठ राम, शंकर का धनुष तोड़कर हमें पाठ पढ़ा रंहा है। भाई तेरे इशारे पर कड़ुवी बातें बोलता है और तू बगुलाभगत बनकर विनय करता है। चल मेरे साथ संग्राम कर और नहीं तो आज से 'राम' कहलाना छोड़ दे।

राम : (स्वगत) अरे वाह, अपराध लक्ष्मण का और क्रोध मुझ पर कर रहे हैं टेढ़े की सब वन्दना करते हैं। (प्रकट) मुनिवर आपके हाथ में कुठार है और आपके आगे मेरा सिर है। जैसे आपका क्रोध मिटे वैसा करें! स्वामी और सेवक के बीच युद्ध कैसा? क्रोध त्याग दें। बालक ने कुछ कह भी दिया तो यह आपके वेष के कारण। आप मुनिवेश में आते तो यही बालक आपकी चरण रज सिर पर धरता। ब्राह्मण को तो दयालु होना चाहिए। हमारी आपकी क्या बराबरी? हमारा तो छोटा-सा नाम राम है और आपका परशुराम। हमारा छोटा-सा एक डोरी का धनुष है आपके गले में नौ डोरीवाला

यज्ञोपवीत शोभित है। नाथ हम तो आपसे हमेशा हारे हैं।

परशुराम : राम तू भी अपने जैसा ही कुटिल है हमें निपट ब्राह्मण समझ लिया है? धनुष तोड़कर घमण्ड हो गया है।

राम : नहीं नाथ! पर हमारा अपराध छोटा और आपका क्रोध बड़ा है। मैं किस बात का घमण्ड करूँ, पुराना धनुष छूते ही टूट गया। हम ब्राह्मण कहकर आपका निरादर कर रहे हैं तो सच बात सुन लें संसार में किसी से लड़ने को तैयार हैं, हम रघुवंशी रण में काल से भी नहीं डरते, बस विप्रवंश की यह प्रभुता है कि जो इनसे डरता है वह अभय हो जाता है।

पाठ : *सुनि मृदु गूढ़ बचन रघुपति के।*
उघरे पटल परसुधर मति के॥

परशुराम : (स्वगत) तो क्या रामावतार हो गया?

(प्रकट) राम रमापति, यह धनुष लेकर ऐसा खींचिये कि मेरा सन्देह मिट जाय।

(धनुष देना चाहते हैं पर धनुष स्वतः राम के पास चला आता है और प्रत्यंचा खिंच जाती है)।

परशुराम : जय रघुवंश, वनजवन भानु, राक्षसों का विनाश करनेवाले सुर विप्र धेनु के हितकारी, हे विनय, शील, करुणा सागर, किस मुँह से आपकी प्रशंसा करूँ- मैंने बहुत-सी अनुचित बातें कहीं, दोनों भाई मुझे क्षमा कर दें। आपकी जय हो, जय-जय रघुकुल केतु- जय हो।

अब आज्ञा दें, वन में जाकर तपस्या करूँगा। जय हो।

पाठ : *देवन्ह दीन्हीं दुंदुभीं प्रभु पर बरषहिं फूल।*
हरषे पुर नर नारि सब मिटी मोहमय सूल॥

8

श्रीराम विवाह

पाठ : *नमोस्तुते जगन्नाथ, नमस्ते भक्ति भावन।*
नमः कारुणिकान्त रामचन्द्र नमोस्तुते।
नमो ब्रह्मण्य देवाय गो ब्राह्मण हिताय च।
जगद्धिताय रामाय गोविन्दाय नमोनमः।

पाठ : *भूप के भाग की अधिकाई।*
टूट्यौ धनुष, मनोरथ पूज्यो, बिधि सब बात बनाई।
बारहि बार पहुनई ऐहैं, रामलखन दोउ भाई।
एहि आनंद मगन पुरवासिन, देह दसा बिसराई।
सादर सकल बिलोकत रामहिं, काम कोटि छबि छाई।
यह सुख समउ, समाज, कए मुख क्यों तुलसी कह गाई॥

दृश्य-1

पाठ : *अति गहगहे बाजने बाजे। सबहिं मनोहर मंगल साजे॥*
(सर्वत्र नृत्य गायन, सीता हर्ष विभोर)
(जनक-विश्वामित्र के पास जाते हैं)

जनक : (चरण स्पर्श करके) आज आपकी कृपा से राम ने धनुष भंग किया है, इन दोनों भाइयों ने मुझे कृतार्थ कर दिया है। हे गोस्वामी, अब जो कुछ करना उचित है, वह आज्ञा दें।

विश्वामित्र : हे विदेह जनक, सब जानते हैं कि धनुष टूटते ही विवाह तो हो गया। फिर भी अब अपने कुल की रीति के अनुसार विवाह की व्यवस्था करें। पहले तो आप एक दूत अयोध्यापुरी भेजिये जो राजा दशरथ को निमन्त्रण दे आवे।

पाठ : *अति गहगहे बाजने बाजे। सबहिं मनोहर मंगल साजे॥*

(सर्वत्र नृत्य गायन, सीता हर्ष विभोर)

(जनक-विश्वामित्र के पास जाते हैं)

जनक : (चरण स्पर्श करके) आज आपकी कृपा से राम ने धनुष भंग किया है, इन दोनों भाइयों ने मुझे कृतार्थ कर दिया है। हे गोस्वामी, अब जो कुछ करना उचित है, वह आज्ञा दें।

विश्वामित्र : हे विदेह जनक, सब जानते हैं कि धनुष टूटते ही विवाह तो हो गया। फिर भी अब अपने कुल की रीति के अनुसार विवाह की व्यवस्था करें। पहले तो आप एक दूत अयोध्यापुरी भेजिये जो राजा दशरथ को निमन्त्रण दे आवे।

जनक : बहुत अच्छा। मैं अभी तीव्र गति से जानेवाले दूत भेजता हूँ। मन्त्री जी तत्काल अपने दूत बुलवाएँ और हाँ मिथिला के महाजनों को भी उपस्थित होने का आदेश दें।

(दूत और महाजन आते हैं)

जनक : (दूतों से) आप लोग मेरे प्रतिनिधि हैं, तत्काल अयोध्या जाइये और बड़े आदर और विनय से यहाँ की सब कथा सुनायें और महाराज दशरथ को बारात लेकर मिथिला आने का निमन्त्रण दें। (महाजनों से) आपने धनुषयज्ञ और उसकी शुभ परिणति देखी, अब आप विवाह में मेरी सहायता करें, मिथिलापुरी के हाट, बाट, मन्दिर, भवन-पूरा नगर झकाझक सजा डालिये। (सभी जय-जयकार करते जाते हैं)

जनक : और अब मन्त्री जी परिचारकों को लेकर विचित्र अद्भुत मण्डप का निर्माण कीजिये और अयोध्या की बारात के ठहरने की ऐसी व्यवस्था करें कि वे सुखी, प्रसन्न और मोहित हो जायँ। समय कम है, शीघ्रता करें।

पाठ : *दीप मनोहर मनिमय नाना। जाइ न बरनि बिचित्र बिताना॥*
जेहि मंडप दुलहिनि बैदेही। सो बरनै असि माति कबि केही॥
दूलहु राम रूप गुन सागर। सो बितानु तिहुँ लोक उजागर॥
जेहिं तेरहुति तेहि समय निहारी। तेहि लघु लगहिं भुवर दस चारी॥
बसइ नगर जेहिं लच्छि करि कपट नारि बर बेषु।
तेहि पुर कै सोभा कहत सकुचहिं सारद सेषु॥

दशरथ : जल्दी से भरत-शत्रुघ्न को बुलाइये और कहिये राम-लखन के समाचार आये हैं।

(भरत-शत्रुघ्न दौड़ते आते हैं)

भरत : क्याँ पिता जी, कहाँ से पत्र आया है, भैया कुशल से तो हैं, कहाँ हैं, कैसे हैं?

दशरथ : सुनो सब लोग, अत्यन्त आनन्द और हर्ष का सन्देश। यह मिथिला नरेश महाराज जनक की पत्रिका है। उन्होंने धनुषयज्ञ का आयोजन किया था, उसमें हमारे राम ने धनुष तोड़कर जनक तनया को प्राप्त किया है। अब जनक जी ने बारात लेकर आने का निमन्त्रण दिया है। (सभी हर्षविभोर हो उठते हैं) मन्त्री जी, मिथिला के दूतों का अच्छी तरह स्वागत करें, उपहार भेंट करें और सन्देश भेजें कि हम बारात लेकर आ रहे हैं।

दूत द्वय ठहरें, कौशिक मुनि के साथ मेरे दोनों लाल गये थे, उन्हें आपने देखा है, कैसे हैं? क्या कर रहे हैं?

दूत : महाराज, क्या कहें जिनके राम-लखन-जैसे पुत्र हों उसके जैसा भाग्यवान् संसार में कौन हो सकता है? आप धन्य हैं। आपके पुत्रों ने वन में ताड़का, सुबाहु आदि राक्षसों का वध करके मख की रक्षा की, जनकपुर आते हुए अहल्या का उद्धार किया। फिर जनकपुर में तो लोग उनके रूप पर न्यौछावर हो गये। जब समस्त राजा शिव धनुष हिला भी न पाये तब श्रीराम ने सहज भाव से उसे तोड़ डाला। तभी महामुनि परशुराम आये, दोनों भाइयों ने उन्हें भी परास्त किया। अब तो मिथिला आनन्दविभोर हो विवाह की तैयारी कर रही है। इस समय तेजोमय दोनों भाइयों की उपस्थिति से मिथिला आलोकित है, बस आपकी प्रतीक्षा है।

दशरथ : आपने हमें आनन्दविभोर कर दिया, जो चाहे माँग लें। यह देखिये गुरु वशिष्ठ आ रहे हैं। (प्रणाम करें) गुरुदेव मिथिला से यह पाती आयी है।

वशिष्ठ : (पाती पढ़ते हैं) राजन्! यह सब आपके और देवी कौशिल्या की तपस्या का सुफल है। आप-जैसा पुण्यात्मा जग में हुआ न होने का है। कौन है ऐसा पुण्यात्मा जिसके ऐसे चार चार पुत्र हों। चलिये बारात सजाइये और डंका बजाकर प्रयाण करें।

पाठ : *भूपति गवने भवन तब दूतन्ह बासु देवाइ।*
राजा सबु रनिवास बोलाई। जनक पत्रिका बाचि सुनाई॥

तैयारी कर रही है। इस समय तेजोमय दोनों भाइयों की उपस्थिति से मिथिला आलोकित है, बस आपकी प्रतीक्षा है।

दशरथ : आपने हमें आनन्दविभोर कर दिया, जो चाहे माँग लें। यह देखिये गुरु वशिष्ठ आ रहे हैं। (प्रणाम करें) गुरुदेव मिथिला से यह पाती आयी है।

वशिष्ठ : (पाती पढ़ते हैं) राजन्! यह सब आपके और देवी कौशिल्या की तपस्या का सुफल है। आप-जैसा पुण्यात्मा जग में हुआ न होने का है। कौन है ऐसा पुण्यात्मा जिसके ऐसे चार चार पुत्र हों। चलिये बारात सजाइये और डंका बजाकर प्रयाण करें।

पाठ : *भूपति गवने भवन तब दूतन्ह बासु देवाइ।*
राजा सबु रनिवास बोलाई। जनक पत्रिका बाचि सुनाई॥
मुदित असीस देहिं गुर नारीं। अति आनंद मगन महतारी॥
लेहिं परस्पर अति प्रिय पाती। हृदयँ लगाइ जुड़ावहिं छाती॥
राम लखन कै कीरति करनी। बारहि बार भूपबर बरनी॥
(सर्वत्र आनन्द उल्लास, बाजे बजते हैं)

पाठ : *भुवन चारिदस भरा उछाहू। जनकसुता रघुबीर बिआहू॥*

दृश्य-3

(मिथिला)

पाठ : *आवत जानि भानुकुल केतू। सरितन्हि जनक बँधाए सेतू॥*
बीच बीच बर बास बनाए। सुर पुर सरिस संपदा छाए॥
जानी सियँ बरात पुर आई। कछु निज महिमा प्रगटि जनाई॥
हृदयँ सुमिरि सब सिद्धि बोलाई। भूप पहुनई करन पठाई॥
सिय महिमा रघुनायक जानी। हरषे हृदयँ हेत पहिचानी॥

विश्वामित्र : वत्स राम-लक्ष्मण, अवध से बारात आ पहुँची है, चलो उनसे मिलें।

पाठ : *भूप बिलोके जबहिं मुनि आवत सुतन्ह समेत।*
उठे हरषि सुखसिंधु महुँ चले थाह सी लेत॥
(दशरथ मुनि को दण्डवत् करते हैं, फिर दोनों पुत्रों को हृदय से लगा लेते हैं। वशिष्ठ-विश्वामित्र मिलन, राम-लखन राजगुरु को प्रणाम करते हैं, चारों भाई भेंटते हैं।)

पाठ : *रामहि देखि बरात जुड़ानी। प्रीति कि रीति न जाति बखानी॥*

इनमें भरत बिलकुल राम-जैसे हैं और शत्रुघ्न और लखन एकदम एकरूप हैं। सुना है अगहन में शादी होगी। चलो तब तक आनन्द-ही-आनन्द रहेगा।

पाठ : *धेनुधूरि बेला बिमल सकल सुमंगल मूल।*
बिप्रन्ह कहेउ बिदेह सन जानि सगुन अनुकूल॥

दृश्य-4

(जनवासा)

(शतानन्द और सचिव आते हैं)

शतानन्द : महाराज, विवाह का समय हो रहा है अब मण्डप में पधारने की कृपा करें।

दशरथ : अवश्य, गुरु वशिष्ठ जी आप कुलविधि बतायें और मुनिजनों और साधु समाज से कहें चलने को तत्पर हों।

शतानन्द : महाराज, जनवासे के द्वार पर महाराज जनक के भाई राजा कुशकेतु पधारे हैं और वे गुरु वशिष्ठ से और आपसे कुछ निवेदन करने की अनुमति चाहते हैं।

वशिष्ठ : शतानन्द जी आप भी क्यों लज्जित करते हैं, तत्काल कुशकेतु जी को सादर बुलवाइये।

(कुशकेतु पधारते हैं)

कुशकेतु : (प्रणाम करके) महाराज, मैं जनक राज का छोटा भाई कुशकेतु हूँ। बड़े संकोच से एक प्रस्ताव लेकर आया हूँ। गुरुदेव आज्ञा दें तो कहूँ।

वशिष्ठ : अवश्य कहिये। लगता है आपके प्रस्ताव से महामंगल होगा।

कुशकेतु : महाराज, मेरी तीन कन्याएँ हैं। बड़े भाई की कन्या तो आपके ज्येष्ठ पुत्र श्री राम से विवाह करने जा रही है। मेरा अनुरोध है कि आपके तीन पुत्र हैं इनके लिए मेरी कन्याओं को स्वीकार करें। भरतलाल के लिए माण्डवी, लखनलाल के लिए उर्मिला और शत्रुघ्न के लिए श्रुतिकीर्ति को स्वीकार करें। ये सभी गुण, शील, शोभामयी हैं, सुलोचनी सुमुखि हैं और आपके कुल की शोभा बढ़ायेंगी। ये सब आपकी सेवा करेंगी।

दशरथ : राजन्, आपने मुझे कृतार्थ कर दिया। मैं अपने तीनों पुत्रों के विवाह की भी चिन्ता कर ही रहा था। आपने तो मुझे श्रद्धा, सेवा,

उपासना और भक्ति के साथ चारों फल प्रदान कर दिये हैं। आपने मुझे जो दिया है वह कौन दे सकेगा। गुरुजी आपकी क्या आज्ञा है?

वशिष्ठ : बड़ा ही उत्तम प्रस्ताव है। राजन् अवश्य विवाह होगा, चारों भाइयों का एक ही मण्डप में विवाह होगा। हम धन्य हो गये हैं। अरे सुमन्त जी जाइये चारों बालकों को वर वेश में सजाइये और बारात की तैयारी करें। शीघ्र हमें समधी के द्वार पर पहुँचना है।

दृश्य-5

जनक : बारात द्वार पर आ गयी है, रानियों से कहें परिछन की तैयारी करें। हाँ सीता के साथ तीनों बहनों को भी वधू वेश में सजायें।

पाठ : *को जान केहि आनंद बस सब ब्रह्मु बर परिछन चली।*
कल गान मधुर निसहान बरषहिं सुमन सुर सोभा भली॥
(बारात आती है। चारों वर आते हैं। दशरथ-जनक गले मिलते हैं। वशिष्ठ शतानन्द मन्त्रोचार करते हैं। माताएँ आरती उतारती हैं और चारों वरों को मण्डप में ले जाती हैं)

पाठ : मिले जनकु दशरथु अति प्रीतीं। करि बैदिक लौकिक सब रीतीं॥

जनक : महाराज दशरथ आपने हम लोगों पर अपार कृपा की, विराजें सब लोग।

शतानन्द : अब जल्दी से कन्याओं को बुलाइये- मुहूर्त्त समीप आ गया है। (चारों वर बैठते हैं। कन्याएँ आती हैं। मण्डप में जनक, सुनयना, दोनों कुलगुरु, कुशकेतु और उनकी पत्नी सभी बैठते हैं। कन्यादान होता है)

पाठ : *बर कुअँरि करतल जोरि साखोचार दोउ कुलगुर करैं।*
भयो पानिगहनु बिलोकि बिधि सुर मनुज मुनि आनंद भरैं॥
(चतुर्दिक् से पुष्प वर्षा होती है)
हिमवंत जिमि गिरिजा महेसहि हरिहि श्री सागर दई।
तिमि जनक रामहि सिय समरपी बिस्व कल कीरति नई॥
क्यों करै बिनय बिदेहु कियो बिदेहु मूरति सावँरीं।
करि होमु बिधिवत गाँठ जोरी होन लागी भाँवरीं॥
(होम के बाद फेरे पड़ते हैं) (फिर सिन्दूर दान होता है)

वशिष्ठ : अब वर-वधू एक आसन पर विराजें।

पाठ : *मुदित अवधपति सकल सुत बधुन्ह समेत निहारि।*
जनु पाए महिपाल मनि क्रियन्ह सहित फल चारि॥

जनक : और (हाथ जोड़कर) महाराज, आपके यहाँ सम्बन्ध करके हम सब प्रकार से बड़े कुशध्वज हो गये हैं। यह राजपाट, सब साज, सेवक सब अपने समझियेगा। कोई अपराध हुआ हो तो छमा कीजियेगा।
(दशरथ समधियों से भेंटते हैं। वर-वधू चरण स्पर्श करते हैं)

दृश्य- 6

पाठ : *अवधनाथु चाहत चलन भीतर करहु जनाउ।*
भए प्रेमबस सचिव सुनि बिप्र सभासद राउ॥

वशिष्ठ : शतानन्द जी, बहुत दिन बीत गये आप जनक जी को समझाइये कि दशरथ जी को आज्ञा दें। अवध में भी लोग प्रतीक्षा कर रहे होंगे।

शतानन्द : महाराज विदेह, दशरथ जी अब चलना चाहते हैं, रनिवास में खबर करें और बिदाई की तैयारी करें।

जनक : अच्छा तो नहीं लगता पर

पाठ : *चलिहि बरात सुनत सब रानीं। बिकल मीनगन जनु लघु पानीं॥*

सुनयना : मेरी प्यारी बेटियो! अपने पतियों की प्यारी बनना, मेरी आशीष है तुम लोगों का सौभाग्य अचल रहे। सास-ससुर-गुरु की मन लगाकर सेवा करना। पति की इच्छानुसार उनकी आज्ञा का पालन करना। जाओ बेटी, विधाता ने भी नारी जाति की रचना क्यों की? यह वियोग क्यों सहना पड़ता है? (रो-रोकर भेंटती हैं)
(चारों वर बिदा कराने आते हैं।)

श्रीराम : माँ, प्रसन्न मन से आज्ञा दो, हम आपके बालक हैं, हम पर सदा स्नेह बनाये रखियेगा।
(विदाई होती है)

दृश्य-7

पाठ : *अवध समीप पुनीत दिन-पहुँची आई-जनेत।*

दूत : माता जी, बारात आ रही है, चारों भाई वधू समेत पधार रहे हैं।

कौसल्या : जाओ न, नगर में सूचना कर दो, सर्वत्र स्वागत का प्रबन्ध हो।

पाठ : *पुर जन आवत अकनि बराता। मुदित सकल पुलकावलि गाता॥*
निज निज सुंदर सदन सँवारे। हाट बाट चौहट पुर द्वारे॥
सकल सुमंगल सजें आरती। गावहिं जनु बहु बेष भारती॥
कौसल्यादि राम महतारीं। प्रेमबिबस तन दसा बिसारीं॥
एहि बिधि सबही देत सुखु आए राजदुआर।
मुदित मातु परिछनि करहिं बधुन्ह समेत कुमार॥

(माताएँ द्वार पर स्वागत करती हैं, पुत्रों और वधुओं से भेंटती हैं)
(चारों जोड़े सिंहासन पर बैठते हैं और आरती होती है)

पाठ : *एहि सुख ते सत कोटि गुन पावहिं मातु अनंदु।*
भाइन्ह सहित बिआहि घर आए रघुकुलचंदु॥

पाठ : *आए ब्याहि रामु घर जब तें।*
बसइ अनंद अवध सब तब तें॥
प्रभु बिबाहँ जस भयउ उछाहू।
सकहिं न बरनि गिरा अहिनाहू॥

9

कोप-भवन

पाठ : *यस्याङ्के च विभाति भूधरसुता देवापगा मस्तके*
भाले बालविधुर्गले च गरलं यस्योरसि व्यालराट्।
सोऽयं भूतिविभूषणः सुरवरः सर्वाधिपः सर्वदा।
शर्वः सर्वगतः शिवः शशिनिभः श्रीशङ्करः पातु माम्॥

श्रीगुरु चरन सरोज रज, निज मनु मुकुरु सुधारि।
बरनउँ रघुबर बिमल जसु, जो दायकु फल चारि॥

सब कें उर अभिलाषु अस कहहिं मनाइ महेसु।
आप अछत जुबराज पद रामहि देउ नरेसु॥
श्रवन समीप भए सित केसा। मनहुँ जरठपनु अस उपदेसा॥

दृश्य-1

(दशरथ-महल)

दशरथ : (वशिष्ठ के पास जाकर) गुरुवर, आज प्रातः जब मैं दर्पण देख रहा था तो देखा कान के पास कुछ केश श्वेत हो गये हैं और जरा मुझसे कह रही है कि राम सब प्रकार राज-काज करने योग्य हो गये हैं तो उन्हें युवराज पद देकर क्यों जीवन सफल नहीं करते। मुनिवर, सभी को राम प्यारे हैं, उन्हें आपका आशीर्वाद प्राप्त है। आपके पवित्र चरण की पूजा करके मैंने जो पाना था पा लिया, अब मन में एक ही लालसा रह गयी है वह भी आपकी कृपा से पूरी हो जाय।

वशिष्ठ : राजन्! आपका नाम और यश इतना बड़ा है कि आप जो चाहें मिल सकता है। आप अपनी अभिलाषा कहें।

दशरथ : यही कि राम को आप आज्ञा दें, तो युवराज पद दे दूँ।

वशिष्ठ : बहुत उत्तम विचार है। विलम्ब न करें। सब सामान मँगवा लें। सभी तीर्थों का जल, औषध, मूल, फूल, फल तथा सभी मांगलिक पदार्थ मँगवा लें। चँवर, पात्र, वस्त्र, मणि आदि मँगवा लें, वैदिक विधान से मण्डप तैयार करायें। नगर में सजावट हो। गणेश, गुरु, कुल देवता का पूजन करें। घर-घर पर ध्वज, पताका, बन्दन कर सजायें। हाथी, घोड़े, रथ सजायें। ब्राह्मणों को आमन्त्रित करें।

दशरथ : मन्त्री जी, गुरुदेव की आज्ञा हो गयी है। अब यदि पंचों को भी यह बात जँचे तो राम का राज तिलक कर दिया जाय।

मन्त्री : जय जीव, हम लोग अभी व्यवस्था करते हैं।

पाठ : *राम राज अभिषेकु सुनि हियँ हरषे नर नारि।*
लगे सुमंगल सजन सब बिधि अनुकूल बिचारि॥

दृश्य-2

(राम का महल)

श्रीराम : प्रिये, आज मेरे मंगल अंग फड़क रहे हैं। लगता है भरत आनेवाले है, उनके गये बहुत दिन हो गये, अब लगता है शीघ्र भेंट होगी।

द्वारपाल : प्रभु, महामुनि वशिष्ठ पधार रहे हैं।

श्रीराम : गुरुदेव आ रहे हैं। (उठकर दौड़ते हैं, वशिष्ठ के चरण स्पर्श करके उन्हें बैठाते हैं।) गुरुदेव, क्या आज्ञा है? सेवक के घर स्वामी का आगमन अवश्य ही मंगल मूल होता है। नीति के अनुसार तो सेवक को बुलाकर ही काम सौंपना चाहिए पर आपने अपनी प्रभुता त्याग सेवक पर कृपा की, मेरा घर पवित्र हो गया है, अब सेवक को आज्ञा दें।

वशिष्ठ : देखो राम तुम सूर्यवंश के शिरोमणि हो। राजा दशरथ ने तुम्हारे राज्याभिषेक की तैयारी कर डाली है अब तुम्हें जो करना है वह सुनो।

पाठ : *गुरु सिख देइ राय पहिं गयऊ। राम हृदयँ अस बिसमउ भयऊ॥*

श्रीराम : हम सब भाइयों का जन्म एक साथ हुआ, लालन-पालन, शिक्षा-दीक्षा, यज्ञोपवीत, विवाह सब एक साथ हुआ पर इस निर्मल वंश में एक

ही असंगत बात है कि भाइयों में बड़े का राज्याभिषेक होता है। काश कि भरत यहाँ होते।

पाठ : भरत आगमनु सकल मनावहिं। आवहुँ बेगि नयन फलु पावहिं॥

दृश्य-3

(देवलोक)

इन्द्र : देवी सरस्वती, बड़ा अनर्थ हो रहा है। हमारी इस भारी विपत्ति का निवारण करें, राम राज्य त्यागकर वन जायें तभी सुर-काज पूरा होगा।

शारदा : अच्छा तो नहीं लगता पर आपका कार्य मैं करूँगी।

दृश्य-4

पाठ : *नामु मंथरा मंदमति चेरी कैकइ केरि।*
अजस पेटारी ताहि करि गई गिरा मति फेरि॥

मन्थरा : अरे ये नगर में उत्सव कैसा हो रहा है? कहो भाई यह घूमधाम कैसी है?

नागरिक : अरी, इतना भी नहीं जानती, कल अपने राम जी का राज्याभिषेक होगा।

मन्थरा : अच्छा। (स्वगत) अरे यह तो बड़ा अनर्थ होने जा रहा है, चलूँ रानी जी के पास।

पाठ : भरत मातु पहिं गइ बिलखानी। का अनमनि हसि कह हँसि रानी॥

कैकेयी : अरी मन्थरा, आज ऐसी अनमनी, उदास क्यों है। अरी बोलती क्यों नहीं, सिर्फ आँसू बहा रही है। अच्छा अब तिरिया चरित्र छोड़कर बोल क्या बात है। तू गाल बजाने में कुशल है कहीं लक्ष्मण ने पिटाई तो नहीं कर दी।

पाठ : तबहुँ न बोल चेरि बड़ि पापिनि, छाड़इ स्वास कारि जनु साँपिनि।

कैकेयी : अरी-बोलती क्यों नहीं, राम, राजा, लखन, भरत, शत्रुघ्न सब कुशल से तो हैं।

मन्थरा : (स्वगत)-हाय अपने बेटे की नहीं, पहले राम की कुशल पूछती है। (प्रकट) नहीं माता जी, हमारी पिटाई क्यों होगी और मैं किसके लिए गाल बजाऊँ। रही कुशल की बात, तो आज राम को छोड़कर किसकी कुशल है, कल उनका राजतिलक होगा। विधाता कौशल्या

के दाहिने हो रहे हैं, उनके तो गर्व से पृथ्वी पर पैर नहीं पड़ रहे हैं। कैसी अलौकिक शोभा हो रही है—जाकर देखिये तो। माता, आपका पुत्र परदेश में है और आप भ्रम पाले बैठी हो कि राजा मेरे वश में हैं। आराम कीजिये गद्देदार पलँग पर। राजा बड़े चतुर हैं और उनका खेल आपकी समझ में नहीं आ रहा है।

कैकेयी : (डाँटकर)—बस, अब जबान बन्द कर और चलती-फिरती नजर आ। आगे कभी ऐसी घरफोड़ी बात की तो जीभ खिंचवा लूँगी। (मुस्कुराकर) अरी मिठ बोली, यह सब कैसी मैंने तुझे शिक्षा देने को कहा, तुझ पर तो मुझे क्रोध आता ही नहीं, तेरे मुँह में घी-शक्कर यदि कल राम का राजतिलक है तो तू चाहे जो माँग ले। अरी राम तो मुझसे ही सबसे ज्यादा प्रेम करता है और रघुकुल की रीति से बड़ा पुत्र ही तो राजा होता है, इसमें इतना क्लेष करने की क्या बात है? इतना हर्ष का अवसर और तूँ आँसू बहा रही है? बोल न क्या बात है?

मन्थरा : नहीं कोई बात नहीं, अब से मैं भी ठकुरसुहाती कहूँगी नहीं तो चुप रहूँगी। विधाता ने कुरूप बनाकर मुझे परवश कर दिया, क्या करूँ। अरे कोई राजा हो मुझे क्या लेना-देना। मैं तो दासी ही रहूँगी, रानी तो बनूँगी नहीं। क्या करूँ मेरा स्वभाव ही जला डालने लायक है, मुझसे आपका अमंगल देखा नहीं गया, इसी से कुछ बोल गयी, क्षमा कीजियेगा, मुझसे भूल हुई।

कैकेयी : मैं समझी नहीं। तूँ साफ-साफ कह न।

मन्थरा : आपने तो मुझे घरफोड़ी कह दिया, कहा कि राम सिय अति प्रिय हैं। कभी यह सत्य था कि राम आपको सबसे ज्यादा मानते थे। पर अब वे दिन गये। कौशल्या आपको उखाड़ फेंकना चाहती हैं। आपका भ्रम कब टूटेगा कि राजा आपके वश में हैं। कौशल्या बड़ी चतुर और गम्भीर है, कैसे योजना बनाकर भरत को ननिहाल भेज दिया और अपनी बात बना ली।

कैकेयी : क्या सचमुच मेरे विरुद्ध कुचक्र रचा जा रहा है?

मन्थरा : मुझसे क्या पूछ रही हैं, अब तक समझ नहीं रही हैं, अरे रानी पशु भी अपना भला-बुरा जानता है। यहाँ अयोध्या में एक पखवारे से तिलक की तैयारियाँ हो रही हैं और आपको आज मेरे मुँह से समाचार मिल रहा है? झूठ बोलती होऊँ तो भगवान् मुझे सजा दें। (चुप रहती है)

रानी जी कल राम का राजतिलक हो गया तो समझ लें कि आप कहीं की नहीं रहेंगी। आपके पुत्र राम की सेवकाई करेंगे। हो सकता है वे बन्दी बना लिये जायँ और आप घर में बैठी मंगल गाइयेगा।

कैकेयी : सखी, मैं तो अपने भोलेपन में मारी गयी, अब तू ही बता में क्या करूँ। मैंने तो कभी किसी का बुरा नहीं किया, पर सुन ले मैं सौत की चाकरी नहीं करूँगी बल्कि नैहर जाकर जीवन काट दूँगी।

मन्थरा : नहीं माता, विकल न हों, मैंने मुनियों से पूछा है, वे कहते हैं कि भरत ही राजा होंगे। अच्छा आपने एक बार एक कथा कही थी कि राजा ने आपको दो वर देने का वचन दिया है। याद आया न। तो आज वर माँग लो। जाओ कोप-भवन में जा लेटो। और याद रहे राजा मनाने आयेंगे, मीठी-मीठी बात कहेंगे। तब दो वर की याद दिलाना और राम की शपथ लें तभी वर माँगना। वर क्या माँगना है यह भी कान में सुन लो। मैं चली।

कैकेयी : मैं भी कोप-भवन में जाती हूँ।

दृश्य-5

पाठ : *साँझ समय सानंद नृप गयउ कैकई गेहँ।*
गवनु निठुरता निकट किय, जनु धरि देह सनेहँ॥

दशरथ : क्यों देवी कैकेयी कहाँ है?

दासी : वे तो कोप-भवन में लेटी हैं।

दशरथ : क्यों? क्या हो गया। (कोप-भवन में जाते हैं)
प्रिये, यह क्या हो गया, सब गहने उतारकर मलिन वस्त्र में यहाँ क्यों लेटी हो। किसलिए रिसानी हो। किसने तुम्हारा अनहित किया है, किस राज की शामत आयी है। प्रिये मेरे प्राण, सुत, सर्वस्व और प्रजा सब तुम्हारे हैं, राम की शपथ मैं सच कहता हूँ। अब गुस्सा छोड़ो, जो चाहे माँग लो। मैं तो तुम्हें आनन्द का समाचार देने आया कि कल राम का राजतिलक होगा। उठो, मंगल साज सजाओ! जो माँगना हो माँग लो।

कैकेयी : (तमककर) हटिये, माँग-माँग करते हैं, कभी देते भी हैं? एक बार दो वरदान देने को कहा था आज तक दिया!

दशरथ : (हँसकर) अच्छा यह बात है, तो इसमें कोहाने की क्या जरूरत थी, मैं भूल गया तो याद दिला देतीं। भूलने की मुझे आदत है, चलो

आज दो के बदले चार माँग लो। मैं रघुवंशी हूँ राम की शपथ खाकर कहता हूँ तुम जो माँगोगी दूँगा।

कैकेयी : ठीक है तो प्राण प्यारे राजा सुनिये, पहला वर तो यह दीजिये कि राजतिलक भरत का हो। और दूसरा -

दशरथ : और दूसरा

कैकेयी : दूसरा वर यह कि तापस वेश धर उदासीन हो राम चौदह वर्ष वनवास करें।

(दशरथ निढाल हो गिर पड़ते हैं, आँख से आँसू बहते हैं)

दशरथ : (मन-ही-मन) क्या होना था, क्या हो गया, इसने तो अयोध्या ही उजाड़ डाली।

कैकेयी : क्यों, क्या भरत आपका पुत्र नहीं है? क्या मैं आपकी ब्याहता नहीं हूँ। तब मेरी बात इतनी कडुवी क्यों लगी। सोच-विचार कर हामी भरी होती। ठीक है अब कह दें, नहीं दूँगा। आप सोचते थे कि मैं चबेना माँगूँगी? अब वचन पालन का ढोंग मत कीजियेगा।

दशरथ : प्रिये कैसे कठोर वचन बोलती हो। भरत और राम मेरी दो आँखें हैं मैं सबेरे ही दोनों भाइयों को बुलवा लेता हूँ और शुभ मुहूर्त्त में भरत को राज्य दे दूँगा। राम को राज्य का लोभ नहीं है, वे स्वयं भरत से बहुत प्रेम करते हैं अतः भरत के राजा होने से प्रसन्न ही होंगे। मुझसे भूल हो गयी कि मैंने तुमसे नहीं पूछा। अब प्रसन्न हो जाओ। एक ही कसक है कि दूसरा वर बड़ा असंगत माँगा है। तुमको तो राम प्राण प्रिय हैं तब—

कैकेयी : व्यर्थ का प्रपंच न करो। राम अच्छे, तुम अच्छे, कौशल्या अच्छी मैं सबको पहचानती हूँ। कौशल्या ने मेरा जैसा भला चाहा वैसा ही फल उन्हें मिलेगा। सुन लें यदि सुबह होते ही मुनि वेष धारण करके राम वन न गये तो मेरा मरण होगा और आपका अपयश मिलेगा।

दशरथ : (कैकेयी के पैर पकड़कर) रानी, सूर्यकुल का विनाश न कर। राम विछोह में मैं जी न सकूँगा।

(कैकेयी टस-से-मस नहीं होती) (दशरथ अचेत-से हो राम राम करते हैं)

कैकेयी : हटो, जब यही करना था, तो माँग-माँग का ढोंग क्यों किया? ठहाका लगाना और गाल फुलाना, दानी कहाना और कृपणता

करना एक साथ नहीं होता। अब वचन छोड़िये या धैर्य धारण करें, औरतों की तरह रोना-धोना बन्द करें।

दशरथ : जो जी में आये बकती जा, तेरा दोष नहीं मेरे ही पाप उदय हुए हैं। अब मेरी आँखों की ओट हो जा और जब तक जिऊँ सामने न आना। अरी अभागी कह देता हूँ बहुत पछतायेगी। हा राम! हा राम!

(सुमन्त्र आते हैं)

सुमन्त्र : क्या बात है राजा जी अभी उठे नहीं। जय जीव महारानी जी।

कैकेयी : क्या कहूँ रात भर सोये नहीं हैं, कारण तो भगवान् जानते हैं, रात भर राम-राम रटते रहे हैं, क्या बात है नहीं बताते। जाइये जल्दी से राम को बुला लायें।

(सुमन्त्र राम को बुला लाते हैं)

श्रीराम : माँ, यह पिता जी को क्या हो गया है, मुझे बतायें, क्या निवारण करना है वह भी कहें।

कैकेयी : राम सुनो, कारण है राजा का तुम पर विशेष स्नेह। मुझसे दो वर देने को कहा था, जो मुझे अच्छा लगा वह माँग लिया, अब देने में संकोच हो रहा है, तुम्हारा प्रेम आड़े आ रहा है।

श्रीराम : माँ, वह पुत्र बड़ा भाग्यवान् होता है जो माता-पिता के वचनों का पालन करता है।

कैकेयी : तो सुनो मैंने पहला वर माँगा कि भरत का राजतिलक हो और दूसरे तुम तापस वेष धारणकर चौदह वर्ष वन में वास करो। बस इतनी-सी बात है।

श्रीराम : माँ तुमने उचित वर माँगे। वन में मुनिगणों से मिलना होगा जो सब प्रकार से मेरे लिये हितकर होगा। फिर माता-पिता की आज्ञा तो है ही, तुम्हारी भी सहमति है तब कहना क्या। भरत मुझे प्राणों से प्यारा है, वह राजा हो इससे बड़े आनन्द की बात क्या। आज तो विधाता हर प्रकार से मेरे सम्मुख हुए हैं। मैं वन न जाऊँ तो मूर्खों में मेरी गिनती होगी। बस एक दुःख है कि इतनी छोटी-सी बात पर पिता जी इतने विकल हो गये, पिता जी तो बड़े धीर, गम्भीर हैं अवश्य मुझसे कोई अपराध हो गया है तभी तो मुझसे बोलते नहीं।

कैकेयी : राम तुम्हारा कोई अपराध नहीं, तुम तो माता-पिता के वचन पालनेवाले हो, तुम्हीं इन्हें समझाओ कि चौथेपन में अपयश न लें।

(दशरथ चेतन होते हैं। राम चरण छूते हैं। दशरथ बोल नहीं पाते, रुदन करते हैं।)

दशरथ : (मन-ही-मन) हे आशुतोष, मेरे राम को रोक लो—

श्रीराम : पिता जी ढिठाई माफ करें। हम भाइयों में कोई भेद नहीं। बड़ा-छोटा कोई नहीं। माता ने मुझे सब बता दिया है। अब सोच त्यागकर हर्षपूर्वक आज्ञा दें। मैं माता से आज्ञा लेकर आता हूँ। (जाते हैं)

पाठ : नगर ब्यापि गइ बात सुतीछी। छुअत चढ़ी जनु सब तन बीछी॥
मिलेहि माझ बिधि बात बेगारी। जहँ तहँ देहिं कैकइहि गारी॥
सत्य कहहिं कबि नारि सुभाऊँ। सब बिधि अगहु अगाध दुराऊ॥
काह न पावकु जारि सक का न समुद्र समाइ।
का न करै अबला प्रबल, केहि जग कालु न खाइ॥
अति बिषाद बस लोग लोगाईं। गए मातु पहिं रामु गोसाईं।

दृश्य-6

(कौशल्या का महल)

(श्रीराम आकर कौशल्या के चरण स्पर्श करते हैं, माता हृदय से लगाती हैं)

कौशल्या : मेरे लाल, तुझ पर बलिहारी जाऊँ, कब वह श्रेष्ठ मंगल लगन है? अब जल्दी से स्नान-ध्यान करके पिता के पास जाओ, बहुत विलम्ब हो गया है।

श्रीराम : माँ, पिता जी ने मुझे कानन का राज्य दिया है, मेरे स्नेहवश डरना मत, तुम्हारे अनुग्रह से यह आनन्द का अवसर आया है पिता का आज्ञा पालन करके बस चौदह वर्ष वनवास करके लौटूँगा और तब ये चरण देखूँगा।

कौशल्या : क्या कहते हो पुत्र, पिता के तो तुम प्राण प्यारे रहे हो राज देने की बात करके अब वन जाने को क्यों कहते हैं।

पाठ : *लिखत सुधाकर गा लिखि राहू। बिधि गति बाम सदा सब काहू॥*

कौशल्या : बेटा, पिता की आज्ञा पालन करना सब धर्मों में श्रेष्ठ है। पिता ने बनवास दिया इसका मुझे दुःख नहीं पर यदि केवल पिता की आज्ञा है तो माता उनसे बड़ी है और मेरी आज्ञा है मत जाओ किन्तु यदि पिता और माता दोनों की आज्ञा है तो अवश्य जाओ

एक कानन सौ अवध के समान होगा। जाओ बेटा। बहू से भी बिदा ले लो। (सीता आती हैं)

सीता : (रोते हुए मन-ही-मन) स्वामी वन जा रहे हैं, मैं भी किस पुण्य से उनके साथ जा सकूँ, शरीर और प्राण दोनों जायँगे या केवल प्राण!

कौशल्या : बेटा, यह बड़ी सुकुमारी है, दो कुल की प्यारी है, मेरी तो प्राण ही है।

सीता : माँ, मैं भी जाऊँगी।

कौशल्या : नहीं बेटी, वन बड़ा भयंकर होता है, तुम वन में नहीं रह पाओगी, तुम यहाँ रहोगी तो मुझे बड़ा सहारा होगा।

श्रीराम : राजकुमारी, माँ ठीक कह रही है, मेरी भी आज्ञा है तुम घर में रहो और सास-ससुर की सेवा करो, माँ का अवलम्ब बनो। वन में रहना बड़ा कष्टप्रद है अतः हठ न करो। वन में भूमि पर सोना होगा, वल्कल पहनना होगा। कन्द, मूल, फल खाकर रहना होगा वह भी सदा नहीं मिलेंगे। फिर राक्षस मनुष्यों को खा जाते हैं। तुम तो भीरू स्वभाव की हो।

सीता : (सास के पैर पकड़कर) माँ, इन्होंने मुझे बड़ी सीख दी है पर मैंने सोचा है कि प्रिय वियोग से बड़ा कोई दुःख नहीं होता! सब नाते इन्हीं के कारण हैं। इनके बिना कहीं सुख नहीं। मैं सुकुमारी हूँ तो क्या आप वन के योग्य है? आपका वियोग ये प्राण नहीं सह सकेगें।

श्रीराम : ठीक है तो तुम भी साथ चलो, माँ इसे भी आशीष दो।

पाठ : *बहुरि बच्छ कहि लालु कहि रघुपति रघुबर तात।*
कबहिं बोलाइ लगाइ हियँ हरषि निरखिहउँ गात॥

दृश्य-7

(लक्ष्मण राम के महल में आते हैं)

श्रीराम : आओ लक्ष्मण, भावना में मत बहो! देखो माता-पिता गुरु स्वामी की आज्ञा पालन करना मानो जन्म सुफल करना है। अस्तु हे भाई, तुम यहाँ माता-पिता की सेवा करो, भरत-शत्रुघ्न भी नहीं हैं, पिता जी वृद्ध और दुःखी हैं अतः तुम्हारे ऊपर बड़ी जिम्मेदारी है। देखो लक्ष्मण तुमको सबका परितोष करना है, नहीं बड़ा दोष होगा। जिस राजा की प्रजा दुःखी होती है वह अवश्य नरक में जाता है। अस्तु मुझे वन जाने दो।

लक्ष्मण : (राम के चरण पकड़कर) हे नाथ, मैं आपका दास हूँ, आप मेरे स्वामी हैं। आपकी शिक्षा ठीक है पर अपनी दुर्बलता के कारण मैं उसे पूरा नहीं कर पाऊँगा। मैं बालक हूँ और आपकी छाया में ही रहता आया हूँ। मुझे साथ ले चलें, मेरा यहाँ रहना सम्भव नहीं है।

राम : ठीक है, तब अपनी माता से बिदा लेकर आओ।

पाठ : *जाइ जननि पग नायउ माथा। मनु रघुनंदन जानकि साथा॥*
पूँछे मातु मलिन मन देखी। लखन कही सब कथा बिसेषी॥

सुमित्रा : ठीक है, जहाँ राम रहते हैं तुम्हारे लिये वही अवध है। तुम्हारे लिये वैदेही ही माँ और राम पिता के समान हैं। वे वन जा रहे हैं तो फिर अवध में तुम्हारा कोई काम नहीं। जाओ और उनकी सेवा करना।

दृश्य-8

(कैकेयी-भवन)

पाठ : *सीय सहित सुत सुभग दोउ देखि देखि अकुलाइ।*
बारहिं बार सनेह बस राउ लेइ उर लाइ॥

श्रीराम : पिता जी, आज्ञा दें, हर्ष के समय दुःख न करें।

दशरथ : बेटा, लोग कहते हैं तुम चराचर नायक हो। पर यह कैसा न्याय है, करे कोई भरे कोई। बेटी सीता, तू क्यों जाती है, वन तेरे योग्य नहीं है, तुम्हें तो बनवास नहीं दिया गया है!

पाठ : *सजि बन साजु समाजु सबु बनिता बंधु समेत।*
बंदि बिप्र गुर चरन प्रभु चले करि सबहि अचेत॥
(वशिष्ठ आते हैं, राम चरण स्पर्श कर बिदा माँगते हैं)

श्रीराम : गुरुवर, ये मेरे दास-दासी सब आपके हवाले हैं! अब ऐसा कीजियेगा कि महाराज सुखी हों, सभी माताएँ दुःखी न हों, पुरजन की खोज-खबर लेते रहियेगा। गुरुवर आज्ञा दें।

पाठ : *गनपति गौरि गिरीसु मनाई। चले असीस पाइ रघुराई॥*

दृश्य-9

(दशरथ और सुमन्त्र)

दशरथ : मन्त्रीवर, आप रथ लेकर जायँ। दोनों भाई और सीता सभी सुकुमार हैं। इन्हें रथ में बिठाकर, वन तक घुमा लाइये और फिर

चार दिन बाद वापस लौटा लाइयेगा। यदि दोनों भाई न लौटें तो कहियेगा कि मिथिलेश कुमारी को तो वापस भेज ही दें। जब सीता वन को देख भयभीत हों उस समय यह बात कहियेगा कि यह सास-ससुर का सन्देश है, पुत्री लौट आओ। यहाँ कभी मैके में, कभी ससुराल में रहना। यदि ये लोग न लौटें तो मेरे प्राण नहीं रहेंगे। हाँ विधि विपरीत क्यों हो गये- क्या करें - हे राम - हे राम (मूर्च्छित हो जाते हैं)

पाठ : *पाइ रजायसु नाइ सिरु रथु अति बेग बनाइ।*
गयउ जहाँ बाहेर नगर सीय सहित दोउ भाइ॥

एक नागरिक : अरे राम लखन जानकी जा रहे हैं, अब इस अयोध्या में रहकर हम क्या करेंगे। चलो भाई हम सब भी इनके साथ वन में ही रहेंगे।

श्रीराम : नहीं, मेरे नगरवासियों नहीं, आप लोग यहाँ रहिये।

नागरिक : नहीं रघुबीर, आप जहाँ हैं, वहीं अवध है। हम तो चलेंगे ही।

सुमन्त्र : हे राम, महराज ने यह रथ भेजा है, इस पर विराजें मैं आपको विपिन तक पहुँचा दूँगा।

श्रीराम : ठीक है। सीते, भैया लखन बैठो रथ में--

पाठ : *चढ़ि रथ सीय सहित दोउ भाई।*
चले हृदयँ अवधहि सिरु नाई॥

व्यास : भक्तजनो, पहले दिन श्रीराम और अयोध्यावासी तमसा तीर पर पहुँचे और विश्राम करने लगे। तब श्रीराम ने सुमन्त को अर्द्धरात्रि में जगाकर कहा चुपके से रथ चलायें।

पाठ : *राम लखन सिय जान चढ़ि संभु चरन सिरु नाइ।*
सचिवँ चलायउ तुरत रथु इत उत खोज दुराइ॥
जागे सकल लोग भएँ भोरू। गे रघुनाथ भयउ अति सोरू।

नागरिक : प्रभु हमें त्यागकर चले गये, अब तो वापस जाने के अलावा कोई उपाय नहीं है- श्री राम जय राम- जय जय राम।

●

10

वन-गमन - केवट प्रसंग

पाठ : *प्रसन्नतां या न गताभिषेकतस्तथा न मम्ले वनवासदुःखतः।*
मुखाम्बुजश्री रघुनन्दन स्य मे सदास्तु सा मञ्जुल मङ्गलप्रदा।
सीता सचिव सहित दोउ भाई। सृंगबेरपुर पहुँचे जाई॥
उतरे राम देवसरि देखी। कीन्ह दंडवत हरषु बिसेषी॥

व्यास : तब अवधवासियों को तमसा तीर पर छोड़कर प्रभु राम, सीता, लक्ष्मण, सुमन्त्र सहित शृंगवेरपुर पहुँचे और यहाँ गंगा का दर्शन करके रथ से उतर पड़े।

दृश्य-1

श्रीराम : सीते! यही भागीरथी गंगा हैं, इन्हें प्रणाम करो। लक्ष्मण, तुम्हें स्मरण होगा, गुरु विश्वामित्र ने हमें गंगा अवतरण की कथा सुनायी थी। हमारे पूर्वज भगीरथ बड़ी तपस्या करके इन्हें मृत्युलोक में ले आये थे। माता गंगा की महिमा अपार है। हम सब गंगा स्नान कर गंगाजल पान करें।

पाठ : यह सुधि गुहँ निषाद जब पाई। मुदित लिए प्रिय बंधु बोलाई॥
लिए फल मूल भेंट भरि भारा। मिलन चलेउ हियँ हरषु अपारा॥
(निषाद और उनके अनुचर फल, मूल लेकर आते हैं। आकर दण्डवत् करते हैं। राम उन्हें उठकर भेंटते हैं।)

श्रीराम : कहिये निषादराज, सब कुशल तो है?

निषाद : नाथ, आपके चरण-कमल के दर्शन हो गये तो सब कुशल-ही-कुशल है। आज मैं अति भाग्यशाली लोगों की श्रेणी में आ गया। प्रभु यह भूमि, धन और भवन सब-कुछ आपका है, मैं परिवार सहित आपका सेवक हूँ। कृपा करें नगर में पधारें, और हमारा गौरव बढ़ायें।

श्रीराम : देखो सखा, तुमने ठीक ही कहा किन्तु पिता ने मुझे कुछ और ही आज्ञा दे रखी है, मुझे वन में रहना है और मुनियों का व्रत, वेष, आहार करते चौदह वर्ष वनवास करना है। ऐसे में बस्ती में मेरा जाना उचित नहीं होगा।

निषाद : आह, कैसी कठोर आज्ञा है।

एक नारी : सखी, कैसे माता-पिता हैं कि ऐसे सुकुमार बालकों को वन में भेज दिया।

दूसरी : मेरी समझ में तो राजा ने अच्छा ही किया - तभी तो हमें दर्शन लाभ मिला।

निषाद : प्रभु तब इस अशोक वृक्ष के नीचे आज की रात विश्राम करें।

श्रीराम : हाँ, यह स्थान ठीक है।

पाठ : *गुहँ सँवारि साँथरी डसाई। कुस किसलयमय मृदुल सुहाई॥*
सिय सुमंत्र भ्राता सहित कंद मूल फल खाइ।
सयन कीन्ह रघुबंसमनि पाँय पलोटत भाइ॥

दृश्य-2

(गृह और लक्ष्मण)

निषाद : देखो पहरेदारो, इस उपवन के चारों ओर सावधानी से पहरा दो। लखनलाल जी आइये, इधर वृक्ष के नीचे बैठकर बात करें।

(लक्ष्मण और निषाद पेड़ के नीचे बैठते हैं)

निषाद : हे राजकुमार-प्रभु को इस प्रकार भूमि पर सोये देखकर मेरा मन अत्यन्त दुःखित हो रहा है। अवध में वे कैसे सुन्दर कोमल बिछावन पर सोते थे और आज घास पात पर सो रहे हैं। और माता जानकी- राम की पत्नी- जनक की पुत्री धरती पर सोयें- हाय विधाता से क्या कहा जाय? कैकेयी की मन्द मति को क्या कहूँ जिसने सारे संसार को दुःखी बना दिया है।

लक्ष्मण : देखो भाई निषाद, न कोई किसी को सुख देता है, न दुःख। सब अपने कर्मों का फल है। मिलना-बिछुड़ना, अच्छे-बुरे भोग, शत्रु-मित्र-ये सब प्रकार भ्रम के फन्दे हैं, सर्वत्र जन्म-मरण का जाल फैला है, सम्पत्ति-विपति, करम, काल, घर-परिवार, स्वर्ग-नरक इन सबका कारण मोह है, परमार्थ नहीं। यह संसार स्वप्नवत् है, आँख खुलते ही यह माया-जाल टूट जाता है। इस मोहरात्रि में संसार सोता है, योगी जागते हैं। हे सखा, जब मोह का भ्रम टूटता है तभी समझ में आता है कि राम ही परम तत्त्व, परम ब्रह्म हैं। इस समय तो वे मनुज चरित्र मात्र कर रहे हैं। अतः सखा मोह छोड़ो और सीता-राम चरण में प्रेम करने लगो।

निषाद : मैं आपसे ज्ञान पाकर धन्य हुआ। देखिये सबेरा हो रहा है।
(श्रीराम उठकर आते हैं)

श्रीराम : जय जीव बन्धुओ। प्रातः हो गया, निषाद जी, अब हमें जटा बनानी है।

सुमन्त्र : (रोते हुए) नाथ, मुझे कोशलाधिपति ने आज्ञा दी थी कि आप लोगों को वन दिखाकर, गंगा स्नान कराकर लौटा लाना। यह भी कहा था कि आप जो कहें वही करूँ।

श्रीराम : हे तात, आप तो धर्म के जानकार हैं, आपको क्या समझायें। आप जाकर पिता के चरण पकड़कर कहियेगा कि तनिक भी चिन्ता न करें। आपका तो यही कर्त्तव्य है कि देखें कि पिता जी हम लोगों की चिन्ता में दुःखी न हों।

लक्ष्मण : मन्त्री जी, स्त्री के कहने से पिता जी ने हमें बनवास दिया तब विवेक कहाँ गया था, अब चले हैं पीठ सहलाने।

श्रीराम : नहीं, लक्ष्मण, तुमने बड़ी अनुचित बात की है। हे तात! आपको शपथ है आप लक्ष्मण की बात कदापि न कहें।

सुमन्त्र : नाथ, एक और सन्देश है, महाराज ने कहा है कि यदि आप न लौटें तो वैदेही से कहें कि लौट आयें, उनका मुख देखकर मैं जी सकूँगा। महाराज की व्यथा का वर्णन मैं क्या करूँ।

श्रीराम : सीता, सुमन्त्र जी का सन्देश उचित है, तुम लौट जाओ तो सबका दुःख मिट जायेगा।

सीता : प्राणपति, आप तो परम दयालु और विवेकी हैं, क्या शरीर को छोड़कर छाँह रह सकती है। मैंने पिता का वैभव देखा है, मेरे ससुर का तो इन्द्र भी आगे बढ़कर स्वागत करते हैं पर यदि आपके

पद-पराग न मिलें तो मुझे कहीं स्वयं में भी सुख नहीं मिलेगा। आप सास-ससुर से मेरी ओर से विनती करके कहियेगा मेरी चिन्ता न करें।

पाठ : *राम लखन सिय पद सिरु नाई। फिरेउ बनिक जिमि मूर गवाँई॥*
रथु हाँकेउ हय राम तन हेरि हेरि हिहिनाहिं।
देखि निषाद बिषादबस धुनहिं सीस पछिताहिं॥
बरबस राम सुमंत्रु पठाए। सुरसरि तीर आपु तब आए॥

श्रीराम : केवट भाई, नाव ले आना, हमें पार जाना है।

केवट : नहीं प्रभु, नाव नहीं मिलेगी। मैं आपका रहस्य जानता हूँ। सभी लोग बताते हैं कि आपके चरण-स्पर्श में कुछ ऐसा जादू है कि जिसे छू जाय वह मनुष्य बन जाता है। अभी कुछ समय पूर्व आपने एक शिला को छू दिया था वह सुन्दर नारी बन गयी। परम कृपालु, यह मेरी नाव तो पत्थर की नहीं काठ की बनी है अतः बड़ी आसानी से किसी मुनि की पत्नी बनकर उड़ जायेगी! प्रभु मैं इसी नाव के सहारे अपने परिवार का पालन-पोषण करता हूँ और दूसरा कोई काम नहीं जानता। सुन लीजिये-आप यदि तैयार हों तो मैं आपके पैर धोकर नाव पर चढ़ाऊँगा, मुझे उतराई नहीं चाहिए। मैं राजा दशरथ की शपथ खाकर सच बात कहता हूँ, भले ही इसके लिए आपके भाई लक्ष्मण मुझे तीर से मार डालें पर जब तक पाँव नहीं धोऊँगा- पार नहीं उतारूँगा।

पाठ : *सुनि केवट के बैन प्रेम लपेटे अटपटे।*
बिहँसे करुनाऐन चितइ जानकी लखन तन॥

श्रीराम : भैया केवट, ऐसा ही करो जिससे तुम्हारी नाव न जाय। जाओ जल्दी से पानी ले आओ और पैर धुलवा दो। बहुत देर हो रही है, जल्दी पार उतारो।

केवट : अरे भोलवा, जल्दी से पानी और कठौत ले आव।
(केवट सानन्द पैर पखारता है)

पाठ : *पद पखारि जलु पान करि आपु सहित परिवार।*
पितर पारु करि प्रभुहि पुनि मुदित गयउ लेइ पार॥
उतरि ठाढ़ भए सुरसरि रेता। सीय राम गुह लखन समेता॥
केवट उतरि दंडवत कीन्हा। प्रभुहि सकुच ऐहि नहिं कछु दीन्हा॥

सीता : (मुँदरी उतारकर) केवट भाई, यह लो तुम्हारी उतराई।

केवट : (राम के चरण पकड़कर) हे नाथ! आज मुझे क्या नहीं मिला, आज तो मेरे दुःख-दरिद्र मिट गये, आपका अनुग्रह छोड़ मुझे कुछ नहीं चाहिए। हाँ लौटती बार मुझे जो देंगे वह प्रसाद में सिर धर स्वीकार कर लूँगा।

(गंगातट पर)

सीता : हे गंगा माता, मेरा मनोरथ पूरा करें, मैं पति और देवर संग सकुशल लौटकर आपकी पूजा करूँ।

गंगा : हे वैदेही, आपका प्रभाव तो सारे संसार को ज्ञात है, फिर भी आपने आशीष माँगी है तो अपनी वाणी सत्य करने हेतु आपको आशीर्वाद देती हूँ आपकी मनोकामना पूर्ण हो।

निषाद : रघुवंशमणि, मेरी एक प्रार्थना मान लें, मैं पथ दिखाऊँगा, पर्णकुटी बना दूँगा और आप जो आज्ञा देंगे करूँगा।

श्रीराम : ठीक है, तो तुम भी चलो। हम तीर्थराज प्रयाग चलते हैं।

पाठ : *को कहि सकइ प्रयाग प्रभाऊ। कलुष पुंज कुंजर मृगराऊ॥*
एहि बिधि आइ बिलोकी बेनी। सुमिरत सकल सुमंगल देनी॥
तब प्रभु भरद्वाज पहिं आए। करत दंडवत मुनि उर लाए॥

(भरद्वाज आश्रम में)

दृश्य-3

श्रीराम : मुनिवर, मैं दाशरथी राम आपको प्रणाम करता हूँ!

भरद्वाज : कल्याण हो। आइये विराजिये। ये कन्द मूल फल ग्रहण करें। आज तो मेरा तप और तीरथ वास सफल हो गया। आज यहीं विश्राम करें।

श्रीराम : मुनिवर, हम संगम में स्नान कर आये, अब आप आगे का मार्ग बतायें।

भरद्वाज : आप मार्ग पूछते हैं! ये मेरे शिष्यगण आपको यमुना तट पर वाल्मीकि आश्रम तक पहुँचा देंगे।

श्रीराम : तो आज्ञा दें। बन्धु निषादराज- अब आप अपने घर लौट जायँ, इसे मेरी आज्ञा मानें, अपनी प्रजा का प्रेम से पालन करें।
(निषाद जाता है)

(वनमार्ग में ग्राम वासी)

एक स्त्री : अरी सखी, ये कैसे माँ-बाप थे कि इन सुकुमार बालकों को वन में भेज दिया है।

दूसरी स्त्री : अरी, इनके अंग-अंग से तो राजपुरुष होने के लक्षण दिखते हैं, ये वन में पैदल क्यों चल रहे हैं, क्या ज्योतिष झूठा हो गया है, कहाँ यह दुर्गम पहाड़ी मार्ग और कहाँ ये सुकुमारी स्त्री के साथ चले जा रहे हैं।

एक व्यक्ति : श्रीमान्, आप लोग थक गये होंगे, यहाँ बैठकर विश्राम कर लें।

दूसरा : लीजिये यह ताजा जल है, पान करें, थकावट दूर हो जायगी।

एक स्त्री : (सीता के पास जाकर) राजकुमारी जी, हमारी ढिठाई क्षमा कर दें। हम गँवई गाँव की अबोध औरत हैं पर हमें कौतूहल हो रहा है। हे स्वामिनी! बतायें कि ये साँवरे और गोर कामदेव को लजानेवाले सुन्दर किशोर आपके कौन हैं।

सीता : बहन, ये जो सीधे सुभाववाले सुन्दर गोरे-गोरे हैं, उनका नाम लक्ष्मण है और ये मेरे देवर हैं। और वे (घूँघट में मुँह छिपा लेती हैं)

स्त्री : ठीक है, हम समझ गयीं, ये आपके वो हैं। जब तक पृथ्वी टिकी है तब तक आपका सुहाग बना रहे और हम पर आपका स्नेह बना रहे।

लक्ष्मण : हे ग्रामवासियो! आगे का मार्ग किधर है!

पुरुष : बस इधर से सीधे जायँ, वाल्मीकि जी का आश्रम आ जायेगा।

पाठ : आगें रामु लखनु बने पाछें। तापस बेष बिराजत काछें॥
उभय बीच सिय सोहति कैसें। ब्रह्म जीव बिच माया जैसें॥

श्रीराम : लक्ष्मण, वह देखो कैसा रमणीय आश्रम है, शायद यही वाल्मीकि ऋषि का आश्रम है। (एक शिष्य को रोककर) भाई, क्या यही वाल्मीकि मुनि का आश्रम है, यदि है तो उन्हें सूचना दें कि अवध से राम, लखन और जानकी आये हैं। (शिष्य जाता है)
(वाल्मीकि अकुलाये-दौड़े आते हैं।)

वाल्मीकि : अरे प्रभु आप, आज तो हमारे नेत्र सफल हो गये। पधारिये हमारा अतिथ्य स्वीकार करें।
(तीनों प्रणाम करते हैं)

श्रीराम : मुनिवर! आप तो त्रिकालदर्शी हैं, हमें चौदह वर्ष बनवास करना है, कोई उत्तम स्थान बताइये।

वाल्मीकि : चौदह वर्ष बनवास क्यों?

श्रीराम : हे सर्वज्ञ, आप तो सब-कुछ जानते हैं। हमें तो पिता का वचन पालन करना है, माता कैकेयी की इच्छा पूरी करनी है, भरत राजा बने यह हमारा सौभाग्य है और सबसे बड़ी बात तो यह कि आपका दर्शन मिला- हमारे पुण्य सफल हो गये। हम मुनियों की शान्ति में बाधा डाले बिना किसी स्थान पर रहना चाहते हैं।

वाल्मीकि : धन्य राम धन्य। आप तो वेद के रक्षक हैं। त्रिदेव भी आपका रहस्य नहीं जानते। जिस पर आपकी कृपा हो जाती है वही आपको जान सकता है। आप मुझसे पूछ रहे हैं कि कहाँ रहूँ पर मैं तो आपसे ही पूछते झिझक रहा हूँ कि वह कौन-सा स्थान है जहाँ आप नहीं हैं, तब तो बताऊँ कि आप कहाँ रहें।

श्रीराम : (हँस देते हैं)

वाल्मीकि : अब आप पूछ रहे हैं तो बताता हूँ, हे राम जिनके स्वामी, सखा, पिता, माता, गुरु सब-कुछ आप हैं उन्हीं के मन मन्दिर में सीय समेत दोनों भाई वास करें। जिसे कभी भी कुछ न चाहिए और जिसका आपके प्रति सहज स्नेह है उनके मन में वास कीजिये।

श्रीराम : (मुस्कराते हैं)

वाल्मीकि : हे सूर्यकुल के स्वामी, समय के अनुकूल वह स्थान बताता हूँ, वह है चित्रकूट। यहाँ अत्रि आदि मुनि रहते हैं। चलिये, वहीं वास करें, सबके श्रम सफल करें। गिरिवर को गौरव प्रदान करें। चित्रकूट की महिमा अमित है। यह लीजिये चित्रकूटवासी कोल-किरात आ गये हैं, ये आपको वास योग्य स्थान दिखा देंगे।

कोलकिरात : धन्य भूमि, बन, पंथ, पहारा। जहँ जहँ नाथ पाउ तुम्ह धारा॥
हम सब धन्य सहित परिवारा। दीखदरसु भरि नयन तुम्हारा॥
चित्रकूट में पधारिये। प्रभु यह कामद गिरि है, इसकी गुहा में सानन्द वास करें। उधर मन्दाकिनी नदी है, उसके तट पर भी वास करें। इस चित वाह चित्रकूट में आपको कोई असुविधा नहीं होगी।

पाठ : *रामु लखन सीता सहित सोहत परन निकेत।*
रजनि बासव बस अमरपुर सची जयंत समेत॥

11

भरत आगमन

पाठ : *जयति भूमिजा-रमन-पद-कंज-मकरन्द-रस रसिक मधुकर भरत, भूमिभाग।*
भुवन भूषन, भानुबंस भूषन, भूमिफल-मनि-राम चन्द्रानुरागी॥
जयति रन-अजिर-गंधर्व-गन-गर्व-हर फेरि, किय रामगुन-गाथ-गाता।
मांडवी-चित्त-चातक-नवाम्बुद-बरन, सरन 'तुलसीदास' अभयदाता॥

पाठ : *कहेउँ राम बन गवनु सुहावा। सुनहु सुमंत्र अवध जिमि आवा॥*

दृश्य-1

सुमन्त्र : निषादराज, आप लौट आये? देखिये रथ के अश्वों का हाल देखिये, तीन दिन हो गये न घास चरते हैं, न जल पीते हैं और निरन्तर रो रहे हैं। हा राम, हा सीते, हा लखन---

निषाद : सुमन्त्र जी, धैर्य धारण करें। आप पण्डित हैं। विधाता इस समय बाम है यह जानकर अवध जाइये और अपना कर्त्तव्य कीजिये।

पाठ : *बिबिधि कथा कहि कहि मृदुबानी। रथ बैठारेउ बरबस आनी॥*
सोक सिथिल रथु सकइ न हाँकी। रघुबर बिरह पीर उर बाँकी॥

दृश्य-2

पाठ : *अवध प्रबेसु कीन्ह अँधिआरें। पैठ भवन रथु राखि दुआरें॥*
सचिव आगमनु सुनत सबु बिकल भयउ रनिवासु।
भवनु भयंकरु लाग तेहि मानहुँ प्रेत निवासु॥

सुमन्त्र : (दशरथ के पास जाकर)- जय जीव।

दशरथ : आओ बैठो, राम की कुशल कहो, कैसी है सीता और लक्ष्मण! लौटे कि वन चले गये? (सुमन्त्र मौन) नहीं लौटे? तो मुझे भी वहीं पहुँचा दो, नहीं तो ये प्राण अब चलना ही चाहते हैं।

सुमन्त्र : महाराज आप पण्डित हैं, ज्ञानी हैं, आप जानते हैं कालक्रम पर अपना वश नहीं चलता। आपको मैं पूरे समाचार सुनाता हूँ।

व्यास : तब सुमन्त्र ने यात्रा पूरा विवरण सुनाया, राम का सन्देश सुनाया, सीता की बात बतायी, प्रभु ने मना किया था अतः लक्ष्मण की बात नहीं कहीं। और फिर कैसे केवट उन्हें गंगा पार ले गया, निषादराज साथ गये थे, वे उन्हें प्रयाग तक पहुँचा आये। निषादराज अकेले लौटे और तमसा तीर तक सुमन्त्र को पहुँचा गये। सचिव के वचन सुनकर राजा धरती पर गिर पड़े। उनकी हालत देखकर कौशल्या ने समझ लिया कि सूर्यकुल का दीपक अस्त होनेवाला है। माता कौशल्या ने धैर्य धारण कर समझाने की चेष्टा की पर व्यर्थ। राजा बार-बार सन्निपात की आवस्था में राम-लखन-सीता को पुकारते रहे। फिर थोड़ा चेत हुआ तो श्रवणकुमार की याद आयी-याद आया श्रवणकुमार के माता-पिता का शाप, कौशल्या को सब कथा सुनायी और कहा रानी अब प्राणप्यारे राम के बिना यह तन नहीं रखूँगा बहुत जी लिया। तब राम-राम कहते हुए राजा दशरथ ने प्राण त्याग दिया और सुरपुर चले गये।

पाठ : जिअन मरन फलु दसरथ पावा। अंड अनेक अमल जसु छावा॥

व्यास : तब वशिष्ठ ने आकर सबको समझाया। नाव में तेल भरवाकर राजा का शव रखवाया। फिर दूत बुलाकर कहा तत्काल भरत को बुलाकर लाओ, पर राजा के मरण की बात न कहना।

दृश्य-3

पाठ : *एहि बिधि सोचत भरत मन धावन पहुँचे आइ।*
गुरु अनुसासन श्रवन सुनि चले गनेसु मनाइ॥

व्यास : भरत को मार्ग में असगुन होते गये, मार्ग में सन्नाटा था, नर-नारी दुःखी थे। सोचते रहे क्या नगर में आग लग गयी है कि पाला पड़ गया है। इस तरह भरत कैकेयी के महल में पहुँचे।

दासी : महरानी जी, भरत-शत्रुघ्न आ रहे हैं।

कैकेयी : अरी जल्दी से आरती सजाकर ला! (द्वार पर) बेटा भरत आ गये! ननिहाल में सब लोग अच्छे तो हैं।

भरत : हाँ, वहाँ सब कुशल है, पर माँ पिता जी, माताएँ, भैया राम, लखन, सीता माता कहाँ हैं? कोई दिखता नहीं, सब लोग चुप-चुप और दुःखी हैं।

कैकेयी : बेटा, क्या कहूँ? मैंने तो सारी बातें ठीक से सँवार ली थी, उसमें मन्थरा ने बड़ी सहायता की, पर विधाता ने बीच में बात बिगाड़ दी। महाराज सुरपुर चले गये।

भरत : (विकल हो रोते हैं) हाय पिता जी, हाय मैं कितना अभागा हूँ कि अन्त समय आपके दर्शन तक न कर सका। माँ जल्दी बोलो पिता जी को क्या हुआ था।

कैकेयी : बेटा तेरे पिता गुपचुप राम का राज्याभिषेक करने जा रहे थे। तो मैंने उनसे दो वर माँगे, एक तो तेरे लिये अवध का राज्य और दूसरे राम को चौदह वर्ष वनवास।

भरत : (हतस्तब्ध) क्या? राम को वनवास (आरती का थाल उलट देते हैं)

कैकेयी : हाँ बेटा, और फिर राम के साथ सीता और लक्ष्मण भी वन चले गये। तेरे पिता वर देकर फिर राम के वियोग में प्राण त्याग बैठे- अब क्या किया जाय? भरत लाल, तेरे पिता के लिए शोक करने की बात नहीं है, जीवन में उन्होंने बहुत पुण्य और यश कमाया और अन्त में अमरपुर चले गये। अब शोक त्यागो और अवध का राजपाट सँभालो।

भरत : (बहुत विकल) अरी पापिनी, तूने तो हमारे कुल का ही नाश कर दिया। अरी ऐसा ही था तो तूने पैदा होते ही मुझे क्यों मार न डाला। अरे जिस हंसवंश में पिता-से जनक, राम-लखन-से भाई हों उसमें तेरी ऐसी माँ हो- क्या कहा जाय। अरी जब तेरे मन में ऐसा कुविचार आया तब हृदय खण्ड-खण्ड नहीं हो गया। वर माँगते मन में पीड़ा नहीं हुई, जीभ नहीं जल गयी, मुँह में कीड़े नहीं पड़ गये। राजा ने तेरा विश्वास कैसे कर लिया, शायद विधाता ने मरते समय उनकी बुद्धि हर ली होगी। संसार में कौन है जिसे राम प्यारे नहीं है, वही तेरे वैरी हो गये? अरी तू कौन है? खैर, जो है सो है अब मुँह काला कर मेरी आँखों से दूर हो जा। (रोते हैं।)

अरे विधाता तूने मुझे राम विरोधी बना दिया, अब मेरे-जैसा पापी कौन होगा?

(तभी सजी-धजी कुबरी मन्थरा आती है, भरत की बलैया लेना चाहती है पर शत्रुघ्न उसकी पिटाई करते हैं - कूबर टूटता है और सिर फूटता है, मुख से खून बहता है)

मन्थरा : हाय दैया, मैंने क्या बिगाड़ा? हवन करते मेरे हाथ जले हैं। (शत्रुघ्न फिर मारते हैं)

पाठ : *भरत दयानिधि दीन्हि छड़ाई। कौसल्या पहिं गे दोउ भाई॥*

दृश्य-4

(कौशल्या भवन)

पाठ : *मलिन बसन बिबरन बिकल कृस सरीर दुख भार।*
कनक कलप बर बेलि बन मानहुँ हनी तुसार॥

भरत : माँ! पिता जी कहाँ हैं, कहाँ सीता-राम-लखन है? यह कैकेयी इस जगत् में क्यों पैदा हुई? और पैदा भी हुई तो क्यों बाँझ न हुई? क्यों उसने मुझ कुल कलंक को जन्म दिया? इस त्रैलोक्य में मेरा-जैसा कौन अभागा है जिसके कारण माँ, तेरी यह दशा हुई है। मैं ही सब अनर्थ का कारण हूँ, मेरे कारण पिता मरे- रघुनाथ वन चले गये। मैंने ही यह आग लगायी।

कौशल्या : (स्वस्थ हो भरत को गले लगाती है) बेटा तू आ गया तो मुझे लगता है जैसे राम लौट आया है। बेटा अब धैर्य धारण कर, यह कुसमय है अतः व्यर्थ ग्लानि न कर। किसी का कोई दोष नहीं, विधाता ही मेरे विरुद्ध हो गये। पिता वचन सुनकर, बिना हर्ष या शोक के भूषण वसन सब त्यागकर राम वन जाने को तत्पर हुआ तब बहुत समझाने पर भी सीता और लक्ष्मण एक नहीं माने उसके साथ चले गये। मैं अभागी न साथ गयी न प्राण त्यागे। मुझे लज्जा भी नहीं आती है कि मैं राम-जैसे पुत्र की माँ हूँ।

पाठ : कौसल्या के बचन सुनि भरत सहित रनिवासु।
ब्याकुल बिलपत राजगृह मानहुँ सोक नेवासु॥

भरत : माँ! पिता, माता, पुत्र, गौ की हत्या का जो पातक है वह मुझे लगे यदि इसमें मेरा तनिक भी हाथ हो।

कौशल्या : बेटा! मैं जानती हूँ तुम दोनों भाई मन, वचन, कर्म से एक-दूसरे से प्रेम करते रहे हो। तुम तो स्वयं में भी राम की बुराई नहीं सोच सकते। अब ग्लानि त्यागों और उठो हाथ-मुँह धो लो।

दृश्य-5

वशिष्ठ : वत्स भरत, धैर्य धारण करो, आज जो कर्त्तव्य है वह करो।

व्यास : तब भरत ने राजा की वेद विधि से अन्त्येष्टि कर भरपूर दान-दक्षिणा दी। तब पुनः राजसभा में--

वशिष्ठ : वत्स भरत, होनहार बहुत बलवान् होता है, हानि-लाभ, जीवन-मरण, यश-अपयश सब विधि के हाथ में है। अस्तु यह समझकर किसी को दोष न दो, किसी पर क्रोध न करो। सोचो, क्या राजा दशरथ शोच योग्य हैं? जिनके राम, लखन, शत्रुघ्न और तुम्हारे-जैसे पुत्र हों क्या वे शोच योग्य हैं। वत्स! राम ने पिता का वचन मानकर वनगमन किया और अब तुम भी राजा की आज्ञा का पालन करो। राजा ने तो प्राण देकर वचन का पालन किया- अब तुम उनके वचन का पालन करो। उचित-अनुचित का विचार छोड़कर पिता की आज्ञा का पालन करो। ग्लानि त्यागकर राज करो, सबकी सम्मति है, राम-वैदही भी प्रसन्न होंगे।

कौशल्या : बेटा, गुरु ने जो कहा उसका पालन करो, इसी में सबका हित है। महाराज सुरपुर गये, राम वन में हैं, अब प्रजा के तुम्हीं अवलम्ब हो।

भरत : (हाथ जोड़कर) गुरुदेव ने उचित उपदेश दिया, माता ने भी ठीक आदेश दिया है और मैं इन्हें सिर माथे चढ़ा लूँ। पर मेरे जी को सन्तोष नहीं होता। आप मेरी प्रार्थना सुन लें फिर जो आज्ञा देंगे मैं स्वीकार करूँगा। आप लोगों को उत्तर देने की मेरी ढिठाई आप क्षमा करेंगे यह समझकर दुःखी व्यक्ति अपना विवेक खो बैठता है। पिता स्वर्ग गये, भाई बन गये और अब मुझे आप राज करने को कहते हैं क्योंकि इसी में मेरा हित है। मैंने बहुत सोचा मेरा हित तो राम-सीय के सेवा में है और कहीं नहीं। एक तो मैं कैकेयी का बेटा कुटिलमति, रामविमुख और लज्जाविहीन हूँ और आप मोहवश मेरे-जैसे अधर्म के राज में सुख चाहते हैं। सच कहता हूँ राजा तो धर्मशीलयुक्त होना चाहिए। हठ करके मुझे राज देंगे तो धरा रसातल को चली जायगी। मैं ही तो सब अनर्थ का कारण हूँ। कैकेयी ने सबका हित किया है और उसकी कोख से जन्मा यह अभागा आज भी रघुवर वियोग में प्राण नहीं त्याग पाया है। एक तो ग्रह दशा लगी फिर वायुविकार हो उसे बिच्छू काट ले तो क्या उसे वारुणी पिलायेंगे, यह कैसा उपचार है? राजगद्दी पर बैठकर मैं किस-किसको उत्तर दूँगा। राम की माँ बड़े सरल स्वभाव की हैं, मुझ पर भी उनका विशेष स्नेह है अस्तु मेरी दीनता देख उन्होंने मेरे राजा होने की बात मान ली है। गुरुजी विवेक के सागर हैं, सारे विश्व में उनका सम्मान है, वे तिलक की सामग्री लेकर

आये हैं, आज तो विधाता ही मेरे विमुख हो गया है। श्रीराम और सीता को छोड़कर कोई नहीं मानेगा कि इसमें मेरा हाथ नहीं था। मेरे कारण सीता-राम दुःख सह रहे हैं। धन्य हैं लक्ष्मण जो सब त्यागकर राम चरण की सेवा कर रहा है। अपनी दारुण दीनता की बात आप सबको सिर नवाकर कहता हूँ कि बिना रघुनाथ जी के पद-कमल देखे, मेरे जिय की जलन नहीं जायगी। अब एक ही बात मेरे मन में है कि कल प्रातः मैं प्रभु के पास जाऊँगा। मैं जानता हूँ कि मैं अपराधी हूँ पर मेरा विश्वास है कि मुझे सामने देखकर मुझे क्षमा कर देंगे। कुमाता के कोख से जन्मा अवश्य हूँ पर अपना जानकर मुझे पक्का विश्वास है प्रभु मुझे त्यागेंगे नहीं।

सब : धन्य, धन्य,

पाठ : *भरतहि कहहिं सराहि सराही। राम प्रेम मूरति तनु आही॥*
तात भरत अस काहे न कहहू। प्रान समान राम प्रिय अहहू॥

एक नागरिक : भरत जी ने अच्छी सलाह दी है, कल प्रातः हम सब वन में राम के पास चलेंगे।

पाठ : *धन्य भरत जीवन जग माहीं। सीलु सनेहु सराहत जाहीं॥*
कहहिं परसपर भा बड़ काजू। सकल चलै कर साजहिं साजू॥

भरत : सुमन्त्र जी, सभी माताएँ दुःखी हैं, वे भी चलेंगी, उनकी पालकी की व्यवस्था करें। और सुनिये तिलक का सब सामान लेकर चलें। वन में ही गुरुदेव राम का राज्याभिषेक करेंगे।

पाठ : *सौंपि नगर सुचि सेवकनि सादर सकल चलाइ।*
सुमिरि राम सिय चरन तब चले भरत दोउ भाइ॥

व्यास : बड़ा उत्साह है कि वन में राम जी के दर्शन होंगे। उधर भरत ने सोचा राम जी पैदल वन गये थे अतः वे भी पैदल चल पड़े, तब राम की माता कौशल्या बोलीं—

कौशल्या : बेटा भरत, तुम पैदल चल रहे हो तो सब पैदल चल रहे हैं, सब लोग स्वस्थ नहीं हैं अस्तु दूसरों की पीड़ा ध्यान रखकर रथ पर बैठ जाओ।

पाठ : सिर धरि बचन चरन सिरु नाई। रथ चढ़ि चलत भए दोउ भाई॥

व्यास : पहले दिन तमसा तट पर, दूसरे दिन गोमती के तीर और फिर सई के तीर बसकर, सब लोग व्रत, फलाहार करते शृंगवेरपुर पहुँचे। (श्रीराम-जय राम-जय जय राम का कीर्त्तन होता है)

•

12

भरत मनावन यात्रा

पाठ : *नीलाम्बुजश्यामलकोमलाङ्गं सीतासमारोपितवामभागम्।*
पाणौ महासायकचारुचापं नमामि रामं रघुवंशनाथम्॥

पाठ : *समाचार सब सुने निषादा। हृदयँ बिचार करइ सबिषादा॥*

दृश्य-1

(निषादराज का भवन)

निषाद का एक चर-सरदार बहुत बड़ी सेना, हाथी, घोड़ा, पैदल, रथ और भीड़-भाड़ लिये भरत जी आ रहे हैं।

निषादराज : भरत आ रहे हैं? क्यों आ रहे हैं? किसलिए वन की ओर जा रहे हैं? क्या उनके मन में कुछ छल-कपट है? नहीं है तो फिर यह सभी सेना लेकर क्यों जा रहे हैं?

एक सरदार : महाराज मुझे तो लगता है कि दोनों भाई वन में राम, लक्ष्मण को मारकर अकण्टक राज करने के फेर में हैं।

दूसरा : पर राजनीति की दृष्टि से भरत ने ठीक नहीं किया, अवध में बैठे राज करते रहते तो केवल कलंक लगता पर अब तो प्राणों से हाथ धोना पड़ेगा। अरे राम जी को कौन जीत सकता है।

एक : अरे भइया विष की लता में अमृतफल थोड़े ही लगता है।

निषाद : छोड़ो ये बातें अब हमें कुछ करना है, डाँड़ों के साथ नौकाएँ डुबा दो, घाट छेंक लो और हथियार बाँधकर लड़ने-मरने को तैयार हो जाओ। हम लोग भरत का सामना करेंगे और प्राण रहते उन्हें गंगा पार नहीं करने देंगे। भाइयों हमारा बड़ा भाग्य है, एक तो समर मरन, वह भी गंगा-तट पर और रामकाज हित इस क्षणभंगुर शरीर का राम के भाई भरत के हाथ मरण ऐसा सुजोग कहाँ मिलता है। हाँ, तो उठो और युद्ध के साज सजाओ! बजाओ युद्ध के बाजे! (बायीं ओर छींक होती है)

एक बूढ़ा : ठहरो, छींक हुई है, सगुन विचारने दो। हाँ, सगुन कहता है कि भरत से युद्ध नहीं होगा, वे राम को मनाने जा रहे हैं।

निषाद : दादा ठीक कहते हैं, बिन विचारे कोई काम करना ठीक नहीं क्योंकि तब पीछे पछताना पड़ता है। भरत का शील स्वभाव समझकर तब कुछ करना चाहिए। आप लोग तैयार रहे मैं जाकर पता लगाता हूँ।

पाठ : *अस कहि भेंट सँजोवन लागे। कंद मूल फल खग मृग मागे॥*
मिलन साजु सजि मिलन सिधाए। मंगल मूल सगुन सुभ पाए॥

निषाद : मुनिवर, भरत जी, मैं शृंगवेरपुर का निषाद आपको प्रणाम करता हूँ।

(भरत दौड़कर उसे गले लगा लेते हैं)

पाठ : *करत दंडवत देखि तेहि भरत लीन्ह उर लाइ।*
मनहुँ लखन सन भेंट भइ प्रेमु न हृदयँ समाइ॥
लोक बेद सब भाँतिहि नीचा। जासु छाँह छुइ लेइअ सींचा॥
तेहि भरि अंक राम लघु भ्राता। मिलत पुलक परिपूरित गाता॥

व्यास : तब निषाद राज शत्रुघ्न से रानियों तथा अन्य सभी से मिले और सबको शृंगवेरपुर लाये, बड़ा आतिथ्य किया।

भरत : भैया निषाद, अब मुझे वह स्थान दिखाओ जहाँ प्रभु ने वास किया था।

निषाद : आइये, यह अशोक का वृक्ष देखते हैं इसी के नीचे सीता माई और राम जी सोये थे और उधर मैं भैया लखनलाल मेरे साथ रात भर बैठकर पहरा देते रहे।

(भरत अश्रुपात करते हुए दण्डवत् करते हैं)

भरत : निषादराज, मेरे कारण मेरे प्रभु को वृक्ष के नीचे पत्तों की शय्या पर सोना पड़ा, जिन्होंने कभी दुःख नहीं देखा जिन्हें सारा अवध प्यार करता है उन्हें ऐसे कष्ट सहने पड़ रहे हैं, और भैया लखन को तो स्वयं राम प्राणों से अधिक प्रेम करते हैं, उस सुकुमार भाई को इतना कठोर व्रत पालन करना पड़ रहा है और यह सब इस अभागे के कारण।

निषाद : भरतलाल! आप व्यर्थ दुःखी हो रहे हैं, राम आपको कितना प्यार करते हैं यह मैं जानता हूँ, उस रात वे बड़े प्रेम से आपकी सराहना करते जा रहे थे। राम को आपसे अधिक कोई प्रिय नहीं है। अब चलकर विश्राम करें।

दृश्य-2

पाठ : *प्रातक्रिया करि मातु पद बंदि गुरहि सिरु नाइ।*
आगें किए निषाद गन दीन्हेउ कटकु चलाइ॥

व्यास : गंगा पार कर, सब लोग चलते हुए तीसरे पहर प्रयाग पहुँचे। सीताराम-सीताराम जपते, पैदल चलते पैरों में फफोले पड़ गये हैं पर पुलकित शरीर लिये भरत त्रिवेणी तट पर आये। भरत ने संगम में स्नान किया और स्वयं त्रिवेणी ने उनसे कहा कि ग्लानि त्याग दें, राम को उनके जैसा कोई प्रिय नहीं है।

पाठ : *प्रमुदित तीरथराज निवासी। बैखानस बटु गृही उदासी॥*
सुनत राम गुन ग्राम सुहाए। भरद्वाज मुनिबर पहिं आए॥
(भरद्वाज आश्रम में भरत मुनिवर को प्रणाम करते हैं और ऋषि उन्हें उठाकर गले लगा लेते हैं।)

भरद्वाज : भरत, हमने सब समाचार सुने हैं, अब विधि के विधानों पर किसी का बल नहीं है। तुम माँ की करतूत मानकर ग्लानि न करो, कैकेयी का दोष नहीं, स्वयं सरस्वती ने उसकी बुद्धि फेर डाली थी। तुम यदि राज पद ले लेते तो कोई दोष न होता, राम भी बहुत प्रसन्न होते। अब जो कर रहे हो वह और भी अच्छा है।

पाठ : सुनहु भरत रघुबर मन माहीं। पेम पात्रु तुम्ह सम कोउ नाहीं॥

भरद्वाज : जानते हो भरत, उस रात राम-सीता, लखन रात भर तुम्हारी ही सराहना करते रहे। सच तो यह है कि तुम्हारे कारण हमें, प्रयाग और संगम को प्रभु के दर्शन मिले।

भरत : मुनिनाथ, आप सर्वज्ञ हैं, रघुनाथ जी अन्तर्यामी हैं, मुझे माता की करनी का सोच नहीं है, पिता के मरण का शोक भी नहीं है, लेकिन मेरे कारण सीता-राम-लखन नंगे पाँव, मुनिवेष में वन में विचरण कर रहे हैं, कन्द, मूल फल खाते, वृक्षों के नीचे सोते हैं, वर्षा और घाम सहते हैं यही सोचकर मेरी छाती फटती है, न भूख लगती है न नींद आती है। इस रोग की ओषधि क्या है? माता ने जो कुचक्र रचा उसने मुझे और अयोध्या को नष्ट कर डाला। अब तो एक ही उपाय है कि सीता-राम घर लौट आवें।

भरद्वाज : अब व्यर्थ सोच मत करो, राम-चरण देखकर सब दुःख मिट जायँगे। अब सब लोग भोजन करके विश्राम करो।

पाठ : *सुनि रिधि सिधि अनिमादिक आईं। आयसु होइ सो करहिं गोसाईं॥*

भरद्वाज : सिद्धियो, राम विरह में व्याकुल भरत और अवधवासी आये हैं, इनकी पहुनाई अत्यन्त विशिष्ट अतिथि की तरह करें।

व्यास : और चमत्कार देखिये, सिद्वियों ने भरत के दल की ऐसी खातिर की जो राजा के लिए भी सम्भव नहीं है।

दृश्य-3

पाठ : *रिषि आयसु असीस सिर राखी। करि दंडवत बिनय बहु भाषी॥*
पथ गति कुसल साथ सब लीन्हें। चले चित्रकूटहिं चितु दीन्हें॥
देखि प्रभाउ सुरेसहि सोचू। जगु भल भलेहि पोच कहँ पोचू॥

(सुरलोक)

इन्द्र : (बृहस्पति से) गुरुदेव, भरत चित्रकूट की ओर चल पड़े है कुछ ऐसा करें कि राम से उनकी भेंट न हो। राम बड़े संकोची हैं, भरत के प्रेम की बाढ़ में बह जायँगे, और बनी हुई बात बिगड़ जायेगी।

बृहस्पति : इन्द्र, तुम सहस्र लोचन होते हुए भी अन्धे हो! अरे मायापति के सेवक पर माया क्या प्रभाव डाल सकती है? अब छल, छन्द छोड़ो, कुचाल करोगे तो हानि ही होगी। सब लोग राम-राम जपते हैं और राम भरत की माला जपते हैं। सुरेश, मेरा उपदेश सुनो, राम को सेवक परम प्रिय हैं अतः सेवक से वैर करोगे तो पछताओगे। जाओ कुटिलता त्याग भरत पद में प्रीति करो।

पाठ : *सुनि सुरबर सुरगुर बर बानी। भा प्रमोदु मन मिटी गलानी॥*

दृश्य-4

पाठ : *एहि बिधि भरत चले मग जाहीं। दसा देखि मुनि सिद्ध सिहाहीं॥*
तेहि बासर बसि प्रातहीं चले सुमिरि रघुनाथ।
राम दरस की लालसा भरत सरिस सब साथ॥

पाठ : *उहाँ रामु रजनी अवसेषा। जागे सीयँ सपन अस देखा॥*

(चित्रकूट में राम की कुटी)

सीता : नाथ, मैंने अभी थोड़ी देर पहले विचित्र स्वप्न देखा। क्या देखा भरत आपके वियोग में तन तपाये समाज के साथ आये हैं। उनके साथ मलिन वेष में दुःखी माताएँ हैं।

राम : (सोच में पड़ जाते हैं) लक्ष्मण, यह स्वप्न अच्छा नहीं है, अवश्य ही कोई बुरा समाचार आनेवाला है। चलो स्नान करके शिव जी की पूजा कर लें।

(कोल-किरात आते हैं)

एक कोल : स्वामी, बहुत बड़ी चतुरंगिणी सेना लेकर भरत आ रहे हैं?

राम : भरत आ रहे हैं? क्यों, क्या कारण हो सकता है?

लक्ष्मण : भैया, बिन पूँछे कुछ कह रहा हूँ क्षमा करेंगे। आप बड़े सरल चित्त हैं, सबको अपने-जैसा ही मानते हैं। किन्तु जब मूढ़ और विषयी प्राणी को प्रभुता मिल जाती है तो उसके पैर धरती पर नहीं पड़ते। मानता हूँ भरत प्रीति-रत, साधु सुजान हैं, प्रभु पद में प्रेम करनेवाले हैं पर आज राज पद पाकर धर्म को मिटाने चले हैं। इस कुटिल कुबन्धु ने कुअवसर देखकर सोचा कि राम वन में अकेले हैं अस्तु, मन में कुमन्त्र करके सेना लेकर आये हैं कि अकण्टक राज करेंगे। सोचिये, मन में कुचाल न होती तो रथ, हाथी, घोड़ा लेकर चलते? भरत को क्यों दोष दें, राज पद पाकर तो संसार बौरा जाता है।

पाठ : *ससि गुर तिय गामी नघुषु चढ़ेउ भूमिसुर जान।*
लोक बेद तें बिमुख भा अधम न बेन समान॥

लक्ष्मण : राज मद ने किसे कलंकित नहीं किया? हाँ भरत ने एक काम अच्छा सोचा कि शत्रु और ऋण नहीं रखना चाहिए पर राम को असहाय जानकर आक्रमण किया यह अच्छा नहीं हुआ। अब आज युद्ध में राम का सरोष मुख देखकर तो अकल ठिकाने आ जायेगी।

पाठ : *एतना कहत नीति रस भूला। रन रस बिटपु पुलक मिस फूला॥*
(राम जी की चरण धूलि शीश चढ़ाकर)

लक्ष्मण : नाथ, मेरी कही बात बुरा न मानियेगा। भरत ने हमारे साथ कम बुराई नहीं की है। हम क्षत्रिय हैं, रघुवंशी हैं, हाथ में धनुष है कब तक चुपचाप अन्याय सहते रहेंगे। अरे पैर पटकने पर तो धूल भी सिर पर चढ़ बैठती है। आज मैं भरत को शिक्षा दूँगा, राम का निरादर करनेवाले दोनों भाइयों को रणभूमि सुला दूँगा। मैं आपकी शपथ खाकर कहता हूँ यदि शंकर भगवान् भी इनकी सहायता को आवें तो भी रण में दोनों को मार डालूँगा।

आकाशवाणी : धन्य लक्ष्मण, आप महा बलवान् है, आपका प्रताप, आपका प्रभाव कौन वर्णन कर सकता है। लेकिन अनुचित-उचित जो भी कार्य करें, वह समझ-बूझ से करें तो सबका भला होगा। वेद और बुद्धिमान् लोग कहते हैं कि जो सहसा करके फिर पीछे पछताते हैं उन्हें बुद्धिमान् नहीं कहा जाता। (लक्ष्मण सकुचाते हैं)

श्रीराम : (लखन को पास बिठाकर) भाई लक्ष्मण! तुमने नीति की बात ठीक ही कही। राजमद बड़ा कठिन है पर राजमद किसे होता है जिसने

साधु संगति न की हो। भरत-जैसा भला व्यक्ति तो सृष्टि में कभी हुआ ही नहीं। लक्ष्मण, भरत को विधि-हरि-हर का पद भी दे दो तो राज मद नहीं हो सकता। क्षीरसागर में एक बूँद काँजी डाल दो तो वह फट जायेगा? अँधेरा भले सूर्य को निगल जाय, आकाश में मेघ को रास्ता न मिले, अगस्त्य भले गो पद जल में डूब जायँ, धरती अपनी सहज क्षमा छोड़ दे, मच्छर की फूँक से सुमेरु पर्वत उड़ जाय पर भरत को राज मद नहीं हो सकता। लखन तुम्हारी शपथ और पिता की आन लेकर कहता हूँ भरत-जैसा पवित्र और भला भाई दूसरा हो ही नहीं सकता। विधाता सद्गुण के दूध में अवगुण का जल मिलाकर संसार रचते हैं, भरत सूर्यवंश के हंस हैं जो गुण-दोष को अलग करके केवल गुणों का पय पान करते रहे हैं और अवगुण जल का त्याग करते हैं। लखन, यदि भरत में।

पाठ : *पेम अमिअ मंदरु बिरहु भरतु पयोधि गँभीर।*
मथि प्रगटेउ सुर साधु हित कृपासिंधु रघुबीर॥

निषाद : वह देखिये आश्रम--

भरत : हाँ-हाँ देख रहा हूँ, वेदी के पास मुनिगण और साधु समाज बैठा है, उनके बीच सीता माता के साथ रघुनाथ जी हैं और लखन तीर धनुष लिये सावधान मुद्रा में खड़े हैं। (दौड़ पड़ते हैं)
(कुटी के द्वार पर दण्डवत् गिर पड़ते हैं)
हे नाथ, रक्षा करो, रक्षा करो!

लक्ष्मण : अरे ये तो भरत हैं, भैया, भरत प्रणाम कर रहे हैं।

राम : क्या- भरत-

पाठ : *उठे राम सुनि पेम अधीरा। कहुँ पट कहुँ निषंग धनु तीरा॥*
बरबस लिए उठाइ उर लाए कृपानिधान।
भरत राम की मिलनि लखि बिसरे सबहि अपान॥
मिलि सपेम रिपुसूदनहि केवटु भेंटेउ राम।
भूरि भायँ भेंटे भरत लछिमन करत प्रनाम॥
भेंटेउ लखन ललकि लघु भाई। बहुरि निषाद लीन्ह उर लाई॥
(भरत-शत्रुघ्न-निषाद मुनिजनों को प्रणाम करते हैं, सीता के चरण स्पर्श करते हैं।)

पाठ : *तेहि अवसर केवटु धीरजु धरि। जोरि पानि बिनवत प्रनामु करि॥*

केवट : नाथ, भरत जी के साथ गुरु वशिष्ठ, माताएँ और अवध के लोग भी आये हैं।

श्रीराम : अच्छा, तो शत्रुघ्न तुम सीता के पास रहो, और निषादराज जल्दी चलो और हमें उनके पास ले चलो।

पाठ : *चले सबेग राम तेहि काला। धीर धरम धुर दीनदयाला॥*

भरत न होते तो संसार में धर्म की धुरी को कौन सँभालता।

पाठ : *कबि कुल अगम भरत गुन गाथा। को जानइ तुम्ह बिनु रघुनाथा॥*

दृश्य-5

(भरत की छावनी)

पाठ : *इहाँ भरतु सब सहित सहाए। मंदाकिनीं पुनीत नहाए॥*

भरत : कहीं ऐसा तो नहीं होगा कि मेरा नाम सुनकर प्रभु कहीं और चले जायँ। मुझे माता की कुचाल में शामिल जानकर जो कुछ भी कहेंगे कम ही होगा पर मेरे अवगुण क्षमा करके अपने पक्ष का जानकर, सेवक मानकर अपनायें, खोटा जानकर त्याग दें- पर मैं तो राम की जूतियों की शरण हूँ। राम तो श्रेष्ठ स्वामी हैं, सब दोष सेवक का है अब तो उन्हीं की कृपा का भरोसा है। क्या करूँ माता की कुचाल मेरे पैर पीछे खींचती है तो भक्ति से केवल थोड़े-थोड़े आगे बढ़ता हूँ।

पाठ : *भरत दसा तेहि अवसर कैसी। जल प्रबाहँ जल अलि गति जैसी।*
देखि भरत कर सोचु सनेहू। भा निषाद तेहि समयँ बिदेहू॥

निषाद : भैया भरतलाल का देख शुभ सगुन हो रहे हैं, शोच दूर होगा, हर्ष होगा, हाँ अन्त में कुछ विवाद हो सकता है। देखिये प्रभु का आश्रम निकट ही प्रतीत होता है, ठहरिये मैं देखता हूँ। (वृक्ष पर चढ़कर)

पाठ : *तब केवट ऊँचें चढ़ि धाई। कहेउ भरत सन भुजा उठाई॥*

निषाद : नाथ, मैं देख रहा हूँ बड़े-बड़े पाकड़, जामुन, आम, तमाल और वटवृक्ष के बीच रघुवर की पर्णकुटी है, वेदिका भी दिखायी दे रही है।

(भरत वृक्ष को प्रणाम करते हैं)

13.

चित्रकूट सभा

पाठ : *परम पुनीत भरत आचरनू। मधुर मंजु मुद मंगल करनू॥*
हरन कठिन कलि कलुष कलेसू। महामोह निसि दलन दिनेसू॥
पाप पुंज कुंजर मृगराजू। समन सकल संताप समाजू॥
जन रंजन भंजन भव भारू। राम सनेह सुधाकर सारू॥

व्यास : जब श्री राम ने सुना कि गुरु वशिष्ठ और माताएँ आयी हैं तो भरत को लेकर मन्दाकिनी तट की ओर दौड़ पड़े जहाँ अवध के लोग प्रतीक्षारत थे।

पाठ : *गुरहि देखि सानुज अनुरागे। दंड प्रनाम करन प्रभु लागे॥*

दृश्य-1

(मन्दाकिनी तट-अवधवासियों का पड़ाव)

(श्रीराम-लक्ष्मण और केवट गुरु वशिष्ठ को दण्डवत् करते हैं)

पाठ : *रामसखा रिषि बरबस भेंटा। जनु महि लुठत सनेह समेटा॥*
जेहि लखि लखनहु तें अधिक मिले मुदित मुनिराउ।
सो सीतापति भजन को प्रगट प्रताप प्रभाउ॥

(श्रीराम माताओं को देखते हैं)

श्रीराम : अरे माताओं की यह कैसी दशा है जैसे सुन्दर लताओं को पाला मार गया हो। कैकेयी अम्बा पुत्र राम का प्रणाम लो। माँ ग्लानि मत करो, यह तो समय, कर्म और विधाता का फेर है। किसी का कोई दोष नहीं है।

(कौशल्या और सुमित्रा के चरण छूते हैं, और माताएँ उन्हें अंक में भर लेती हैं।)

श्रीराम : गुरुवर अब सब लोगों को लेकर आश्रम में पधारिये।

पाठ : *महिसुर मंत्री मातु गुर गने लोग लिए साथ।*
पावन आश्रम गवनु किय भरत लखन रघुनाथ॥

दृश्य-2
(आश्रम)

पाठ : *सीय, आइ मुनिबर पग लागी। उचित असीस लही मन मागी॥*
(सीता, गुरु वशिष्ठ, अरुन्धती और अन्य विप्र पत्नियों के चरण छूती हैं।)

सीता : (मन-ही-मन) यह क्या हुआ, विधाता ने कैसी कुचाल की, क्या अनर्थ हुआ है? (जाकर माताओं के चरण छूती हैं)

वशिष्ठ : अब आप सब लोग विराजें! वत्स राम यह संसार मायामय है, परिवर्तनशील है। तुम्हारे लिये एक दुःखद समाचार यह है कि महाराज सुरपुर सिधारे हैं।
(राम व्याकुल हो जाते हैं, सीता और लक्ष्मण भी रोने लगते हैं माताएँ भी रोने लगती हैं।)

श्रीराम : अरे मुझ पर अत्याधिक सनेह के कारण ही पिता जी ने शरीर त्याग किया है, मैं कैसा अभागा हूँ।

वशिष्ठ : राम धैर्य धारण करो और अपना कर्त्तव्य करो। उठो चलकर मन्दाकिनी में स्नान करो, आज व्रत करो और कल प्रातः श्राद्ध कर्म करना।

श्रीराम : जो आज्ञा।

पाठ : करि पितु क्रिया बेद जसि बरनी। भे पुनीत पातक तम तरनी॥

श्रीराम : गुरुदेव, यहाँ सबको बड़ा कष्ट हो रहा है, केवल कन्द, मूल, फल खाकर लोग दिन काट रहे हैं। भरत, शत्रुघ्न, मन्त्रीगण, माताओं तथा प्रजाओं को इस अवस्था में देख मेरा एक-एक पल एक-एक युग के समान बीत रहा है।

वशिष्ठ : धर्मरक्षक राम तुम क्यों न ऐसा कहोगे, पर लोग वास्तव में तुम्हारे विरह में दुःखी हैं। दो दिन ठहर तुम्हारा दर्शन और सान्निध्य पा लेने के बाद फिर विचार करेंगे।

श्रीराम : प्रजाजनों, आप लोग चित्रकूट धाम के दर्शन करें।

पाठ : *राम सैल बन देखन जाहीं। जहँ सुख सकल सकल दुख नाहीं॥*
सरनि सरोरुह जल बिहग कूजत गुंजत भृंग।
बैर बिगत बिहरत बिपिन मृग बिहंग बहुरंग॥

व्यास : और अवधवासियों की सेवा में वनवासी कोल, किरात और भील जुटे थे पत्तों के दोनों में मधु, कन्द, मूल, फल और अंकुर लाकर परोसते थे इनके स्वाद, गुण का क्या कहना।

दृश्य-3

(वशिष्ठ आश्रम)

वशिष्ठ : सभासदो, सुजान भरत सुनो सूर्यकुल में सूर्य के समान प्रतापी राजा राम तो धर्म धुरन्धर और स्ववश भगवान् हैं। वे मर्यादा पुरुषोत्तम हैं और लोक-कल्याण के लिए ही उनका जन्म हुआ है। वे गुरु, पिता, माता के आज्ञा पालक हैं, खलदल का दलन और देवताओं का हित करते हैं। राम से बढ़कर नीति, प्रेम, परामर्श और स्वार्थ को ठीक-ठीक समझनेवाला कौन है? अस्तु राम जी की जो आज्ञा हो और जैसी उनकी इच्छा हो वैसा ही करने में हम सबका कल्याण है। आप सब वृद्धजन मिलकर विचार करें और वही किया जाय। सबसे सुखद कार्य राम के राजतिलक का है, फिर किस प्रकार वे अयोध्या लौटें यह निर्णय करना है। अब आप लोग समझकर बतायें।

भरत : सूर्यवंश के राजाओं को शुभ-अशुभ कर्मों का फल विधाता देता रहा है किन्तु आपका आशीर्वाद सदा उनके दुःखों का नाश करके सबका कल्याण करता रहा है। हे गोसाईं, आप ज़ो निर्णय देंगे उसे कौन टाल सकेगा। यह मेरा अभाग्य है कि मुझसे उपाय पूछ रहे हैं?

वशिष्ठ : देखो भरत, बात तो तुम ठीक कहते हो, पर मेरी शक्ति राम की कृपा के कारण ही है। एक बात कहते झिझक होती है, नीति कहती है कि सर्वस्व जाता हो तो आधा छोड़ देना चाहिए। तब क्या ऐसा नहीं हो सकता है तुम दोनों भाई वन चले जाओ और राम, लखन जानकी अवध लौट चलें।

(माताएँ रोती हैं)

भरत : नहीं माताओ गुरुजी जो कह रहे हैं वह ठीक है, मैं तो जीवन भर वन में रहने को तैयार हूँ। मुनिवर राम जानकी सबके हृदय की बात जानते हैं और आप भी सर्वज्ञ सुजान हैं, इसलिए चलिये और इस निर्णय को कार्यान्वित करें।

सभासद : धन्य भरतलाल धन्य।

पाठ : भरत महा महिमा जल-रासी। मुनि मति ठाढ़ि तीर अबला सी॥
भरतु मुनिहि मन भीतर भाए। सहित समाज राम पहिं आए॥।

एक अवधवासी : भाई आप लोग ये स्वादिष्ट पदार्थ ला-लाकर दे रहे हैं, कुछ तो मोल ले लें।

एक भील : श्रीमान्, हम तो केवल प्रेम की भेंट मानते हैं। राम जी की दोहाई, आप हमारी भेंट स्वीकार करें। आप लोग हमारे पाहुन हैं, आपकी सेवा करना हमारा धर्म है।

दूसरा : हम आपके बरतन, वस्त्र नहीं चुरा ले रहे हैं यह क्या कम सेवा है? हम तो पापी लोग हैं, पर राम के प्रभाव से हमारे स्वभाव बदल गये हैं।

अवधवासी : आप लोग बड़े भाग्यशाली हैं कि आपको प्रभु की कृपा प्राप्त हुई। हम तो प्रेम में बिछुड़ गये, आप सब धन्य हैं।

दृश्य-2

(भरत का आश्रम)

पाठ : *सीय सासु प्रति बेष बनाई। सादर करइ सरिस सेवकाई॥*
सीयँ सासु सेवा बस कीन्हीं। तिन्ह लहि सुख सिख आसिष दीन्हीं॥

व्यास : सीता और दोनों भाइयों का निश्चल व्यवहार देखकर कुटिल रानी कैकेयी बहुत पछता रही है कि हाय मैंने यह क्या कर डाला, हे धरती माता! मुझे समा लें, हे विधाता, मुझे मृत्यु प्रदान कर, पर कोई नहीं सुनता। और भरत-

पाठ : *निसि न नीद नहिं भूख दिन भरतु बिकल सुचि सोच।*
नीच कीच बिच मगन जस मीनहि सलिल सँकोच॥

भरत : हे भगवान्, मेरे राम किसी प्रकार अयोध्या लौट सकेंगे या नहीं। भाग्य ने माता की आड़ में मेरे साथ कैसी कुचाल की है जैसे पकी

फसल को ईति लग गयी है। कैसे होगा राम जी का राज्याभिषेक, कोई उपाय नहीं सूझता! गुरु वशिष्ठ आज्ञा दें तो क्या वे लौट नहीं चलेंगे? पर गुरु जी श्री रामचन्द्र जी की वैसी इच्छा देखेंगे तभी तो कहेंगे! तब माता कौशल्या कहें तो आकर लौटाये भी न लौटे तो! तब मैं हठ करूँ- नहीं, यह तो सेवक का धर्म नहीं। कोई तो उपाय बताये। लो सबेरा हो गया चलूँ प्रभु के पास।

एक प्रहरी : स्वामी आपको गुरु वशिष्ठ बुला रहे हैं।

भरत : अच्छा तो चलो।

दृश्य-4

(राम का आश्रम)

पाठ : *प्रभु प्रनामु करि दीन्ह सुआसनु। बैठे सब सुनि मुनि अनुसासनु॥*
बोले मुनिबरु बचन बिचारी। देस काल अवसर अनुहारी॥

वशिष्ठ : हे राम, तुम तो सर्वज्ञ हो, बुद्धिमान् हो। तुम सबके मन की बात जानते हो! माताओं और भरत को सन्तोष हो। हम सब लोग बहुत दुःखी हैं अस्तु सोच-विचारकर कुछ नहीं कह पा रहे हैं, तुम तो जानते ही हो कि जुआरी को अपना ही दाँव दिखता है वैसी ही स्थिति हमारी है।

श्रीराम : हे नाथ! उपाय तो आपके हाथ है, आपकी आज्ञानुसार चलने, आपकी आज्ञापालन करने से सबका हित होगा। आप आज्ञा दें, मैं आपका आदेश सिर माथे चढ़ाकर पालन करूँगा।

वशिष्ठ : हे राम! तुमने ठीक ही कहा, पर तुमने भरत के स्नेह का विचार नहीं किया! मेरी बुद्धि तो भरत की रुचि को ध्यान में रखकर अब तुम जो करोगे ठीक ही होगा। अस्तु तुम पहले भरत की प्रार्थना सुन लो, फिर सज्जनों के मत और लोकमत का ध्यान रखकर राजमत और वेदमत के अनुसार जो उचित हो वही करो।

श्रीराम : गुरुवर आपकी सौगन्ध और पिता के चरणों की दुहाई देकर कहता हूँ कि भरत के समान भाई इस लोक में न हुआ न होगा। जो गुरु चरणों से प्रेम करता है उसे संसार बड़ा भाग्यवान् मानता है और वेद भी उसके पक्ष में हैं। जिस भरत पर आपका इतना स्नेह है, उसके सौभाग्य का वर्णन कौन कर सकता है। भरत मेरा छोटा भाई है अस्तु उसके मुँह पर उसकी बड़ाई करने में मुझे संकोच हो

रहा है पर भरत जो भी कहेंगे वैसा ही मैं करूँगा।

वशिष्ठ : भरत, अब तुम सारा संकोच छोड़कर अपने प्यारे भाई से अपनी बात करो।

भरत : (संकोच भरे, पुलकित कण्ठ अवरुद्ध) मुझे जो कहना वह तो गुरु जी ने कह ही दिया। मैं स्वामी का स्वभाव जानता हूँ। खेल में भी कभी आपने मुझ पर क्रोध नहीं किया, मैं हारने लगता तब आप मुझे जिता देते थे।

पाठ : *महूँ सनेह सकोच बस सनमुख कही न बैन।*
दरसन तृपित न आजु लगि पेम पिआसे नैन॥

पाठ : *सत्यसध रघुबर वचन सुनि भा सुखी समाजु॥*

व्यास : और उधर स्वर्गलोक में खलबली मच गयी कि अब तो बड़ा अनर्थ होने जा रहा है।

(स्वर्गलोक)

इन्द्र : अब क्या करें, राम तो भरत के वश में है, भरत कहेंगे तो अवध लौट जायँगे। याद है देवताओं ने कितना दुःख भोगा था तब प्रह्लाद के लिए नृसिंह प्रकट हुए थे। अब तो देवताओं का जीवन-मरण भरत के हाथ है। भरत से विनय करें।

बृहस्पति : देवराज, यह आपको सौभाग्य है कि कल्याणमूर्ति भरत के चरण में आपकी श्रद्धा जागी है। भरत की भक्ति जागी है तो समझ लो काम सँवर गया।

(राम का आश्रम)

भरत : (मन-ही-मन)- इन लोगों ने तो सारा भार मेरे ही सिर दे दिया। अब राम जी से कहूँ तो क्या कहूँ? चलो जो राम जी आज्ञा देंगे वही सिर माथे चढ़ा लूँगा। (प्रकट) (हाथ जोड़कर) हे स्वामी! अब आप ही कहें मैं क्या कहूँ? गुरु को प्रसन्न और स्वामी को अनुकूल देखकर मेरे मलिन मन का कलुष धुल गया है। मैं व्यर्थ डर रहा था। आदमी दिशा भूल जाय तो उसका दोष सूर्य पर थोपा जा सकता है। अपने खोटे भाग्य, माता की कुटिलता, विधाता और समय के फेर ने मुझे भ्रमित कर दिया था पर हे शरणागत वत्सल! आपने मुझे उबार लिया। हे नाथ! आपका स्वभाव तो कल्पवृक्ष-जैसा है जो किसी के पक्ष में व विपक्ष में नहीं होता, सबको समान छाया देता है। गुरु जी और स्वामी का स्नेह देखकर मेरी सारी दुविधाएँ

दूर हो गयी हैं। हे करुणा निधान! अब आप वही कीजिये जिससे किसी प्रकार की उलझन न खड़ी हो। सेवक अपना स्वार्थ देखे तो उसके-जैसा अधर्म कौन होगा। सेवक का हित तो अपना सुख और लाभ छोड़कर स्वामी की सेवा करने में है। आप अगर लौट चलें तो सबका हित होगा पर आपकी आज्ञा का पालन इससे भी करोड़गुना अच्छा है। देव! मेरी एक प्रार्थना सुन लीजिये फिर जैसा उचित समझें कीजिये। मैं राजतिलक की सारी सामग्री साथ लाया हूँ ठीक लगे तो उसे सुफल करें। नाथ, आप मुझे और शत्रुघ्न को वन में छोड़ दें और अयोध्या का राज्य सँभालकर सबको सनाथ करें। फिर आप वन ही में रहना चाहते हैं तो आप लक्ष्मण और शत्रुघ्न को अवध भेज दें, मैं आपके साथ रह जाता हूँ। या हम तीनों भाई वन में रह जाते हैं आप भाभी को लेकर अयोध्या लौट जायँ। आपको जो भी प्रस्ताव ठीक लगे स्वीकार करें। आपने सारा भार मुझ पर डाल दिया है पर मैं न नीति जानता हूँ न धर्म, केवल अपना स्वार्थ पहचानता हूँ। दुःखी आदमी में विवेक नहीं रहता। मैं सेवक हूँ और स्वामी जो आज्ञा देंगे वहीं करूँगा।

पाठ : *प्रभु प्रसन्न मन सकुच तजि जो जेहि आयसु देब।*
सो सिर धरि धरि करिहि सबु मिटिहि अनट अवरेब॥
भरत बचन सुचि सुनि सुर हरषे। साधु सराहि सुमन सुर बरषे॥
असमंजस बस अवध नेवासी। प्रमुदित मन तापस बनवासी॥
चुपहिं रहे रघुनाथ सँकोची। प्रभु गति देखि सभा सब सोची॥
जनक दूत तेहि अवसर आए। मुनि बसिष्ठँ सुनि बेगि बोलाए॥

एक आश्रमवासी : स्वामी, मिथिला से महाराज जनक का दूत आया है।

वशिष्ठ : शीघ्र उसे बुला लाओ।
(दूत आता है)

वशिष्ठ : कहिये, कैसे आगमन हुआ, क्या समाचार है? महाराज विदेह कुशल से तो हैं?

दूत : हे गोसाईं! आपने विदेह की कुशल पूछी सो वे इस समय विदेह स्थिति में हैं। कुशल तो कोसलनाथ के साथ चली गयी। उनके स्वर्गवास का समाचार से जनकपुर में भारी शोक पड़ गया। फिर रानी की कुचाल सुनकर महाराज मणिहीन सर्प-से व्याकुल हो गये। महाराज ने चार चतुर गुप्तचर अयोध्या भेजे और जब उन्होंने सुना

कि भरत चित्रकूट गये हैं और भरत के आचरण और व्यवहार की बात बतायी तो भरत का स्नेह देख महाराज विकल हो उठे। फिर उन्होंने राज्य का सारा प्रबन्ध किया और परिवार को साथ लेकर बिना रुके चल दिये। आज प्रातः प्रयाग नहाकर, जमुना पार की और हमें सूचना देने भेजा है।

श्रीराम : क्या महाराज पधारे हैं? आइये सब लोग चलकर उनकी अगवानी करें।

सब : अवश्य! यह तो बड़ा अच्छा हुआ।
(सब जाते हैं)

14

जनक सभा-पादुकाभिषेक-नन्दीग्रामवास

पाठ : *नीलाम्बुजश्यामलकोमलाङ्गं सीतासमारोपितवामभागम्।*
पाणौ महासायकचारुचापं नमामि रामं रघुवंशनाथम्॥

व्यास : महाराज जनक का आगमन सुनकर पूरा अवध समाज हर्षित हो उठा। राम बड़े संकोच में पड़े कि पितृतुल्य जनक न जाने क्या आज्ञा दे दें। कैकेयी ग्लानि के मारे गली जा रही थी। अवध के नर-नारी प्रसन्न थे कि चलो चार दिन और चित्रकूट में रहने का अवसर मिल जायेगा। लोग क्या कह रहे थे–

1 अवधवासी : भइया हम तो यही चाहते हैं कि राम राजा हो जायँ, सीता जी महारानी हो जायँ और अयोध्या इनकी राजधानी बने।

2 अवधवासी : हाँ भईया, सारे समाज के साथ श्रीराम वापस चलें तो अयोध्या फिर बस जाय। हमारी तो राय है कि श्रीराम भरत को युवराज बना दें।

पाठ : *गुर समाज भाइन्ह सहित राम राजु पुर होउ।*
अछत राम राजा अवध मरिअ माग सबु कोउ॥

लक्ष्मण : भाई, आप सब चलें, जनकपुर के महाराज जनक की अगवानी करने।

(शोर - हाँ-हाँ- चलो)

पाठ : *गिरिबरु दीख जनकपति जबहीं। करि प्रनामु रथ त्यागेउ तबहीं॥*
राम दरस लालसा उछाहू। पथ श्रम लेसु कलेसु न काहू॥
आवत जनकु चले एहि भाँती। सहित समाज प्रेम मति माती॥

(एक ओर से श्रीराम की टोली- दूसरी ओर से जनक का दल आ

मिलते हैं नमस्कार-चरण स्पर्श-भेंट होती है।)

पाठ : *भाइन्ह सहित रामु मिलि राजहि। चले लवाइ समेत समाजहि॥*

(सब लोग आश्रम में आते हैं, भारी रुदन होता है। सब लोग मिलते हैं)

पाठ : *किए अमित उपदेस जहँ तहँ लोगन्ह मुनिबरन्ह।*
धीरजु धरिअ नरेस कहेउ बसिष्ठ बिदेह सन॥

वशिष्ठ : महाराज जनक, आप तो महाज्ञानी हैं, आप धैर्य खो बैठेंगे तो औरों का क्या होगा। जानता हूँ यह सिय-राम सनेह की महिमा है कि आप-जैसे विरागी भी विकल हो उठे। संसार में तीन प्रकार के लोग होते हैं विषयी, साधक और बुद्धिमान् सिद्ध। पर राम के प्रेम बिना ज्ञान अकारथ हो जाता है। अब आप शान्त हों। स्नान ध्यान करके विगत श्रम हों।

जनक : जैसा आपका आदेश।

दृश्य-2

(राम का आश्रम)

श्रीराम : हे नाथ! कल से किसी ने जल तक ग्रहण नहीं किया है।

वशिष्ठ : श्रीराम ठीक कह रहे हैं और आज भी ढाई पहर दिन बीत चुका है, अतः अब सब लोग उपवास त्यागें।

जनक : यहाँ आश्रम में अन्न ग्रहण करना तो उचित नहीं है, दूसरे यह श्री माता का स्थान है।

वशिष्ठ : आपने ठीक कहा पर ये बनवासी कन्द, मूल, फल लाये हैं उन्हें ग्रहण करें। यह कामदगिरि का प्रसाद है।

जनक : ठीक है, प्रजाजनों आप लोग ध्यान-पूजन कर फलाहार करें और फिर जाकर चित्रकूट के दर्शन करें।

दृश्य-3

(जनक आवास)

जनक : चार दिन हो गये, सभी लोग पर्वत, वन और नदी तट की सैर कर रहे हैं। इस प्रकार तो चौदह वर्ष चुटकी बजाते बीत जायँगे।

सुनयना : आप ठीक कहते हैं राम जानकी को साथ लिवाये बिना लौटना

ठीक नहीं है। फिर वन में रहना करोड़ो स्वर्ग से अधिक सुखकारी है। हमारा बड़ा भाग्य है जो नित्य इनके दर्शन मिल रहे हैं। आप आज्ञा दें तो मैं सीता की सासुओं से मिल आऊँ।

जनक : अवश्य जाओ।

दृश्य-4

(सीता का आश्रम)

(सुनयना आकर सभी माताओं से मिलती हैं)

सुनयना : बहन, यह विधाता की बुद्धि ही कुछ टेढ़ी है- लगता है छेनी हथौड़ा लेकर दूध का फेन तोड़ने की कोशिश रहा है अमृत की तलाश में जाओ तो विष मिलता है, सर्वत्र कौवे, उल्लू, बगुले मिलेंगे पर मानसरोवर का हंस तो बड़े भाग्य हों तभी मिलता है।

सुमित्रा : रानी, आप ठीक कहती हैं- विधाता रचना करता है और नाश भी करता है।

कौशल्या : बहन सुनयना, किसी को दोष क्यों दे, दुःख-सुख, हानि-लाभ सब भाग्य का खेल है। समय क्या कर बैठेगा यह तो विधाता ही जानता है। जो ईश्वर की आज्ञा हो उसे झेलना चाहिए। देवि! आप व्यर्थ मोहवश न हों, यह माया चक्र किसी के टाले नहीं टल सकता। महाराज के स्वर्गवासी होने पर जो लोग चिन्ता करते हैं वे अपने हित-अनहित की सोचते हैं।

सुनयना : देवि, आप बड़ी पुण्यात्मा हैं, अयोध्यानरेश की महारानी हैं इसी रो आप इतनी अच्छी और सत्य बात कह रही हैं।

कौशल्या : बहन, राम-लक्ष्मण-सीता वन में रहें तो रहें, पर इसका फल अच्छा ही होगा, मुझे तो मेरे भरत की चिन्ता सताये जा रही है उसका क्या होगा? ईश्वर की कृपा से मुझे पुत्र और पुत्रवधू दोनों गंगा-से निर्मल मिले हैं। सखि, मैंने कभी राम की सौगन्ध नहीं ली पर आज उनकी सौगन्ध खाकर कहती हूँ कि सरस्वती भी चाहें तो भरत के शील, गुण, विनय, मातृ स्नेह, भक्ति और विश्वास को विचलित नहीं कर सकती हैं। महाराज हमेशा मुझसे कहते थे कि भरत को कुलदीपक समझना। (सब रानियाँ रो पड़ती हैं।) देवि मिथिलेश्वरी! आप तो विवेक के भण्डार महाराज जनक की पत्नी

हैं, आप विदुषी हैं अतः आपसे क्या कहूँ पर इतनी विनती करती हूँ कि आप राजा जनक को समझाकर कह दीजियेगा कि वे उचित समझें तो लक्ष्मण को लौटा ले चलें, भरत को राम के साथ वन में रहने दें क्योंकि राम के बिना वे जी नहीं सकेंगे।

(आकाश से पुष्प वर्षा)

पाठ : नभ प्रसून झरि धन्य धन्य धुनि। सिथिल सनेहँ सिद्ध जोगी मुनि॥

सुमित्रा : देवि, इस समय दो घड़ी रात चढ़ आयी है।

कौशल्या : हाँ, देवि अब आप जाकर विश्राम करें, हमें तो इष्ट ईश्वर का भरोसा है मिथिलेश्वर का।

सुनयना : देवि, आपका विनय भरा वचन आपके बड़प्पन के अनुकूल है। ऋषि याज्ञवल्क्य ने पहले ही कहा है कि श्रीराम वन जाकर देवता, नाग, मनुष्य का कार्य करके ही अयोध्या लौटेंगे। अच्छा आज्ञा दें तो सीता को अपने डेरे पर ले जाऊँ।

कौशल्या : अवश्य बहन, खुशी-खुशी।

पाठ : *अस कहि पग परि पेम अति सिय हित बिनय सुनाइ।*
सिय समेत सियमातु तब चली सुआयसु पाइ।

(सीता और सुनयना जी जाती हैं)

दृश्य-5

(जनक आश्रम)

(सीता और सुनयना आती हैं)

पाठ : तापस बेष जनक सिय देखी। भयउ पेमु परितोषु बिसेषी।

जनक : पुत्री तुमने तो निमि और रघु दोनों कुलों को पवित्र कर दिया है। तुम्हारा यश उज्ज्वल है और तुम्हारी कीर्ति अमर रहेगी।

सीता : पिता जी, आप ऐसा न कहें।

(माता-पिता सीता को हृदय से लगाते हैं)

सीता : माँ, मेरा यहाँ रात्रि में रहना ठीक न होगा।

सुनयना : ठीक है बेटी, सुख से जाओ।

(सीता जाती हैं)

पाठ : *बार बार मिलि भेंटि सिय बिदा कीन्हि सनमानि।*

कही समय सिर भरत गति रानि सुबानि सयानि॥

व्यास : तब रानी सुनयना ने जनक से कौशिल्या जी की सारी बातें और भरत के व्यवहार की प्रशंसा की। जनक जी सुनकर हर्षविभोर हो गये। बोले कि एक भरत की महिमा अपार है। ठीक है मैं प्रातः भरत और राम से बात करूँगा। अब रात्रि बहुत हो गयी- शयन करो।

दृश्य-6

(राम का आश्रम)

श्रीराम : गुरुवर, भरत, अयोध्यावासी, माताएँ सभी शोक से विकल हैं और वन में रहना भी कष्टकर होता जा रहा है। फिर महाराज जनक को भी अपने समाज के साथ यहाँ इतने दिन टिके रहने में कष्ट सहना पड़ रहा है। अस्तु, आप जो उचित समझें करें।

वशिष्ठ : हे राम, दोनों राज समाज तुम्हारे बिना दुःखी हो रहा है। सब लोग तुम्हारे विरह से दुःखी थे और इस समय तुम्हारे साथ रहने से सुखी है। तुम सारी स्थिति जानते हो, तुम जो आज्ञा दोगे वही सब मान लेंगे। अब जाकर विश्राम करो।

दृश्य-7

(जनक आश्रम)

पाठ : करि प्रनामु तब रामु सिधाए। रिषि धरि धीर जनक पहिं आए॥

वशिष्ठ : राजन्, अब कुछ ऐसा उपाय कीजिये की धर्म की भी रक्षा हो और सबका कल्याण भी हो। आप ज्ञान के भण्डार हैं और आपके सिवाय कोई और नहीं है जो इस समस्या का समाधान कर सकें।

जनक : (मन में) जनक, तुमने यहाँ आकर अच्छा नहीं किया। (प्रकट) मुनिवर एक महाराज दशरथ थे जिन्होंने राम को वनगमन की आज्ञा दी और स्वयं प्राण त्याग दिये। इधर मैं हूँ कि राम को एक वन से दूसरे वन में भेजकर आनन्दपूर्वक घर लौटना चाहता हूँ। चलिये भरत जी के पास चलते हैं।

पाठ : भरत आइ आगें भइ लीन्हे। अवसर सरिस सुआसन दीन्हे॥

(भरत आश्रम)

जनक : देखो भरत, तुम तो राम का स्वभाव जानते ही हो। राम सत्यव्रत, धर्मरत, सबके शील, स्नेह की रक्षा करनेवाले हैं। वे संकोच में पड़े दुःखी हो रहे हैं कि मेरे कारण सबको कष्ट हो रहा है। अब तुम जैसा कहो वैसा उनसे कह दें।

भरत : हे प्रभो, आप हमारे पितातुल्य पूज्य हैं, हमारे परम हितैषी हैं। आज आश्रम में महारानी, वशिष्ठ जी, विश्वामित्र जी, मन्त्रीगण और आप-जैसे ज्ञानी उपस्थित हैं। मैं अज्ञानी शिशु और सेवक हूँ आप लोग जो आज्ञा दें वही करूँ। मेरी ढिठाई क्षमा कर दें आज मेरे विधाता वाम है।

पाठ : *राखि राम रुख धरमु ब्रतु पराधीन मोहि जानि।*
सब कें संमत सर्ब हित करिअ पेमु पहिचानि॥

दृश्य-8

(इन्द्रलोक)

इन्द्र : आह कैसा अनर्थ हो रहा है। भरत के वचन सुनने में बड़े कोमल और मधुर लगते हैं पर उनकी कठोरता का पार पाना कठिन है। बड़ी मुश्किल आ पड़ी है। वशिष्ठ और जनक भी भरत के प्रेम में डूब रहे हैं। कोई जाकर शारदा देवी को बुलाओ।

(सरस्वती आती हैं)

इन्द्र : देवि, अब तो हम सब देवता आपकी शरण हैं। कुछ ऐसी माया कीजिये भरत की बुद्धि फिर जाय।

सरस्वती : देवराज, आप यह क्या कह रहे हैं कि मैं भरत जी की बुद्धि फेर दूँ आप अपने सहस्र नेत्र से भी सामने खड़े प्रेम के सुमेरु को नहीं देख पा रहे हैं? त्रिदेव की सामर्थ्य भी जिनके समीप नहीं जा सकती उसकी बुद्धि मैं फेरूँ?

देवराज आप चाँदनी से सूर्य को चुरा लेने को कह रहे हैं। आप देखते भरत के हृदय में सीताराम वास करते हैं? मैं असमर्थ हूँ मुझे आज्ञा दें। (जाती हैं)

पाठ : *सुर स्वारथी मलीन मन कीन्ह कुमंत्र कुठाटु।*
रचि प्रपंच माया प्रबल भय भ्रम अरति उचाटु॥

दृश्य-9

(राम आश्रम)

पाठ : *गए जनकु रघुनाथ समीपा। सनमाने सब रबि कुल दीपा॥*
जनक भरत संबादु सुनाई। भरत कहाउति कही सुहाई॥

वशिष्ठ : हे राम, मैंने भरत और जनक जी की बातें आपको सुना दीं। अब आप आज्ञा दें, वही किया जाय।

श्रीराम : हे नाथ, जहाँ आप और मिथिलेश्वर विराजमान हों, वहाँ कुछ कहना ढिठाई ही होगा। आज्ञा तो आप लोगों को देनी है, हम उसका पालन करेंगे, मैं आपकी सौगन्ध लेकर कहता हूँ।

पाठ : *राम सपथ सुनि मुनि जनकु सकुचे सभा समेत।*
सकल बिलोकत भरत मुखु बनइ न ऊतरु देत॥

भरत : (सबको प्रणाम करके) आप लोग मेरा यह अत्यन्त अनुचित व्यवहार क्षमा कर दीजिये। हे नाथ! आप मेरे माता, पिता, भाई, मित्र, गुरु सब-कुछ हैं, आप समर्थ स्वामी और अन्तरयामी हैं। आपके समान केवल आप ही हैं और मेरे समान कोई है तो मैं ही हूँ। मैं अज्ञानवश पिता के वचन टालकर सारा समाज लिये यहाँ चला आया। कोई मन से भी राम की आज्ञा टाल दें ऐसा नहीं पर मैंने वही ढिठाई कर डाली। आप परम कृपालु हैं आप दोषों को भी गुण बना देते हैं। आप-जैसा दूसरा स्वामी कहाँ मिलेगा? हे स्वामी! मैं आपकी आज्ञा बिना यहाँ चला आया- यह मेरा बचपना था और शोक था। पर शायद अच्छा ही हुआ, मुझे आपके चरणों का दर्शन मिला और विश्वास हो गया कि आपकी कृपा मुझ पर बनी हुई है। मैं बहुत-कुछ कह गया, आप मुझे क्षमा कर दें क्योंकि मैं बहुत दुःखी हूँ। अब आप आज्ञा दें।

(भरत अकुलाकर राम के चरण पकड़ लेते हैं और राम उन्हें उठाकर गले लगा लेते हैं और अपने पास बैठाते हैं)

पाठ : *सुरमायाँ सब लोग बिमोहे। राम प्रेम अतिसय न बिछोहे॥*

व्यास : सभा को उन्मन, उचाट और भ्रमित देख, राम जी ने मन-ही-मन कहा, कुत्ते, इन्द्र और जवान तीनों की दशा एक-सी होती है। सबके सब अस्थिर मन होते हैं। भरत की भक्ति के आगे सबकी

बुद्धि कुण्ठित थी। तब श्री राम देश, काल, अवसर और समाज का विचारकर बोले—

श्रीराम : तात भरत, तुम तो धर्मधुरीण, लोक मर्यादा और वेद की आज्ञा भलीभाँति जानते हो, तुम्हारा प्रेम अद्वितीय है। तुमने किसी भी रूप में कोई दोष नहीं किया है। गुरुजनों के सामने तुम्हारी प्रशंसा क्या करूँ पर हे भाई, तुम सूर्यवंश के नियम को, सत्यपालक पिता को, समय और समाज की दशा को, गुरुजनों की मर्यादा को भलीभाँति समझते हो। तुम यह भी जानते हो कि क्या करने से मेरा और तुम्हारा हित हो सकता है। मेरा तुम पर पूरा विश्वास है फिर भी मैं समय को देखते हुए तुम्हें अपने विचार बताये देता हूँ। देखो भाई, पिता जी के न रहने पर कुल गुरु वशिष्ठ ने हमारी मर्यादा की रक्षा की है, अन्यथा बड़ी दुर्दशा हो गयी होती। वह तो कहो गुरु जी और महाराज जनक ने सब सँभाल दिया।
मैं विश्वास से कहता हूँ राज्य का सारा कार्य लज्जा, प्रतिष्ठा, धर्म, धरणी और धन सबकी रक्षा गुरु जी के प्रसाद से होता रहेगा और परिणाम अच्छा ही होगा। उन्हीं की कृपा से मेरी और तुम्हारी रक्षा होगी। अस्तु भाई तुम वही करो और मुझसे वही कराओ जिससे सूर्यकुल की मर्यादा की रक्षा हो।

पाठ : *सभा सकल सुनि रघुबर बानी। प्रेम पयोधि अमिअँ जनु सानी॥*
भरतहि भयउ परम संतोषू। सनमुख स्वामि बिमुख दुख दोषू॥

भरत : नाथ! आपके वचन सुनकर मुझे वही सुख मिल गया जो आपके साथ वन जाने पर मिलता। पर देव, आप मुझे कोई ऐसा सहारा अवश्य दें जिसके भरोसे मैं यह अवधि शान्ति से बिता सकूँ।

पाठ : *धीरजु धरिअ नरेस कहेउ बसिष्ठ बिदेह सन॥*

भरत : देव, आपके अभिषेक के लिए, गुरु वशिष्ठ की आज्ञा से जल लाया हूँ, उसके लिए क्या आज्ञा होती है। मन में एक और बड़ा मनोरथ है पर कह नहीं पाता।

श्रीराम : हाँ, हाँ, भाई कहो—

भरत : यदि आपकी आज्ञा हो तो चित्रकूट के आश्रम, वन, तीर्थ, अत्रि की यात्रा कर आऊँ।

श्रीराम : अवश्य, अत्रि मुनि की आज्ञा लेकर निर्भय हो विचरण करें।

पाठ : *भरत राम संबादु सुनि सकल सुमंगल मूल।*
सुर स्वारथी सराहि कुल बरषत सुरतरु फूल॥

व्यास : अत्रि मुनि की आज्ञा पाकर भरत ने चित्रकूट की यात्रा की और उन्हीं के निर्देशानुसार अभिषेक के जल पात्र उस अगाध कूप के पास ले आये।

अत्रि : वत्स भरत, यही अनादि सिद्धस्थल है, जो पहले लुप्त हो गया था, तीर्थों का जल इसी में डाल दो। इस जल संयोग से यह अत्यन्त पवित्र हो जायगा।

भरत : जो आज्ञा मुनिवर। (जल कूप में डाला जाता है)

दृश्य-10

(राम का आश्रम)

श्रीराम : भाई, अब मैं और तुम पिता की आज्ञा पालन करें। सौभाग्य से हमारे सिर पर गुरुदेव और महाराज जनक की छत्रच्छाया है। जाओ परिवार और प्रजा पालन करो। यही मुखिया का कर्त्तव्य है।

पाठ : *मुखिआ मुखु सो चाहिऐ खान पान कहुँ एक।*
पालइ पोषइ सकल अँग तुलसी सहित बिबेक॥
प्रभु करि कृपा पाँवरीं दीन्ही। सादर भरत सीस धरि लीन्हीं॥
भरत मुदित अवलंब लहे तें। अस सुख जस सिय रामु रहे तें॥
(भरत पादुका सिर पर रख लेते हैं) (सब लोग बिदा लेते हैं)

पाठ : *सानुज सीय समेत प्रभु राजत परन कुटीर।*
भगति ग्यानु बैराग्य जनु सोहत धरें सरीर॥

दृश्य-11

(अवध)

व्यास : चित्रकूट से बिदा होकर चार दिन में लोग अवधपुर लौट आये।

पाठ : *राम दरस लगि लोग सब करत नेम उपबास।*
तजि तजि भूषन भोग सुख जिअत अवधि कीं आस॥

भरत : मैंने महाराज को जनकपुर पहुँचा दिया। मैंने मन्त्री लोगों को राजकाज सँभालने का आदेश दे दिया है। भाई शुत्रघ्न यहाँ रहकर माताओं की सेवा करेंगे। ब्राह्मणगण, आप लोग जो भी उचित

समझें आज्ञा देते रहें। गुरुदेव, आपकी आज्ञा हो तो मैं इस अवधि में विशेष नियम का पालन करूँ।

वशिष्ठ : तात, तुम जो कहोगे वही धर्म का तत्त्व होगा।

पाठ : *सुनि सिख पाइ असीस बड़ि गनक बोलि दिनु साधि।*
सिंघासन प्रभु पादुका बैठारे निरुपाधि॥

भरत : माता जी, गुरुदेव आपकी आज्ञा हो तो अब मैं पर्णकुटी बनाकर नन्दिग्राम में निवास करूँगा।

पाठ : *नित पूजत प्रभु पाँवरी प्रीति न हृदयँ समाति।*
मागि मागि आयसु करत राज काज बहु भाँति॥
(नन्दिग्राम में भरत लाल की झाँकी और आरती।)

15.

पंचवटी प्रसंग–सीताहरण

सान्द्रानन्दपयोदसौभगतनुं पीताम्बरं सुन्दरं
पाणौ बाणशरासनं कटिलसत्तूणीरभारं वरम्।
राजीवायतलोचनं धृतजटाजूटेन संशोभितं
सीतालक्ष्मणसंयुतं पथिगतं रामाभिरामं भजे॥

दृश्य-1

(चित्रकूट)

पाठ : *एक बार चुनि कुसुम सुहाए। निज कर भूषन राम बनाए॥*
(मंच पर राम और सीता विराजमान हैं। श्रीराम सीता का पुष्पों से शृंगार कर रहे हैं।)

पाठ : *सुरपति सुत धरि बायस बेषा। सठ चाहत रघुपति बल देखा॥*
सीता चरन चोंच हति भागा। मूढ़ मंदमति कारन कागा॥
(कौए का मुखौटा लगाये जयन्त का प्रवेश और सहसा सीता के चरण पर चोंच मारना श्रीराम धनुष पर सींक रखकर सन्धान करते हैं। जयन्त भागता है।)

जयन्त : अरे, यह बाण तो मेरे प्राण हर लेगा। पिता जी के पास गया तो बोले, इन्द्रलोक में तेरे लिये स्थान नहीं है। शंकर जी, ब्रह्मदेव किसी ने शरण न दी। एक ही बात 'राखि को सकइ राम कर द्रोही।' अब कहाँ जाऊँ, क्या करूँ। (हताश बैठ जाता है।)

पाठ : नारद देखा बिकल जयंता। लागि दया कोमल चित संता॥
(नारद जी आते हैं)

नारद : अरे जयन्त क्या हुआ?

जयन्त : (रोते हुए) रक्षा कीजिये, रामबाण से मेरी रक्षा कीजिये।

नारद : भाई, रामबाण से रक्षा तो श्रीराम ही कर सकते हैं। उनके पास जाओ और निर्भय होकर जाओ, उनके चरण पकड़ लो। वे बड़े कृपालु हैं। (प्रस्थान)

पाठ : *आतुर सभय कहेसि पद जाई। त्राहि त्राहि दयाल रघुराई॥*
(जयन्त दौड़ता आकर राम के चरण पकड़ लेता है।)

जयन्त : त्राहि, त्राहि, प्रणतपाल प्रभु रक्षा करें। आपका बल अतुलित है, मैं मतिमन्द नहीं जानता था। अब मैंने किये का फल पा लिया है। आपका शरणागत हूँ।

पाठ : *सुनि कृपाल अति आरत बानी। एकनयन करि तजा भवानी॥*
(श्रीरामबाण जयन्त की एक आँख में लगता है और वह जय जयकार करता भागता है)

पाठ : *रघुपति चित्रकूट बसि नाना। चरित किए श्रुति सुधा समाना॥*
बहुरि राम अस मन अनुमाना। होइहि भीर सबहिं मोहि जाना॥

श्रीराम : लक्ष्मण! अब चित्रकूट में वास करना उचित न होगा, सभी लोग हमें जान गये हैं, अस्तु अब चलो और आगे चलें। चलो, यहाँ मुनिजनों में बिदा ले लें।
(श्रीराम-सीता-लक्ष्मण चलते हैं और दृश्य समाप्त होता है)

दृश्य-दो

(अत्रि आश्रम)

पाठ : अत्रि के आश्रम जब प्रभु गयऊ। सुनत महामुनि हरषित भयऊ॥
(श्रीराम, सीता, लक्ष्मण अत्रि आश्रम में पधारते हैं। अत्रि स्वागत करते हैं। श्रीराम लक्ष्मण दण्डवत् करते हैं। अत्रि मुनि उन्हें उठाकर गले लगाते हैं। अत्रि तीनों का पूजन कर फल, मूल, नैवेद्य अर्पित करते हैं और तब स्तुति करते हैं)

अत्रि : *नमामि भक्त वत्सलं। कृपालु शील कोमलं॥*
भजामि ते पदांबुजं। अकामिनां स्वधामदं॥
दिनेश वंश मंडनं। महेश चाप खंडनं॥
भजामि भाव वल्लभं। कुयोगिनां सुदुर्लभं॥
प्रसीद मे नमामि ते। पदाब्ज भक्ति देह मे।

पाठ : *अनुसुइया के पद गहि सीता। मिली बहोरि सुसील बिनीता॥*

(अनसूइया आती हैं। राम-लक्ष्मण प्रणाम करते हैं। सीता जी उठकर उनके चरण स्पर्श करती हैं। अनसूइया जी सीता जी को आभूषण पहनाती हैं)

सीता : माता अनसूइया जी, मुझे उपदेश दीजिये, नारी धर्म बतलाइये।

अनसूइया : *मातु पिता भ्राता हितकारी। मितप्रद सब सुनु राजकुमारी॥*
धीरज धर्म मित्र अरु नारी। आपद काल परिखिअहिं चारी॥
एकइ धर्म एक ब्रत नेमा। कायँ बचन मन पति पद प्रेमा॥

(सीता सादर चरण स्पर्श करती हैं)

श्रीराम : हे मुनिनाथ, अब आयसु प्रदान करें तो हम अन्य वन में जायँ।

अत्रि : कैसे कहूँ कि आप जायँ, आप अन्तर्यामी हैं (भावविभोर हो जाते हैं)

(श्रीराम-लखन-सीता प्रणाम करके बिदा लेते हैं)

पाठ : *तन पुलक निर्भर प्रेम पूरन नयन मुख पंकज दिए।*
मन ग्यान गुन गोतीत प्रभु मैं दीख जप तप का किए॥
जप जोग धर्म समूह तें नर भगति अनुपम पावई।
रघुबीर चरित पुनीत निसि दिन दास तुलसी गावई॥
मुनि पद कमल नाइ करि सीसा। चले बनहि सुर नर मुनि ईसा॥
आगें राम अनुज पुनि पाछें। मुनि बर बेष बने अति काछें॥
उभय बीच श्री सोहइ कैसी। ब्रह्म जीव बिच माया जैसी॥
पुनि रघुनाथ चले बन आगे। मुनिबर बृंद बिपुल सँग लागे॥

(अनेक मुनिगण आते हैं)

मुनिगण : प्रभु, हमारी रक्षा करें। हे रघुनाथ, ये हड्डियों के ढेर देख रहे हैं। निशिचरों ने जिन सैकड़ों मुनियों को खा डाला है, ये उन्हीं की अस्थियाँ हैं। हमारी रक्षा करें!

श्रीराम : (दोनों हाथ उठाकर) मुनिजनो, मैं प्रण करता हूँ कि पृथ्वी को निशिचरविहीन कर दूँगा।

मुनिगण : धन्य-प्रभु-धन्य। आप सदा हमारे मन में निवास करें।

पाठ : *एवमस्तु करि रमानिवासा। हरषि चले कुंभज रिषि पासा॥*

सुतीक्ष्ण : प्रभु, बहुत दिन हुए गुरु अगस्त्य के दर्शन नहीं मिले हैं। उनका आश्रम निकट ही है। आइये आपके संग पहुँचूँगा तो गुरु जी बहुत ही प्रसन्न होंगे।

श्रीराम : चलिये।

(दृश्य परिवर्तन)

दृश्य-3

(अगस्त्य आश्रम)

(राम-लक्ष्मण-जानकी और अगस्त्य-शिष्य सुतीक्ष्ण अगस्त्य आश्रम में आते हैं)

(अगस्त्य शिष्यों सहित बैठे हैं। सुतीक्ष्ण आकर दण्डवत् करते हैं)

सुतीक्ष्ण : गुरुदेव, कोसलाधीस के कुमार आपसे मिलने आये हैं। हाँ, प्रभु राम-लखन और वैदेही-जिनका आप निस दिन जप करते हैं।

अगस्त्य : क्या कहा, राम आये हैं? मेरी कुटी के द्वार-अहो भाग्य!
(उठकर राम के पास आते हैं- राम-लखन दण्डवत् करते हैं, मुनि उन्हें हृदय से लगा लेते हैं।)

अगस्त्य : बैठें प्रभु। सब कुशल तो है। आज मुझ-सा भाग्यवान् कोई नहीं है।

पाठ : *मुनि समूह महँ बैठे सन्मुख सब की ओर।*
सरद इंदु तन चितवत मानहुँ निकर चकोर॥

श्रीराम : हे मुनिनाथ, आपसे कुछ छिपा नहीं है। आप जानते हैं हम क्यों वन में आये हैं। अब ऐसा मन्त्र दें कि मुनिद्रोहियों का वध कर सकूँ।

अगस्त्य : हे अनन्त अखण्ड ब्रह्माण्ड के स्वामी, मैं आपको मन्त्र दूँ? आप दास को श्रेय देना चाहते हैं! शायद इसी से आपने यह प्रश्न पूछा है। तो हे प्रभु-आगे परम मनोहर स्थान है, गोदावरी के तट पर, नाम है पंचवटी। वहीं प्रभु वास करें और मुनिजनों का कष्ट दूर करें।

श्रीराम : जो आज्ञा।
(त्रिमूर्ति चल देते हैं)

दृश्य-4

(पंचवटी)

(पंचवटी पर्णकुटी में प्रभु वास करते हैं। यहाँ गीधराज जटायु आकर भेंट करते हैं)

गीधराज सैं भेंट भई बहु बिधि प्रीति बढ़ाइ।
गोदावरी निकट प्रभु रहे परन गृह छाइ॥

एक बार प्रभु सुख आसीना। लछिमन बचन कहे छलहीना॥

लक्ष्मण : हे नाथ, हे सुर नर मुनि सचराचर साईं, मैं सब-कुछ छोड़कर प्रभु की चरण रज की सेवा करता हूँ। मुझे ज्ञान, विज्ञान और माया और भक्ति के बारे में कुछ बताइये। ईश्वर और जीव के बीच क्या भेद है? हे प्रभु, ऐसा ज्ञान दें, जिससे शोक, मोह, भ्रम दूर हो और आपके चरणों में रति हो!

श्रीराम : धन्य हो भाई, लोक-कल्याण के लिए तुमने यह प्रश्न किया। सुनो, बहुत संक्षेप में कहता हूँ, मति मन चित लगाकर सुनो। मैं, मेरा, तेरा यही माया है और इसने सब जीवों को अपने बस में कर रखा है। जहाँ तक मन जा सकता है वहाँ तक माया का राज्य है। अब इसके भी भेद हैं—विद्या और अविद्या। यह विद्या अतिशय दुःखरूपा है और इसी के कारण जीव भवकूप में पड़ा रहता है। विद्या पाकर प्राणी सर्वत्र ब्रह्म को देखता है, अपने ज्ञान मान का अहं छोड़ देता है, वह तीनों गुणों से ऊपर उठता है। वह माया से मुक्त हो मोक्ष प्राप्त करता है। हे भाई, धर्म से विराग, योग से ज्ञान प्राप्त होता है, ज्ञान से मोक्ष प्राप्त होता है, किन्तु मैं जिससे जल्दी से द्रवित होता हूँ वह है मेरी भक्ति। ज्ञान-विज्ञान सब इसके अधीन हैं। भक्ति का पन्थ सुगम है। भक्ति का साधन क्या है? पहले तो विप्र चरण में प्रीति, अपने कर्म में श्रुति की रीति से निरत रहना, फिर विषयों से विराग और नवधा भक्ति में, मेरी लीला में गहरी रति। भाई, भक्त सन्त चरण में अति प्रेम करता है, मन, कर्म, वचन से भजन में दृढ़ नेम रखता है, गुरु, पिता, माता, बन्धु, पति की सेवा करता है, मेरा गुण गाते समय शरीर पुलकित हो उठता है, वाणी गद्गद हो जाती है और नेत्र से आँसू बहने लगते हैं, जिसके मन में काम, क्रोध, मोह, मद, दम्भ का लेश मात्र नहीं होता, मैं निरन्तर उसी के बस में रहता हूँ।

पाठ : *बचन कर्म मन मोरि गति भजनु करहिं निःकाम।*
तिन्ह के हृदय कमल महुँ करउँ सदा बिश्राम॥
एहि बिधि गए कछुक दिन बीती। कहत बिराग ग्यान गुन नीती॥
सूपनखा रावण कै बहिनी। दुष्ट हृदय दारुन जस अहिनी॥
पंचबटी सो गइ एक बारा। देखि बिकल भइ जुगल कुमारा॥
होइ बिकल सक मनहि न रोकी। जिमि रबिमनि द्रव रबिहि बिलोकी॥

(सुन्दर नारी रूप में शूर्पणखा आती है)

शूर्पणखा : (राम के पास जाकर)- देखो विधाता ने कैसा सोच-समझकर यह संयोग रचा है, तुम-जैसा पुरुष और मेरे-जैसी नारी। विश्वास करो मैं तीनों लोक घूम आयी हूँ पर मेरे लायक पुरुष कहीं नहीं दिखा और इसी से तो अब तक कुँवारी हूँ। अब तुम्हें देखकर मन आकर्षित हुआ है।

राम : (सीता की ओर देखकर) देवी, मेरा छोटा भाई अभी कुँवारा है, उसके पास जाओ।

(शूर्पणखा, लक्ष्मण के पास जाती है)

लक्ष्मण : हे सुन्दरी, मैं तो उनका दास हूँ, पराधीन व्यक्ति से विवाह करके क्या करोगी। प्रभु कोसलपुर के राजा हैं, वे जो कुछ भी करेंगे, वह सब उचित माना जायगा। तुम उन्हीं के पास जाओ।

(शूर्पणखा, राम के पास आती है, राम पुनः उसे लक्ष्मण के पास भेजते हैं)

लक्ष्मण : अरी, कोई निर्लज्ज ही तेरा वरण करेगा। जा भाग।

(शूर्पणखा, राम के पास जाकर राक्षसी रूप प्रकट करती है और सीता को खा जाने का उपक्रम करती है। सीता जी भयभीत होती हैं। राम जी लक्ष्मण को आँखों से इशारा करते हैं और लक्ष्मण बड़ी फुर्ती से शूर्पणखा के नाक-कान काट लेते हैं। शूर्पणखा चीत्कार करती भागती है)

पाठ : *लछिमन अति लाघवँ सो नाक कान बिनु कीन्हि।*
ताके कर रावन कहँ मनौ चुनौती दीन्हि॥

(दृश्य परिवर्तन)

दृश्य-5

(खर-दूषण का दरबार)

पाठ : *नाक कान बिनु भइ बिकरारा। जनु स्रव सैल गेरु कै धारा॥*

(आहत शूर्पणखा खर-दूषण के दरबार में आती है)

शूर्पणखा : (रोकर) अरे भाई खर, तेरे पौरुष को धिक्कार है, एक मनुज ने मेरी नाक-कान काट ली और तू यहाँ बैठा नाच रंग में डूबा है! धिक्कार है तुझे!

खर-दूषण : पर हुआ क्या यह तो बता।

शूर्पणखा : पंचवटी में दो मनुज राजकुमार आये हैं, उनके साथ एक सुन्दर स्त्री भी है। मैं उनके निकट गयी तो अकारण मेरी नाक और कान काट लिये।

खर-दूषण : अच्छा। मैं अभी उन्हें दण्डित करता हूँ। सेनापति, सेना तैयार करो।

(बहुत-से राक्षस आ जाते हैं, सेना चलती है)

पाठ : *धाए निसिचर निकर बरूथा। जनु सपच्छ कज्जल गिरि जूथा॥*
नाना बाहन नानाकारा। नानायुध धर घोर अपारा॥
सूपनखा आगें करि लीनी। असुभ रूप श्रुति नासा हीनी॥

(दृश्य परिवर्तन)

दृश्य-6

(राम की कुटी)

श्रीराम : लक्ष्मण, जानकी को उस सुरक्षित कन्दरा में पहुँचाओ, मुझे लगता है, राक्षसों की सेना आ रही है।

(लक्ष्मण, सीता जी को लेकर जाते हैं, सेना आती है, युद्ध की तैयारी)

पाठ : *कोदंड कठिन चढ़ाइ सिर जट जूट बाँधत सोह क्यों।*
मरकत सयल पर लरत दामिनि कोटि सों जुग भुजग ज्यों॥
कटि कसि निषंग बिसाल भुज गहि चाप बिसिख सुधारि कै॥
चितवत मनहुँ मृगराज प्रभु गजराज घटा निहारि कै॥

खर-दूषण : मन्त्रीजी, यह कोई नर बालक, कोई राजकुमार नहीं लगते। अरे, हमने कितने ही नाग, असुर, सुर, मुनि, मानवों से युद्ध किया है- पर ऐसी सुन्दरता तो कहीं नहीं देखी! हम मानते हैं कि इन्होंने हमारी बहन को कुरूप करने का अपराध किया है पर ये वध करने लायक तो नहीं ही हैं। सेनापति, दोनों भाइयों को जीवित पकड़ लाओ। पहले उसके पास दूत भेजो कि सीधे से हमारी शरण में आ जाय।

सेनापति : जो आज्ञा।

(दूत राम के पास जाता है)

दूत : राजकुमारो, हमारे महाराज आपको मारना नहीं चाहते। आप सीधे से हमारे साथ उनके पास चलें।

राम : (मुस्कराकर) दूत जी, हम क्षत्रिय हैं, जंगल में मृगया करते हैं और तुम्हारे-जैसे मृग ढूँढ़ते-फिरते हैं! शत्रु बलवान् हो तो भी हम नहीं डरते, हम तो काल से भी लड़ सकते हैं। जाओ कह दो अपने स्वामी से कि बल न हो तो लौट जाय। यह कपट भरी चतुराई हम पर नहीं चलेगी।

(दूत लौटकर खर-दूषण के पास आता है)

दूत : महाराज, वे युद्ध करेंगे।

खर-दूषण : ठीक है तो यही सही, सैनिकों पकड़ लो दोनों को।

पाठ : *सावधान होइ धाए जानि सबल आराति।*
लागे बरषन राम पर अस्त्र शस्त्र बहुभाँति॥
तिन्ह के आयुध तिल सम करि काटे रघुबीर।
तानि सरासन श्रवन लगि पुनि छाँड़े निज तीर।

(तुमुल युद्ध होता है। सभी राक्षस मारे जाते हैं)

पाठ : *राम राम कहि तनु तजहिं पावहिं पद निर्बान।*
करि उपाय रिपु मारे छन महुँ कृपानिधान॥
जब रघुनाथ समर रिपु जीते। सुर नर मुनि सब के भय बीते॥

(दृश्य परिवर्तन)

दृश्य-7

(पंचवटी)

पाठ : *लछिमन गए बनहिं जब लेन मूल फल कंद।*
जनकसुता सन बोले बिहसि कृपा सुख बृंद॥

श्रीराम : प्रिये! मैं अब कुछ नरलीला करने जा रहा हूँ, और जब तक राक्षसों का विनाश नहीं हो जाता मैं चाहता हूँ तुम पावक में निवास करो।

सीता : जो आज्ञा नाथ! मैं अग्नि में प्रवेश करती हूँ और मैं माया की सीता रख जाती हूँ।

(सीता जाती हैं और माया-सीता आकर प्रभु के पास बैठती है)

पाठ : *लछिमनहूँ यह मरमु न जाना। जो कछु चरित रचा भगवाना।*

(दृश्य परिवर्तन)

दृश्य-8

(रावण का दरबार)

(शूर्पणखा का रुदन करते हुए प्रवेश)

सूपनखा : भैया, दीनदुनिया की खबर भूलकर, यहाँ पड़े सोते हो, मुसीबत सिर पर आ गयी है पर तुम्हें होश ही नहीं है। तुम्हारे भाई

खर-दूषण और उनकी सारी सेनाएँ युद्ध में मारी गयीं पर तुम्हें क्या। अरे, दसकन्धर तुम्हारे जीते जी मेरी यह दुर्गति हो, तुम्हें लज्जा नहीं आती। (रुदन करती है)

रावण : अरी चुप हो जा, बस अपनी बात बके जाती है, किसने तेरे नाक-कान काट लिये हैं?

शूर्पणखा : भैया, अयोध्या के दो राजकुमार वन में शिकार खेलने आये हैं। मुझे समझ में आया कि वे पृथ्वी को निशिचरविहीन करने का संकल्प करके आये हैं। उन्होंने कानन के ऋषियों को अभय का वचन दिया है। और उनके साथ एक सुन्दर स्त्री भी है, बहुत ही सुन्दर है। सो भैया, उन लोगों ने मेरा परिहास किया और मेरे नाक-कान काट लिये। मैं भागी खर-दूषण के पास गयी, वह सेना लेकर आया पर उन लोगों ने सबको मार गिराया। अब तुम बैठकर आनन्द करो।

रावण : नहीं बहन, मैं तुम्हारे अपमान का अवश्य बदला लूँगा। अरे सुर, असुर, नाग, खग सभी तो मेरे दास हैं। तुम अब महल में जाओ।

पाठ : *सूपनखहि समुझाइ करि बल बोलेसि बहु भाँति।*
गयउ भवन अति सोचबस नीद परइ नहिं राति॥

रावण : (स्वगत) हूँ। खर-दूषण-जैसे प्रबल वीर को कौन मार सकता है? अवश्य ही भगवान् ने अवतार लिया है। तब इस तामस देह से भजन तो हो नहीं सकता इसलिए उचित होगा कि प्रभु से वैर करूँ और उनके बाण से मारा जाऊँ, सहज ही मुक्ति मिल जायगी। और यदि वे भगवान् नहीं हैं तो उन्हें हराकर उनकी स्त्री का हरण कर लूँगा। ठीक है। इसके लिए मामा मारीच की सहायता लेनी होगी।

दृश्य-9

(मारीच का घर)

(रावण, मारीच के पास आता है)

मारीच : अरे, महाराज रावण, आप! आइये, आइये विराजिये। कहिये किस कारण मुझ अकिंचन पर कृपा की।

रावण : आप भी कैसी बात करते हैं। अरे अपने ही तो वक्त पर काम आते हैं। आज हमारे परिवार पर भी मुसीबत आयी है। अयोध्या के राजकुमारों ने हमारी बहन के नाक-कान काट लिये, खर-दूषण

को मार डाला अस्तु उन्हें दण्डित करना है। मैं चाहता हूँ उनकी स्त्री का हरण करूँ और इसमें आपकी सहायता की आवश्यकता है।

मारीच : महाराज, मैं भला क्या सहायता कर सकता हूँ?

रावण : तुम रूप बदलने में प्रवीण हो, तुम स्वर्णमृग बनकर पंचवटी में जाओ।

मारीच : नहीं, नहीं मुझे क्षमा करें महाराज। आप नहीं जानते ये राजकुमार मनुष्य नहीं साक्षात् चराचर के अंश हैं, उनसे वैर मत कीजिये। आपको याद होगा हम लोग मुनियों के यज्ञ उजाड़ने जाते थे और वहाँ बिना फर के सर से इन्हीं रघुवीर ने मुझे मारकर क्षण-भर में सौ योजन दूर फेंक दिया था। मैं विनती करता हूँ इनसे वैर न करें, अरे, इनके मुकाबले तो हम कीट पतंग मात्र हैं। महाराज, जिन्होंने ताड़का और सुबाहु को मार डाला उन्हें नरबालक कहकर उपेक्षा न करें।

रावण : (क्रोध में) अरे, तू क्या मेरा गुरु है जो मुझे उपदेश दे रहा है? लबार, कायर, मूर्ख! मेरे समान संसार में कोई वीर है। मेरी आज्ञा की अवहेलना करता है, काटकर फेंक दूँगा।

मारीच : (मन-ही-मन) अब इसकी बात नहीं मानूँगा तो यह मुझे मार डालेगा, तब तो अच्छा है प्रभु के हाथों ही मारा जाऊँ। (प्रकट) वह तो महाराज मैं यों ही कह रहा था, मुझे क्षमा करें, मैं आपकी आज्ञानुसार ही कार्य करूँगा।

रावण : हाँ, यह बात हुई। तुम्हें देख राजकुमार तुम्हारा पीछा करेंगे और तुम्हें तीर लगे तो राम की आवाज में छोटे भाई को पुकारना, समझे तो चलो मेरे साथ।

दृश्य-10
(पंचवटी)

पाठ : *तेहि बन निकट दसानन गयऊ। तब मारीच कपटमृग भयऊ॥*
(राम की कुटी के समक्ष स्वर्णमृग नृत्य करता है। सीता स्वर्णमृग देखकर रीझती हैं।)

पाठ : *सीता परम रुचिर मृग देखा। अंग अंग सुमनोहर बेषा॥*

सीता : हे कृपालु स्वामी, इस मृग की छाल कितनी सुन्दर होगी! आप इसका वध करके इसका चर्म ले आयें।

राम : सीते, स्वर्णमृग होते नहीं अस्तु सन्देह होता है, फिर इस वन में बहुत-से निशिचर फिरते हैं। किन्तु तुम्हारी प्रसन्नता के लिए मैं इस मृग का शिकार करूँगा! भाई लक्ष्मण, मैं मृग के पीछे जाता हूँ, तुम सावधान रहना, सीता को एक क्षण भी अकेली न छोड़ना।

लक्ष्मण : जो आज्ञा, भैया।

(राम धनुष-बाण लेकर मृग के पीछे जाते हैं)

पाठ : *प्रभुहि बिलोकि चला मृग भाजी। धाए रामु सरासन साजी॥*
निगम नेति सिव ध्यान न पावा। मायामृग पाछें सो धावा॥
कबहुँ निकट पुनि दूरि पराई। कबहुँक प्रगटइ कबहुँ छपाई॥
प्रगटत दुरत करत छल भूरी। एहि बिधि प्रभुहि गयउ लै दूरी॥
तब तकि राम कठिन सर मारा। धरनि परेउ करि घोर पुकारा॥
लछिमन कर प्रथमहिं लै नामा। पाछें सुमिरेसि मन महुँ रामा॥

सीता : ('लक्ष्मण' की पुकार सुनकर), भैया लक्ष्मण, जल्दी जाओ, लगता है वे किसी संकट में फँस गये हैं।

लक्ष्मण : सुनिये माता जी, जिनके भृकुटिविलास से सृष्टि का विलय हो जाता है, क्या सपने में भी उन पर संकट आ सकता है?

सीता : लक्ष्मण, मुझे तुम पर सन्देह हो रहा है, लगता है तुम्हारे मन में पाप का उदय हो रहा है! नहीं तो,

लक्ष्मण : बस माता बस, कुछ न कहिये। मैं जाता हूँ पर एक प्रार्थना है, कुटी के सामने यह रेखा बना रहा हूँ इसे मत लाँघियेगा।

सीता : अच्छा अब जल्दी जाओ।

(लक्ष्मण तीव्रगति से जाते हैं)

पाठ : *बन दिसि देव सौंपि सब काहू। चले जहाँ रावन ससि राहू॥*
सून बीच दसकंधर देखा। आवा निकट जती कें बेषा॥

(रावण पर्णकुटी के सामने आकर)

रावण : भिक्षां देहि। (भय से इधर-उधर देखता है)

सीता : खड़े रहो महाराज, मैं आयी। (फल-मूल लेकर आती हैं)

रावण : माता, मैं बँधी भिक्षा नहीं लेता, आप बाहर आकर भिक्षा दो।

सीता : ठीक है। (रेखा के पार आती हैं रावण उनका हाथ पकड़ लेता है, भिक्षा गिर जाती है)।

सीता : अरे क्या करता है, खड़ा रह दुष्ट, प्रभु आ गये।

(रावण सहमता है, पर फिर असली रूप में आ जाता है)

रावण : (अट्टहास करके) मुझे भय दिखाती हो। मैं रावण हूँ, सुर, नर, नाग, मुनि मेरे सेवक हैं, समझी। चुपचाप चली चलो।

पाठ : *क्रोधवंत तब रावन लीन्हिसि रथ बैठाइ।*
चला गगनपथ आतुर भयँ रथ हाँकि न जाइ॥

सीता : (विलाप करती हैं), हाँ रघुराई, किस अपराध से मुझे त्याग दिया। आप तो आरति हरनेवाले हैं, सुख देनेवाले हैं। लक्ष्मण, तुम्हारा दोष नहीं मैंने किये का फल पाया है। अरे कोई प्रभु को मेरी विपद सुनाओ। (रोती हैं)

(गीधराज जटायु आते हैं)

जटायु : ठहर जा दुष्ट। बेटी सीता, मत घबरा, मैं आ गया हूँ। अभी इस दुष्ट का नाश करता हूँ। खड़ा रह दुष्ट, मुझे नहीं जानता जो परायी नारी का हरण कर इस तरह निडर होकर चला जा रहा है ठहर तो—

(आक्रमण करता है। पहले तो रावण आहत होता है पर फिर तलवार से जटायु के पंख काट देता है और अधमरा जटायु भूमि पर गिर पड़ता है। युद्ध के बीच पाठ चलता है)

पाठ : *उतरु न देत दसानन जोधा। तबहिं गीध धावा करि क्रोधा॥*
धरि कच बिरथ कीन्ह महि गिरा। सीतहि राखि गीध पुनि फिरा॥
चोचन्ह मारि बिदारेसि देही। दंड एक भइ मुरुछा तेही॥
तब सक्रोध निसिचर खिसिआना। काढ़ेसि परम कराल कृपाना॥
काटेसि पंख परा खग धरनी। सुमिरि राम करि अदभुत करनी॥

(जटायु के गिर जाने पर, रावण सीता को पुनः रथ पर बैठाकर उठा ले जाता है)

पाठ : *रघुपति अनुजहि आवत देखी। बाहिज चिंता कीन्हि बिसेषी॥*

(राम लक्ष्मण आश्रम में आते हैं और सीता को न पाकर विचलित हो उठते हैं)।

पाठ : *हे खग मृग हे मधुकर श्रेनी। तुम्ह देखी सीता मृगनैनी॥*
एहि बिधि खोजत बिलपत स्वामी। मनहुँ महा बिरही अति कामी॥

(राम विलाप करते चलते हैं, पीछे विकल और दुःखी लक्ष्मण हैं)।

(सहसा 'राम-राम' की कराह सुनकर दोनों भाई रुक जाते हैं- जटायु को देखकर)।

श्रीराम : गीधराज, किसने आपकी यह दशा की है। (सिर पर हाथ फेरते हुए)।

जटायु : हे राम, दसानन ने मेरी यह गति की है और वह जनकसुता को हरकर दक्षिण की ओर ले गया है, बेचारी बहुत रो रही थीं। मैंने चेष्टा की पर उस दुष्ट के आगे मेरी कुछ न चली, आपके आने की प्रतीक्षा कर रहा था-अब-

राम : नहीं गीधराज, उपचार से आप ठीक हो जायँगे।

जटायु : नहीं प्रभु, आपके दर्शन हो गये अब यह देह रखकर क्या करूँगा।

राम : हे तात, तब आप मेरे धाम पधारें, परहित करनेवालों को परमगति प्राप्त होती है। पर गीधराज वहाँ आप सीताहरण की बात पिता जी से मत कहियेगा। यदि मैं 'राम' हूँ तो स्वयं दसानन कुल सहित वहाँ जाकर यह समाचार देगा।

(जटायु की मृत्यु)

पाठ : *अबिरल भगति मागि बर गीध गयउ हरिधाम।*
तेहि की क्रिया जथोचित निज कर कीन्ही राम॥

(दृश्य परिवर्तन)

दृश्य-11

(शबरी आश्रम)

पाठ : *सबरी देखि राम गृहँ आए। मुनि के बचन समुझि जियँ भाए॥*
(शबरी राम का स्वागत करती है, जल से चरण पखारती है, आसन देती है)

शबरी : प्रभु, आज मेरी प्रतीक्षा पूर्ण हुई। ये बेर बहुत मीठे हैं, मैंने चखकर देखे हैं, इनका भोग लगायें। (राम जूठे बेर खाते हैं, सराहते हैं)

शबरी : प्रभु, मैं कैसे आपकी स्तुति करूँ—मैं जड़मति अधम नारी, अति मति मन्द हूँ।

राम : माता, मैं तो केवल एक भक्ति का नाता मानता हूँ, कुल, धर्म, जात, पाँत, धन, बल, गुन चतुराई ये भी भक्ति बिना व्यर्थ हैं। सावधान होकर नवधा भक्ति की बात सुनो—

पाठ : *प्रथम भगति संतन्ह कर संगा। दूसरि रति मम कथा प्रसंगा॥*
गुर पद पंकज सेवा तीसरि भगति अमान।

चौथि भगति मम गुन गन करइ कपट तजि गान॥

मंत्र जाप मम दृढ़ बिस्वासा। पंचम भजन सो बेद प्रकासा॥
छठ दम सील बिरति बहु करमा। निरत निरंतर सज्जन धरमा॥
सातवँ सम मोहि मय जग देखा। मोतें संत अधिक करि लेखा॥
आठवँ जथालाभ संतोषा। सपनेहुँ नहिं देखइ परदोषा॥
नवम सरल सब सन छलहीना। मम भरोस हियँ हरष न दीना॥
नव महुँ एकउ जिन्ह कें होई। नारि पुरुष सचराचर कोई॥

राम : माता, तुमने तो अपनी भगति के प्रभाव से मेरे दर्शन ही पा लिये हैं, तुम्हें आज दुर्लभ गति प्राप्त हो गयी है। अब हे मातु, मुझे जनकसुता की कुछ सुधि दें।

शबरी : प्रभु, आप पम्पापुर जायँ, वहाँ सुग्रीव मिलेंगे उनसे मित्रता करें, वह आपकी सहायता करेंगे। आप सर्वज्ञ होकर मुझसे पूछ रहे हैं, यह आपकी महानता है।

राम : तो अब आज्ञा दो माता।

(राम बिदा लेते हैं)

पाठ : *कहि सक न सारद सेष नारद सुनत पद पंकज गहे।*
अस दीनबंधु कृपाल अपने भगत गुन निज मुख कहे॥
सिरु नाइ बारहिं बार चरनन्हि ब्रह्मपुर नारद गए।
ते धन्य तुलसीदास आस बिहाइ जे हरि रँग रँए॥

16.
सुग्रीव मैत्री-बालि वध

पाठ : *(1) कुन्देन्दीवरसुन्दरावतिबलौ विज्ञानधामावुभौ*
शोभाढ्यौ वरधन्विनौ श्रुतिनुतौ गोविप्रवृन्दप्रियौ
मायामानुषरूपिणौ रघुवरौ सद्धर्मवर्मौ हितौ
सीतान्वेषणतत्परौ पथिगतौ भक्तिप्रदौ तौ हि नः।
(2) ब्रह्माम्भोधिसमुद्भवं कलिमल प्रध्वंसनं चाव्ययं
श्रीमच्छम्भुमुखेन्दुसुन्दरवर संशोभितं सर्वदा।
संसारामयभेषजं सुखकरं श्रीजानकीजीवनं
धन्यास्ते कृतिनपिबन्ति सततं श्रीरामनामामृतम्॥

सोरठा : *मुक्ति जन्म महि जानि, ग्यान खानि अघ हानि कर।*
जहँ बस संभु भवानि सो कासी सेइअ कस न।

पाठ : *आगें चले बहुरि रघुराया। रिष्यमूक पर्बत निअराया॥*
राम और लक्ष्मण विष्णुमंच से उतरकर राजमंच की ओर चलते हैं।

पाठ : *तहँ रह सचिव सहित सुग्रीवा। आवत देखि अतुल बेल सीवा॥*
(तुलसी मंच के अनुसार) (राजमंच के सोपान पर सुग्रीव के साथ हनुमान, जामवन्त आदि बैठे हैं)

सुग्रीव : (राम-लक्ष्मण को इंगित कर) हे हनुमान! सामने देखो दो बलवान् और सुन्दर पुरुष आ रहे हैं। कहीं बालि ने इन्हें भेजा हो तो हमें यहाँ से भाग निकलना होगा। तुम जाकर पता लगाओ। (हनुमान नमन कर चल पड़ते हैं। एक भगवा कपड़ा ओढ़ लेते हैं)

पाठ : बिप्र रूप धरि कपि तहँ गयऊ। माथ नाइ पूछत आस भयऊ॥

हनुमान : (राम लखन के निकट जाकर)- कहिये आप लोग कौन हैं, एक श्याम हैं, एक गौर शरीर हैं, क्षत्रिय कुमार लगते हैं, पर कोमल हैं। बताइये किस कारण इस विकट वन में घूम रहे हैं। आप लोग

त्रिदेव में से कोई या नर-नरायण तो नहीं हैं? कहीं आप पृथ्वी का भार उतारनेवाले अखिल भुवनपति के मनुज अवतार तो नहीं हैं?

राम : विप्रवर, विधि का लिखा कौन मिटा सकता है? हम अयोध्या नरेश के पुत्र हैं और उन्हीं की आज्ञा से बनवास कर रहे हैं। मेरा नाम राम है और यह मेरा अनुज लक्ष्मण है। मेरे साथ मेरी पत्नी वैदेही भी थी जिसे किसी निशाचर ने हर लिया है। सो हे विप्र हमें उसे ही ढूँढ़ते फिर रहे हैं। अब बताइये आप कौन हैं?

पाठ : *प्रभु पहिचानि परेउ गहि चरना। सो सुख उमा जाइ नहिं बरना॥*
पुलकित तन मुख आव न बचना। देखत रुचिर बेष कै रचना॥
पुनि धीरजु धरि अस्तुति कीन्ही। हरष हृदयँ निज नाथहि चीन्ही॥

हनुमान : (राम के चरण पर लोट जाते हैं। प्रभु उठाकर भेंटते हैं) हे स्वामी, मैं तो अनजान वानर हूँ पर आप मनुष्य की तरह अनजान बनकर क्यों पूछते हैं? मैं तो मायावश भ्रमित हो गया और आपको पहचान न सका। मैं मन्द बुद्धि वानर हूँ पर प्रभु आपने क्यों मुझे भुला दिया? कहते हैं प्रभु कभी अपने सेवक को नहीं भूलते। आपकी दुहाई देकर कहता हूँ मैं भजन-पूजन नहीं जानता। पर सेवक और पुत्र का पालन-पोषण उनके माता-पिता ही करते हैं।
- प्रभु -
(हनुमान पुनः राम के चरण में लोट जाते हैं)

पाठ : तब रघुपति उठाइ उर लावा। निज लोचन जल सींचि जुड़ावा॥
(राम हनुमान को उठाकर गले लगा लेते हैं।)

राम : हे हनुमान, दुःखी मत हो, तुम मुझे लक्ष्मण से भी अधिक प्रिय हो, सब लोग मुझे समदर्शी कहते हैं पर सेवक मुझे विशेष प्रिय है। वैसे मैं स्वयं सचराचर का सेवक हूँ और समूची रूपराशि में भगवान् का ही वास है।

पाठ : *देखि पवनसुत पति अनुकूला। हृदयँ हरष बीती सब सूला॥*

हनुमान : हे नाथ, इसी पर्वत पर वानरराज सुग्रीव वास करते हैं और वे भी आपके सेवक हैं। प्रभु, उनसे मित्रता करके उसे अभयदान दें। वह अपनी सेना भेजकर सीता माता की खोज करायेगा।

पाठ : *एहि बिधि सकल कथा समुझाई। लिए दुऔ जन पीठि चढ़ाई॥*
जब सुग्रीवँ राम कहुँ देखा। अतिसय जन्म धन्य करि लेखा।
(हनुमान दोनों भाइयों को कन्धे पर बैठाकर सुग्रीव के पास लाते हैं)

(सुग्रीव तथा उनका दल प्रणाम करता है और राम लक्ष्मण सबसे गले मिलते हैं?)

सुग्रीव : हे हनुमान (अलग ले जाकर), ये मानव राजपुत्र हैं, क्या मुझसे मैत्री करेंगे?

हनुमान : अवश्य करेंगे। ये तो धरती का भार उतारने को अवतरित हुए परम ब्रह्म हैं, इनके बारे में शंका न करो।

नल : थोड़ी अग्नि तो लाना।

(अग्नि की साक्षी में राम-सुग्रीव मैत्री का हाथ मिलाते हैं)

दोहा : *तब हनुमंत उभय दिसि की सब कथा सुनाइ।*
पावक साखी देइ करि जोरी प्रीति दृढ़ाइ॥

पाठ : *कह सुग्रीव नयन भरि बारी। मिलिहि नाथ मिथिलेसकुमारी॥*

सुग्रीव : हे नाथ! विश्वास रखिये मिथिलेश कुमारी अवश्य मिलेंगी। अभी कुछ दिन पूर्व मैं इन सब लोगों के साथ यहाँ बैठा था तब हमने देखा, कोई दुष्ट गगन पथ से किसी स्त्री को उठाकर ले जा रहा था और वह स्त्री 'राम! राम! हा राम!' कहकर रुदन कर रही थी। उसने हमें देखा तो अपने वस्त्र अभूषण गिरा दिये। जरा कोई वह पोटली तो उठा लाओ।

पाठ : मागा राम तुरत तेहिं दीन्हा। पट उर लाइ सोच अति कीन्हा॥

(राम वस्त्राभूषण देखते हैं)

राम : (दुःखी होकर) हाँ, यह पट तो सीता का ही है। लक्ष्मण यह नूपुर यह कुण्डल तो देखो?

लक्ष्मण : भैया, कुण्डल, नूपुर तो मैं नहीं पहचानता पर नित्य प्रातः माता की चरण वन्दना करता था अस्तु पैर की यह बिछिया अवश्य ही माता की है।

सुग्रीव : प्रभु सोच त्यागकर धैर्य धारण करें। हम लोग आपकी सेवा में हाजिर हैं और अवश्य ही जानकी माता आपको प्राप्त होंगी।

दोहा : *सखा बचन सुनि हरषे कृपासिंधु बलसींव।*
कारन कवन बसहु बन मोहि कहहु सुग्रीव॥

राम : हे सखा, आपकी सहायता के लिए आभारी हूँ। अब यह बताइये कि आप वन में क्यों वास कर रहे हैं?

सुग्रीव : हे नाथ! मैं और बालि दो भाई है। कभी हम दोनों के बीच प्रगाढ़ प्रीति थी। फिर मयसुत मायावी नामक राक्षस हमारे नगर में

आया। आधी रात को द्वार पर आकर वह हमें ललकारने लगा। बालि ने ललकारा तो वह भागा और पीछे-पीछे मैं भी दौड़ा। राक्षस पर्वत की एक कन्दरा में घुस गया, तब बालि ने मुझसे कहा—एक पखवारे तक मेरी राह देखना, मैं न लौटूँ तो समझ लेना मैं मारा गया। प्रभु! मैं एक मास तक प्रतीक्षा करता रहा, तब जब गुफा से लहू की धार निकली तो मैं डर गया कि राक्षस ने बालि को मार डाला है और अब बाहर आकर मुझे भी मार डालेगा, सो मैं गुफा का मुँह बन्द करके लौट आया। प्रभु! मन्त्रियों ने मुझे अकेला लौटते देखा तो बरजबरी मुझे राजा बना दिया। तभी बालि राक्षस को मारकर लौटा तो बड़ा कुपित हुआ। मुझे शत्रु समझकर बहुत मारा, मेरी पत्नी और समस्त सम्पत्ति छीन ली। बस उसी के भय से भागा फिरता हूँ। इस पर्वत पर आने में उसे शाप का भय है-तो भी—

पाठ : सुनि सेवक दुख दीनदयाला। फरकि उठीं छै भुजा बिसाला॥

राम : हे सुग्रीव! सुनो, मैं एक ही बाण से बालि का वध करूँगा और त्रिदेव भी उसकी रक्षा नहीं कर सकेंगे।

पाठ : *जे न मित्र दुख होहिं दुखारी। तिन्हहि बिलोकत पातक भारी॥*
निज दुख गिरि सम रज करि जाना। मित्र क दुख रज मेरु समाना॥
सेवक सठ नृप कृपन कुनारी। कपटी मित्र सूल सम चारी॥
सखा सोच त्यागहु बल मोरें। सब बिधि घटब काज मैं तोरें॥

राम : मित्र सुग्रीव! चिन्ता त्याग दो, मैं तुम्हारा कार्य करूँगा।

सुग्रीव : किन्तु प्रभु! बालि बड़ा वीर और बलवान् है। देखिये यह दुन्दुभि राक्षस की हड्डियाँ और यह ताड़ वृक्ष हैं। जो इसे बाण से गिरा देगा, वही उसे हरा सकेगा।

(राम एक ही बाण से वृक्ष गिरा देते हैं)

पाठ : *देखि अमित बल बाढ़ी प्रीती। बालि बधब इन्ह भइ परतीती॥*

सुग्रीव : किन्तु प्रभु, अब आप मिल गये हैं अस्तु अब सुख, सम्पत्ति, परिवार कुछ नहीं चाहिए। मैं तो बालि का आभारी हूँ कि उसकी कृपा से मुझे आप मिल गये। अब तो दिन-रात आपका भजन करना चाहता हूँ।

पाठ : सुनि बिराग संजुत कपि बानी। बोले बिहँसि रामु धनुपानी॥

राम : मित्र! तुम जो कहते हो सब सत्य होगा। पहले चलो अपने कर्त्तव्य करें।

पाठ : *नट मरकट इव सबहि नचावत। राम खगेस बेद अस गावत॥*

राम : चलो सुग्रीव और चलकर बालि को ललकारो।

पाठ : *सुनत बालि क्रोधातुर धावा। गहि कर चरन नारि समुझावा॥*
सुनु पति जिन्हहि मिलेउ सुग्रीवा। ते छौ बंधु तेज बल सींवा॥
कोसलेस सुत लछिमन रामा। कालहु जीति सकहिं संग्रामा॥

दोहा : *कह बाली सुनु भीरु प्रिय समदरसी रघुनाथ।*
जौं कदाचि मोहि मारहिं तौ पुनि होउँ सनाथ॥
अस कहि चला महा अभिमानी। तृन समान सुग्रीवहिं जानी।
(बालि सुग्रीव भिड़ जाते हैं। बालि के घूँसे से विकल हो सुग्रीव भागकर राम जी के पास आता है।)

सुग्रीव : रक्षा करें प्रभु! मैंने कहा न था यह मेरा भाई नहीं, मेरा काल है।

राम : धीरज धरो बन्धु! बात यह है कि तुम दोनों एक रूप हो अस्तु भ्रम होता था अतः मैंने नहीं मारा। अब पुनः जाओ।

पाठ : *कर परसा सुग्रीव सरीरा। तनु भा कुलिस गई सब पीरा॥*
मेली कंठ सुमन कै माला। पठवा पुनि बल देइ बिसाला॥
(पुनः युद्ध होता है और राम के शर से आहत हो बालि गिर पड़ता है)

पाठ : *परा बिकल महि सर के लागें। पुनि उठि बैठ देखि प्रभु आगें॥*
हृदयँ प्रीति मुख बचन कठोरा। बोला चितइ राम की ओरा॥

बालि : हे गोसाईं! आपने तो धर्म की रक्षा हेतु अवतार लिया है, किन्तु मुझे व्याध के समान मारा। मैं आपका वैरी और सुग्रीव मित्र हो गया, कैसे? बताइये आपने मुझे क्यों मारा?

राम : हे शठ! सुन, छोटे भाई की स्त्री, बहन, पुत्र की स्त्री और कन्या—ये चारों एक समान हैं। इन पर कुदृष्टि डालनेवाले का वध करने में कोई पाप नहीं है। और सुन, तुझे बड़ा अभिमान है अपनी भुजाओं के बल का, तूने अपनी पत्नी का कहना नहीं माना और जिसे मेरी भुजाओं का बल प्राप्त था उसे मारना चाहा?

बालि : हे स्वामी! आपके सामने मेरी चतुराई नहीं चल सकती। अब तो अन्तकाल में मेरी गति आप ही हैं, तब क्या मैं अब भी पापी ही हूँ?

(श्रीराम बालि के सिर पर हाथ रखते हैं)

पाठ : *सुनत राम अति कोमल बानी। बालि सीस परसेउ निज पानी॥*

राम : हे बालि! चाहो तो शरीर रखो।

बालि : हे कृपानिधान! लोग कई जन्म तक यत्न करते हैं फिर भी अन्त समय में राम नाम मुख से नहीं निकलता। आपके नाम के बल से महादेव जी सबको सद्‌गति प्रदान करते हैं। वही प्रभु, आप स्वयं मेरे समक्ष खड़े हैं, ऐसा संयोग फिर कब बनेगा? अस्तु करुणा करके मुझे वरदान दें कि जहाँ भी जन्म लूँ रामपद में अनुराग हो। प्रभु, यह मेरा पुत्र अंगद है इसे अपने चरणों में ले लीजिये।

राम : एवमस्तु। (बालि मर जाता है)

पाठ : *राम चरन दृढ़ प्रीति करि बालि कीन्ह तनु त्याग।*
सुमन माल जिमि कंठ ते गिरत न जानइ नाग॥

(तारा विलाप करती है। प्रभु अंगद के सिर पर हाथ रखते हैं।)

तारा : हे प्राणनाथ, मैंने तुम्हें बहुत समझाया पर तुम न माने, तुम्हारे सिर पर तो काल नाच रहा था। अरे, अंगद से तो कुछ कहकर जाते।

राम : देवि! शोक न करो। यह शरीर पंचतत्त्व से बनता है सो तुम्हारे समक्ष पड़ा है किन्तु आत्मा अमर है, तुम किसके लिए रोती हो? सुग्रीव शोक त्यागकर अंगद को सँभालो और भाई का मृतक कर्म करो।

पाठ : *तब सुग्रीवहि आयसु दीन्हा। मृतक कर्म बिधिवत सब कीन्हा॥*
राम कहा अनुजहि समुझाई। राज देहु सुग्रीवहि जाई॥
लछिमन तुरत बोलाए पुरजन बिप्र समाज।
राजु दीन्ह सुग्रीव कहँ अंगद कहँ जुबराज॥

('महाराज सुग्रीव की जय, युवराज अंगद की जय')

(विश्राम)

17.
सीता की खोज

पाठ : *जब सुग्रीव भवन फिरि आए। रामु प्रबरषन गिरि पर छाए॥*
फटिक सिला अति सुभ्र सुहाई। सुख आसीन तहाँ द्वौ भाई॥

राम : हे लक्ष्मण! वर्षा का कैसा मनोहर रूप है। बादल देख मोर नाच रहे हैं। धरती हरी घास से ढक गयी है, क्षुद्र नदी में भी जल भर आया है। ऐसी सुन्दर ऋतु में भी प्रिया बिना मेरा मन विकल है।

पाठ : *बरषा बिगत सरद रितु आई। लछिमन देखहु परम सुहाई॥*

राम : हे लक्ष्मण! देखो वर्षा ऋतु बीत गयी और शरद् ऋतु आ गयी। किन्तु हे तात! सीता की सुधि नहीं मिली है। एक बार पता चल जाता तो काल को भी जीतकर उसे ले आता। सुग्रीव को देखो, राजपाट पाकर मुझे भूल ही गया। मन करता है जिस बाण से बालि को मारा उसी से उसे भी मार दूँ।

(लक्ष्मण धनुष पर बाण चढ़ाकर खड़े हो जाते हैं)

राम : नहीं, हे भाई! जाओ और सुग्रीव को भय दिखाकर ले आओ।

लक्ष्मण : जो आज्ञा। (प्रस्थान)

(किष्किन्धा में)

पाठ : *इहाँ पवनसुत हृदयँ बिचारा। राम काजु सुग्रीवँ बिसारा॥*
निकट जाइ चरनन्हि सिरु नावा। चारिहु बिधि तेह कहि समुझावा॥

सुग्रीव : पवनकुमार, विषय विलास ने मेरी बुद्धि हर ली थी, अब आप वानरों को सभी दिशाओं में भेजें और सबसे बता दें कि पन्द्रह दिन में जो लौटकर नहीं आयेगा उसका मैं वध करूँगा।

पाठ : *एहि अवसर लछिमन पुर आए। क्रोध देखि जहँ तहँ कपि धाए॥*

लक्ष्मण : कहाँ है सुग्रीव? ठहरो, नहीं तो अभी मैं नगर को जलाकर राख कर दूँगा।

अंगद : क्रोध शान्त करें कुमार, हमारे अपराध क्षमा हों।

तारा : क्रोध त्यागकर महल में पधारें। हमें क्षमा करें।

पाठ : *करि बिनती मंदिर लै आए। चरन पखारि पलँग बैठाए॥*
तब कपीस चरनन्हि सिस नावा। गहि भुज लछिमन कंठ लगावा॥

हनुमान : हे नाथ! विषय से बढ़कर कोई मद नहीं है किन्तु मोहवश हुई भूल का मार्जन हो चुका है कपिराज ने चारों दिशा में दूत भेज दिये हैं। अब चलिये प्रभु के पास चलें।

पाठ : *हरषि चले सुग्रीव तब, अंगदादि कपि साथ।*
रामानुज आगे करि आए जहँ रघुनाथ॥
(सुग्रीव राम के चरण में सिर नवाते हैं। राम उसे गले लगाते हैं)

राम : सुग्रीव! तुम तो मुझे भरत के समान प्रिय हो। अब मन लगाकर ऐसे उपाय करो कि सीता का पता चले।

सुग्रीव : प्रभु! समूचा वानर समाज उपस्थित है। सुनो, प्रिय वानर वीरों, सीता जी की खोज करो और एक मास में लौट आओ। बिना खोज किये समय बिताकर जो लौटेगा वह मारा जायेगा। और सुनिये हनुमान जी, अंगद, जामवन्त, नल-नील, आप लोग दक्षिण दिशा में जायँ और खोज करें। भाइयों! शरीर पाने का यही फल है कि निष्काम भाव से श्रीराम जी की सेवा करें।
(हनुमान श्रीराम के चरण स्पर्श करते हैं।)

राम : पवनपुत्र यह मुद्रिका लो। बहुत प्रकार से सीता को समझाना, हमारी विरह व्यथा कहना।

हनुमान : प्रभु! मैं धन्य हुआ। (मुद्रिका मुख में रख लेते हैं और सभी वीरों के साथ चल पड़ते हैं।)

पाठ : *चले सकल बन खोजत सरिता सर गिरि खोह।*
राम काज लयलीन मन बिसरा तन कर छोह॥

अंगद : पवनपुत्र, सभी साथी प्यास से व्याकुल हैं, कोई मार्ग नहीं दिखता।

हनुमान : ठहरिये, मैं इस पर्वत पर चढ़कर देखता हूँ! (पर्वत पर चढ़ते हैं) सुनो भाइयों, यहाँ एक गुफा है जिसमें अवश्य ही जल है आओ।

पाठ : *दीख जाइ उपबन बर सर बिगसित बहु कंज।*
मंदिर एक रुचिर तहँ बैठि नारि तप पुंज॥
(सब बन्दर तापसी को प्रणाम करते हैं)

तापसी : ठीक है आप लोग जल पियें और फल खायें, तब मेरे पास आवें।

पाठ : *मज्जनु कीन्ह मधुर फल खाए। तासु निकट पुनि सब चलि आए॥*

तापसी : वानर वीरों! आप सफल होंगे। मैं तो अब रघुवीर की शरण में जाऊँगी और आप लोग आँख मूँदें तो गुफा के बाहर हो जाओगे। (सब आँख मूँदते हैं)

एक वानर : अरे, हम तो सागर-तट पर आ गये, चमत्कार है।

अंगद : अब क्या होगा, बिना सुधि लिये लौटे तो मारे जायेंगे और नहीं गये तो भी मरेंगे।

जामवन्त : युवराज, शोक न करो, हम सीता की खोज किये बिना नहीं लौटेंगे। अरे, हम सम प्रभु के सेवक हैं।

पाठ : *एहि बिधि कथा कहहिं बहु भाँती। गिरि कंदराँ सुनी संपाती॥*

सम्पाती : आहा, आज बहुत दिन बाद प्रभु ने आहार दिया है।

जामवन्त : लो, अब सब मारे गये।

अंगद : अरे, हम रामकाज के हित मरेंगे। धन्य है जटायु जिसने राम काज में प्राण दिये। और वह भाग्यवान् था सो हरिपुर गया।

सम्पाती : क्या कहते हो, जटायु ने प्राण त्याग दिये? घबराओ मत, मुझे सब कथा सुनाओ।

पाठ : *तिन्हहि अभय करि पूछेसि जाई। कथा सकल तिन्ह ताहि सुनाई॥*
सुनि संपाति बंधु कै करनी। रघुपति महिमा बहुबिधि बरनी॥

पाठ : *अनुज क्रिया करि सागर तीरा। कहि निज कथा सुनहु कपि बीरा॥*

सम्पाती : सुनो वानर वीरों, जवानी के दिन थे, एक दिन हम उड़ते-उड़ते सूर्य के समीप पहुँच गये। ताप न सहने के कारण जटायु लौट आया पर मुझे अभिमान था सो उड़ता गया और पंख जल गये। मैं विकल हो भूमि पर गिर गया तो चन्द्रमा नामक मुनि ने मेरा ताप दूर किया। उन्होंने कहा था कि जब रामावतार होगा तो उसके दूत तुमसे मिलेंगे और तब तुम्हारा उद्धार होगा। तुम्हें पंख मिलेगा। आज मुनि की वाणी सत्य हुई। उन्हीं के आदेशानुसार बताता हूँ। सागर के पार त्रिकूट गिरि पर लंका नगरी है जहाँ रावण राज्य करता है। वहीं अशोकवाटिका में सीता हैं। भाई मैं बूढ़ा हो गया नहीं, तो तुम्हारी सहायता करता। जो भी शत योजन सागर पार कर सकेगा वही रामकाज कर पायेगा। अच्छा अब मैं चलता हूँ।

पाठ : *अस कहि गरुड़ गीध जब गयऊ। तिन्ह कें मन अति बिसमय भयऊ॥*

जामवन्त : भाई! मैं तो बूढ़ा हो गया हूँ, जवानी का बल होता तो अवश्य पार चला जाता। अरे जब प्रभु ने राजा बलि को बाँधा था तब मैंने दो घड़ी में उनके पैरों की सात प्रदक्षिणा कर ली था पर अब-

अंगद : जाने को तो मैं तैयार हूँ पर लौट पाने में संशय है।

जामवन्त : तुम सब बलवान् हो, मैं किसे भेजूँ। अरे हनुमान जी! आप चुप क्यों बैठे हैं? आपके शरीर में पवन का बल है, बुद्धि-विवेक-विज्ञान सभी के आप पण्डित हैं। आपके लिए कौन काम कठिन है? राम काज के लिए ही तो आप का अवतार हुआ है।

पाठ : *सुनतहिं भयउ पर्बताकारा।*
सिंहनाद करि बारहिं बारा। लीलहिं नाघउँ जलनिधि खारा॥

हनुमान : जामवन्त जी! मुझे उचित परामर्श दें? क्या मैं रावण को मारकर त्रिकूट पर्वत सहित लंका यहाँ उठा लाऊँ?

जामवन्त : नहीं तात! सिर्फ इतना करना है। सीता को देखियेगा और उनकी सुधि लेकर आ जाइयेगा। फिर राजीवनैन स्वयं कपि सैन्य के साथ लंका पर चढ़ाई करेंगे और रावण को मारकर सीता को ले आयेंगे।

हनुमान : जैसी आज्ञा।

पाठ : *भव भेषज रघुनाथ जसु सुनहिं जे नर अरु नारि।*
तिन्ह कर सकल मनोरथ सिद्ध करहिं त्रिसिरारि॥
(समुद्र लाँघने को तत्पर श्री हनुमान जी की झाँकी के साथ लीला विश्राम लेती है।)

18.

लंका-दहन

पाठ : *शान्तं शाश्वतमंप्रमेयमनघं निर्वाणशान्तिप्रदम्*
ब्रह्माशम्भुफणीन्द्रसेव्यमनिशं वेदान्तवेद्यं विभुम्।
रामाख्यं जगदीश्वरं सुरगुरुं मायामनुष्यं हरिं
वन्देऽहं करुणाकरं रघुवरं भूपालचूड़ामणिम्॥

पाठ : *अतुलितबलधामं हेमशैलाभदेहं*
दनुजवनकृशानुं ज्ञानिनामग्रगण्यम्।
सकलगुणनिधानं वानराणामधीशं
रघुपतिप्रियभक्तं वातजातं नमामि॥

हनुमान : हे जामवन्त, आपने मुझे मेरे बल की याद दिला दी। मैं सागर पार जा रहा हूँ और हे भाइयो! जब तक मैं न लौटूँ कन्द, मूल, फल खाकर दुःख सहकर भी मेरी प्रतीक्षा करें। जब मैं सीता माता के दर्शन करके लौटूँगा तो कार्य पूरा होने से मन प्रसन्न हो जायगा। अच्छा जय राम जी की।

पाठ : *सिंधु तीर एक भूधर सुंदर। कौतुक कूदि चढ़ेउ ता ऊपर॥*
बार बार रघुबीर सँभारी। तरकेउ पवनतनय बल भारी॥

सागर : हे मैनाक! तुम रामदूत का श्रम दूर करो!

मैनाक : कपिवर प्रणाम! कुछ देर यहाँ विश्राम कर लें।

हनुमान : मेरे प्रणाम स्वीकार करें गिरिवर! किन्तु रामकाज पूरा किये बिना मैं विश्राम कैसे कर सकता हूँ?
(सुरसा आती है)

पाठ : *जात पवनसुत देवन्ह देखा। जानैं कहुँ बल बुद्धि बिसेषा।*
सुरसा नाम अहिन्हि कै माता। पठइन्हि आइ कही तेहिं बाता॥

सुरसा : आहा, आज देवों ने मुझे आहार भेजा है।

हनुमान : सुनो, मैं रामकाज कर आऊँ, सीता की सुधि प्रभु तक पहुँचा दूँ, तब आकर तुम्हारे मुख का ग्रास बनूँगा। माता! मैं सच कहता हूँ, मुझे जाने दो।

सुरसा : जाने दूँ। (हँसती है) आ जा मेरे मुख में।

(सुरसा मुख बड़ा करती है, हनुमान उसका दूना विस्तार करते हैं।)

पाठ : *जस जस सुरसा बदनु बढ़ावा। तासु दून कपि रूप दिखावा।*
सत जोजन तेहिं आनन कीन्हा। अति लघु रूप पवनसुत लीन्हा॥

हनुमान : इस प्रतिद्वन्द्विता का तो अन्त ही नहीं आता लगता। चलो इसके मुख में हो आते हैं, मसक रूप धरकर।

(मुख में जाकर बाहर आ जाते हैं)

सुरसा : धन्य हनुमान! मुझे देवताओं ने तुम्हारे बल, बुद्धि की परीक्षा लेने भेजा था, सो तुम सफल हुए। जाओ तुम रामकाज सफलतापूर्वक कर पाओगे।

पाठ : आसिष देइ गई सो हरषि चलेउ हनुमान।
निसिचर एक सिंधु महुँ रहई। करि माया नभु के खग गहई॥

हनुमान : अरे, मेरी गति रुक क्यों गयी? अच्छा छायाग्राही राक्षस की करतूत है। ठीक है अभी तुम्हें ठीक करता हूँ।

(हनुमान छायाग्राही राक्षस को मार डालते हैं)

पाठ : *ताहि मारि मारुतसुत बीरा। बारिधि पार गयउ मतिधीरा॥*

हनुमान : आहा, सुन्दर नगर है लंका! नगर में प्रवेश करना चाहिए, किन्तु नगर द्वार पर रखवाले हैं। ठीक है अति लघु रूप धारण कर प्रवेश करता हूँ।

लंकिनी : ए मेरा निरादर कर कहाँ घुसा जा रहा है? जानता नहीं कि मेरा नाम लंकिनी है और लंका में चोरी से घुसने की कोशिश करनेवाले को मैं खा जाती हूँ।

(हनुमान लंकिनी को एक मुक्का मारते हैं और वह गिर पड़ती है। लंकिनी फिर उठती है।)

लंकिनी : आप महाकपि तो नहीं हैं। जब ब्रह्मा जी ने रावण को वरदान दिया तब उन्होंने मुझसे कहा था कि जब एक वानर के प्रहार से तू व्याकुल हो तो समझ लेना राक्षसों का विनाश काल आ गया है, मैं धन्य हुई कि अपनी आँखों रामदूत को देखा। अब जाइये।

पाठ : *प्रबिसि नगर कीजे सब काजा। हृदयँ राखि कोसलपुर राजा॥*
भवन एक पुनि दीख सुहावा। हरि मंदिर तहँ भिन्न बनावा॥
रामायुध अंकित गृह सोभा बरनि न जाइ।
नव तुलसिका बृंद तहँ देखि हरष कपिराइ॥

हनुमान : है, राक्षसों की नगरी में यह सज्जन का घर कैसे आ गया? अरे यहाँ तो राम नाम का जाप हो रहा है। देखूँ!

विभीषण : श्री राम, श्री राम, अरे, आप कौन हैं महाशय?

हनुमान : मैं रामदूत हनुमान हूँ! और आप?

विभीषण : आहा, मैं धन्य हुआ, पधारिये, मैं लंकेश रावण का भाई विभीषण हूँ। आज तो प्रभु की मुझ पर बड़ी कृपा हुई कि आप पधारे। भाई पवनसुत, आश्चर्य हो रहा है न हमारा घर देखकर? यह तो बीसों दाँतों के बीच जीभ की भाँति रहना है। क्या कभी प्रभु राम मुझे अपनी शरण में लेंगे? मैं तामसी जीव भजन- पूजन भी तो नहीं कर पाता।

हनुमान : सुनिये विभीषण जी, प्रभु की तो यही रीति है कि वे सेवक पर अत्यधिक प्रीति करते हैं। अब हमीं को देखो, वानर जाति के लोग, सवेरे जो नाम भी ले ले तो भोजन न मिले। हमें भी प्रभु ने अपना लिया है।

विभीषण : अब आज्ञा करें, मैं क्या सेवा करूँ?

हनुमान : बस इतना बता दीजिये कि कहीं आपने जानकी माता को देखा है?

विभीषण : सुनिये, इस भवन से थोड़ा आगे अशोकवाटिका है, बस उसी में जानकी जी बन्दिनी हैं। सँभलकर जाइयेगा, वहाँ कड़ा पहरा है।

हनुमान : धन्यवाद।

पाठ : *करि सोइ रूप गयउ पुनि तहवाँ। बन असोक सीता रह जहवाँ॥*

हनुमान : माता, प्रणाम! आह माता कितनी दुःखी है, कितनी दुर्बल हो गयी हैं। किन्तु अभी उनके सामने जाना ठीक नहीं होगा। इस वृक्ष पर छुपकर बैठता हूँ और तब विचार करता हूँ कि क्या करूँ।

पाठ : *तेहि अवसर रावनु तहँ आवा। संग नारि बहु किएँ बनावा॥*

रावण : हे सुन्दर मुखवाली सयानी सीता! क्यों कष्ट सहती हो। मेरी बात मानो। तुम हाँ कर दोगी तो मन्दोदरी आदि सभी रानियों को तुम्हारी दासी बना दूँगा। एक बार मेरी ओर देखो तो।

सीता : अरे रावण, जुगनूँ के प्रकाश से कभी कमलिनी खिल सकती है? अरे दुष्ट, क्या तुम्हें रघुनाथ जी के बाणों का भय नहीं है? अरे अधम निर्लज्ज तू कैसा वीर है जो मुझे सूने में छल से हर लिया?

रावण : अंय। मुझे जुगनूँ और उस तापस को सूर्य बताती है, अभी इस चन्द्रहास से तेरा सिर काट लूँगा।

सीता : ठीक है चन्द्रहास से मेरा दुःख हर लो। मेरा प्रण अटल है।

रावण : अरी हठी औरत, ले—

मन्दोदरी : नहीं नाथ, यह आपको शोभा नहीं देता।

रावण : ठीक है एक महीने में इसने मेरा कहा नहीं माना तो मैं इसका वध करूँगा। राक्षसियों इसे डराओ, धमकाओ और समझाओ कि मेरी बात मान ले। (रावण जाता है)

पाठ : *भवन गयउ दसकंधर इहाँ पिसाचिनि बृंद।*
सीतहि त्रास देखावहिं धरहिं रूप बहु मंद॥
त्रिजटा नाम राच्छसी एका। राम चरन रति निपुन बिबेका॥

त्रिजटा : सखियो, अभी मैंने एक सपना देखा और उसको देखा कि एक बड़ा-सा बन्दर आया है जिसने लंका जला डाली है और राक्षसों की विशाल सेना मारी गयी है। फिर देखा रावण गधे पर बैठा है उसकी बीसों भुजाएँ कटी हैं और मुकुटविहीन नंगे सिर वह दक्षिण की ओर जा रहा है। विभीषण लंका का राजा हो गया है और सर्वत्र राम की दुहाई हो रही है। फिर सीता जी को राम जी ने बुला भेजा है। सखियो, भोर का सपना सच्चा होता है इसलिए डराना-धमकाना छोड़ो और मन लगाकर सीता जी की सेवा करो। (सब राक्षसियाँ भयभीत होकर सीता के चरण में गिरती है।)

पाठ : *जहँ तहँ गईं सकल तब सीता कर मन सोच।*
मास दिवस बीतें मोहि मारिहि निसिचर पोच॥

सीता : हे त्रिजटे माता! विपत्ति में तूही मेरा संग देनेवाली है अब यह विरह नहीं सहा जाता, कुछ ऐसा उपाय करो जिससे यह देह त्याग सकूँ। कहीं से थोड़ी-सी लकड़ी लाकर एक चिता बना दो और फिर उसमें आग लगा दो। अब ये शूल समान बातें नहीं सुनी जातीं।

त्रिजटा : नहीं देवि! ऐसी बात नहीं कहते, अभी तो तुमने प्रभु का सुयश सुनाया था। फिर रात के समय आग कहाँ मिलेगी? अच्छा विश्राम करो। मैं जाती हूँ। (जाती है)

सीता : हाय विधाता भी मेरे प्रतिकूल है कि कहीं से आग नहीं मिल सकती। अरे ओ अशोक वृक्ष, तुम अपने नाम के अनुरूप मेरा शोक दूर करो। तुम्हारे किसलय तो अग्नि-जैसे होते हैं, वह आग दे दो।

पाठ : *कपि करि हृदयँ बिचार दीन्हि मुद्रिका डारि तब।*
जनु असोक अंगार दीन्ह हरषि उठि कर गहेउ॥

सीता : हे अशोक! आपने बड़ी कृपा की। किन्तु यह, यह तो अँगूठी है, प्रभु की मुद्रिका? यह यहाँ कैसे आयी? क्या किसी ने रघुनाथ जी पर विजय पा ली है या फिर माया से बनायी है, नहीं यह सम्भव नहीं तब-

हनुमान : (वृक्ष पर से) माता मुद्रिका मैं लाया हूँ। आपके हरण के बाद प्रभु ऋष्यमूक पर्वत पर आये और सुग्रीव से मैत्री की। बालि का वध किया, सुग्रीव ने राजा होने के बाद सभी दिशाओं में आपको खोजने हेतु वानरों के दल भेजे हैं। उन्हीं में से एक मैं हूँ जो प्रभु प्रताप से सागर पार करके यहाँ आया हूँ।

सीता : अहा, जिसकी यह अमृत कथा सुनायी वह सामने क्यों नहीं आता?

(हनुमान वृक्ष से कूदकर सामने आते हैं)

पाठ : तब हनुमंत निकट चलि गयऊ। फिरि बैठीं मन बिसमय भयऊ॥

हनुमान : माँ, मैं राम जी का दूत हूँ, करुणानिधान की शपथ—सत्य कहता हूँ। यह मुद्रिका देकर प्रभु राम ने कहा था कि इसे देखकर आप पहचान लेंगी।

सीता : पर नर वानर का साथ कैसे हुआ?

हनुमान : माँ, अभी मैंने जो कथा सुनायी वह सत्य है। फिर जटायु आपकी रक्षा करते मारा गया। उसके भाई सम्पाती ने ही आपका पता बताया। प्रभु सागर के उस पार बैठे आपकी प्रतीक्षा में विकल हैं। माता विश्वास करो। मेरा नाम हनुमान है।

पाठ : *कपि के बचन सप्रेम सुनि उपजा मन बिस्वास।*
जाना मन क्रम बचन यह कृपासिंधु कर दास॥

सीता : हे हनुमान, अब मुझे विश्वास हो गया। विरह-सागर में डूबती मेरी नौका के लिए जलयान बन गये हो। कहो सुखनिधान प्रभु तथा भैया लक्ष्मण कुशल से तो हैं। वे इतने कोमल चित्त हैं पर मेरे प्रति इतने निष्ठुर क्यों हो गये? क्या वे कभी मेरी याद करते हैं? हाँ, न जाने कब उनके दर्शन करके मन शीतल होगा?

हनुमान : माँ, प्रभु कुशल से हैं, भैया लखनलाल भी अच्छे हैं, हाँ, आपके विरह में निरन्तर दुःखी रहते हैं। मैं बात बढ़ाकर नहीं कहता पर आपसे दूना प्रेम राम जी का है। अब धैर्य धारण कर स्वामी का सन्देश सुनिये-कहा है, आपके विरह में सब-कुछ विपरीत हो गया है। मेरा मन सदा तुम्हारे पास रहता है। (सीता रोती हैं) नहीं माँ, रोइये नहीं, रघुपति के बाणों की अग्नि में निशिचर पतंगें-से जलकर भस्म हो जायेंगे। आपका पता नहीं मिल रहा था नहीं तो क्या प्रभु विलम्ब करते? अब रघुनाथ जी के बाणों-सा सूर्य उदय हो रह है और अन्धकार-सा राक्षससमूह नष्ट हो जायेगा। माँ, आप कहें तो मैं अभी आपको उठा ले जाऊँ पर क्या करूँ, प्रभु की आज्ञा नहीं है। कुछ दिन धैर्य धारण करें- फिर तो सेना सहित रघुवीर आ ही जायेंगे और राक्षसों का वध करके आपको ले जायँगे।

सीता : किन्तु हनुमान मेरे मन में एक सन्देह है, तुम्हारे-जैसे छोटे-छोटे बन्दर इन विशालकाय राक्षसों से कैसे लड़ेंगे?

पाठ : कनक भूधराकार सरीरा। समर भयंकर अतिबल बीरा॥
सीता मन भरोस तब भयऊ। पुनि लघु रूप पवनसुत लयऊ॥

हनुमान : हे माता, हम बन्दरों के बल-बुद्धि नहीं है पर रघुनाथ जी की कृपा से छोटा-सा सर्प गरुड़ को खा जाता है।

सीता : हे तात, अब मुझे विश्वास हो गया। प्रभु कृपा से तुम बल-बुद्धि-निधान हो जाओ, मेरा आशीर्वाद तुम्हारे साथ है। तुम अजर- अमर होवो। तुम पर सदा राम जी की कृपा रहेगी। पुत्र तुम गुण-निधान बनो।

हनुमान : माता, मैं धन्य हो गया। आपकी आशीष अमोध कही जाती है अच्छा माँ, अब ये सुन्दर फल देखकर मुझे भूख लग आयी है, आपकी आज्ञा हो तो इन्हें खा लूँ।

सीता : पर पुत्र, इस उपवन की बड़े-बड़े योद्धा रखवाली करते हैं-

हनुमान : उनकी चिन्ता छोड़िये- आपको अच्छा लगे तो जाकर फल खा लूँ

सीता : ठीक है जाओ तात, मधुर फल खाओ।

पाठ : *चलेउ नाइ सिरु पैठेउ बागा। फल खाएसि तरु तोरैं लागा॥*
रहे तहाँ बहु भट रखवारे। कछु मारेसि कछु जाइ पुकारे॥
(हनुमान जी वाटिका उजाड़ते हैं, रखवालों को मारते हैं)

रक्षक : महाराज, महाराज, बाग में एक बहुत बड़ा बन्दर घुस आया है जो वाटिका उजाड़ रहा है और कई रक्षकों को मार डाला है।

रावण : ठीक है, बेटा अक्षय कुमार कुछ वीरों को लेकर जाओ और देखो क्या बात है?

पाठ : *पुनि पठयउ तेहिं अच्छ कुमारा। चला संग लै सुभट अपारा॥*
आवत देखि बिटप गहि तर्जा। ताहि निपाति महाधुनि गर्जा॥

रक्षक : महाराज-महाराज-बन्दर ने अक्षयकुमार जी को मार डाला है। रक्षा कीजिये।

रावण : है, अक्षयकुमार को मार डाला। बेटा मेघनाद, जाओ तो देखो यह कैसा बन्दर है। हाँ उसे मारना नहीं बाँधकर उठा ले आओ।

मेघनाद : जो आज्ञा।

(हनुमान-मेघनाद युद्ध)

पाठ : *ब्रह्म अस्त्र तेहि साँधा कपि मन कीन्ह बिचार।*
जौं न ब्रह्मसर मानउँ महिमा मिटइ अपार॥

(ब्रह्मबाण लगने से हनुमान मूर्च्छित हो जाते हैं और तब नागपाश से बाँधकर मेघनाद उसे रावण की सभा में ले आता है।)

पाठ : *कपिहि बिलोकि दसानन बिहसा कहि दुर्बाद।*
सुत बध सुरति कीन्ह पुनि उपजा हृदयँ बिषाद॥

रावण : क्यों रे बन्दर! तू कौन है? किसकी शह पाकर वाटिका उजाड़ रहा था। अरे शठ, तू तो बड़ा ढीठ लगता है, क्या तूने मेरा नाम नहीं सुना? मेरे सैनिक क्यों मार डाले? क्या तुझे प्राणों का भय नहीं है?

हनुमान : हे रावण, जिस ब्रह्म के बल से माया सृष्टि करती है, जिसके बल पर त्रिदेव सृष्टि, स्थिति संहार करते हैं, जिनके बल से शेषनाग पृथ्वी को धारण किये हैं, वे ही सुरत्राता तुम्हारे-जैसे दुष्टों को दण्ड देने हेतु अवतार लेते हैं। याद है जिन्होंने शिव धनुष तोड़ा था, तुम्हारा मद चूर्ण किया था, याद है जिन्होंने खर-दूषण, त्रिशिरा आदि को मारा, बालि आदि अनेक शक्तिशाली दुष्टों का वध किया, जिनके लवलेश बल पाकर तूने चराचर जगत् जीता है, उन्हीं परम ब्रह्म का मैं दूत हूँ, हाँ, उन्हीं प्रभु का दूत हूँ जिनकी प्रिया सीता को तू हर लाया है। और तूने अपने प्रभुताई की जो बात की वह भी मुझे मालूम है। तुमने सहस्रबाहु और बालि से युद्ध में कैसा पराक्रम किया था।

(रावण ठठाकर हँसता है)

हनुमान : और रही वाटिका की बात, मुझे भूख लगी थी सो स्वभाव के अनुसार फल खाये। फिर तुम्हारे राक्षस मुझे मारने लगे। अपनी देह किसे प्रिय नहीं है। जिन्होंने मुझे मारा मैंने उन्हें मारा। क्या

अपराध किया? फिर भी तुम्हारे पुत्र ने मुझे चोर की तरह बाँध दिया है। नहीं मैं प्रभु के काज से आया हूँ अस्तु मुझे बँधने की लज्जा नहीं है। हे रावण, मेरी बात मानो, मैं विनती करता हूँ, भक्तों का भय हरण करनेवाले प्रभु का भजन करो। जिससे काल भी डरता है उस प्रभु से वैर मत करो। जानकी उनको लौटा दो। प्रभु करुणासिन्धु हैं, तुम्हारे सभी अपराध क्षमा कर देंगे। राम चरण हृदय में रखो और लंका पर अचल राज्य करो। ऋषि पुलस्त्य के विमल यश को कलंकित न करो, तुम उत्तम कुलवाले हो। राम विमुख होकर सम्पत्ति पाना न पाना बराबर है। सुनो, दशकन्धर मैं प्रणपूर्वक कहता हूँ राम जी से वैर करोगे तो ब्रह्मा विष्णु महेश भी तुम्हारी रक्षा नहीं कर सकेंगे। अस्तु कृपासिन्धु रघुनाथ जी का भजन करो।

पाठ : *जदपि कही कपि अति हित बानी। भगति बिबेक बिरति नयसानी। बोला बिहसि महा अभिमानी—*

रावण : (अट्टहास करके) अरे यह तो बड़ा गुरु ज्ञानी बन्दर है! लगता है तेरी मृत्यु निकट आ गयी है, मुझे सीख दे रहा है!

हनुमान : मैं समझ गया, तेरी बुद्धि भ्रष्ट हो गयी है।

रावण : निशाचरो, इस दुष्ट को मारकर फेंक दो।

पाठ : *सुनत निसाचर मारन धाए। सचिवन्ह सहित बिभीषन आए।*

विभीषण : (रावण को प्रणाम करके) हे लंकेश! दूत का वध नीति के विरुद्ध है कोई और दण्ड दीजिये।

मन्त्री : हाँ महाराज, विभीषण ठीक कहते हैं।

रावण : ठीक है, तो इस बन्दर के अंग-भंग कर दो। नहीं ठहरो, बन्दर को पूँछ बहुत प्यारी होती है, कुछ तेल में डूबे कपड़े बाँधकर, इसकी पूँछ में आग लगा दो। बिना पूँछ का बन्दर जाकर अपने मालिक को ले आयेगा। उसकी इसने बड़ी बड़ाई हाँकी है, मैं भी देखूँ वह कितना वीर है।

पाठ : *बचन सुनत कपि मन मुसुकाना। भइ सहाय सारद मैं जाना॥*
जातुधान सुनि रावन बचना। लागे रचैं मूढ़ सोइ रचना॥
(राक्षस कपड़े लाकर हनुमान जी की पूँछ में बाँधते हैं, उस पर तेल उड़ेलते हैं)

पाठ : *रहा न नगर बसन घृत तेला। बाढ़ी पूँछ कीन्ह कपि खेला॥*
(लोग आकर हँसते हैं, कपि को लात मारते हैं)

पाठ : *बाजहिं ढोल देहिं सब तारी। नगर फेरि पुनि पूँछ प्रजारी॥*
पावक जरत देखि हनुमंता। भयउ परम लघुरूप तुरंता॥
निबुकि चढ़ेउ कपि कनक अटारीं। भईं सभीत निसाचर नारीं॥
हरि प्रेरित तेहि अवसर चलेउ मरुत उनचास।
अट्टहास करि गर्जा कपि बढ़ि लाग अकास॥

(हनुमान जी की पूँछ में राक्षस आग लगा देते हैं और हनुमान जी कूद-कूदकर लंका दहन करते हैं। हाहाकार मच जाता है।)

पाठ : *तात मातु हा सुनिअ पुकारा। एहिं अवसर को हमहि उबारा॥*

नागरिक : हम कहते थे न, यह बन्दर नहीं, कोई देवता है। साधु का अपमान करने का यही फल होता है अब लो नगर अनाथ हो गया है।

पाठ : *जारा नगरु निमिष एक माहीं। एक बिभीषन कर गृह नाहीं॥*
उलटि पलटि लंका सब जारी। कूदि परा पुनि सिंधु मझारी॥

दोहा : *पूँछ बुझाइ खोइ श्रम धरि लघु रूप बहोरि।*
जनक सुता कें आगें ठाढ़ भयउ कर जोरि॥

(हनुमान पूँछ बुझाकर, सीता के पास आते हैं)

हनुमान : हे माता, जैसे रघुनाथ जी ने मुझे मुद्रिका दी थी, वैसे ही आप मुझे कोई चिह्न दीजिये।

सीता : पुत्र, यह चूड़ामणि ले जाओ। और हे तात! प्रभु से मेरा प्रणाम कहना, और कहना प्रभु आप दीनदयालु हैं, अपना विरद यादकर इस महा संकट से मेरा उद्धार करें। फिर जयन्त की कथा कहना और उनके बाण का प्रताप याद दिलाना। कहना कि एक मास के अन्दर प्रभु नहीं आये तो मुझे जीवित न पायेंगे। हे कपि, कहो मैं किस प्रकार अपने प्राण रखूँ, अब तुम भी जाने को कहते हो। तुम्हें देखकर जी शीतल हुआ था अब फिर चारों ओर अन्धकार छा गया है।

हनुमान : माता, धैर्य रखें, यथाशीघ्र प्रभु आवेंगे। जितना जल्दी पहुँचकर मैं समाचार दूँगा उतना ही जल्दी वे आ सकेंगे, अतः मुझे आज्ञा दें। (चरण स्पर्श करते हैं)

सीता : जाओ वत्स, प्रभु तुम्हारी रक्षा करें, जाओ चिरंजीवी हो।
(हनुमान विदा लेते हैं)

19

विभीषण शरणागति–सागर विनय

पाठ : *लाघि सिंधु एहि पारहि आवा। सबद किलकिला कपिन्ह सुनावा॥*
हरषे सब बिलोकि हनुमाना। नूतन जन्म कपिन्ह तब जाना॥
मुख प्रसन्न तन तेज बिराजा। कीन्हेसि रामचंद्र कर काजा॥
मिले सकल अति भए सुखारी। तलफत मीन पाव जिमि बारी॥
चले हरषि रघुनायक पासा। पूँछत कहत नवल इतिहासा॥

पाठ : *तब मधुबन भीतर सब आए। अंगद समंत मधुर फल खाए।*
जाइ पुकारे ते सब बन उजार जुबराज।
सुन सुग्रीव हरष कपि करि आए प्रभु काज॥

सुग्रीव : अवश्य ही अंगद के दल को सीता का पता चल गया है, अन्यथा वे मधुवन के फल न खाते। चलो सब लोग और कपि दल को वहीं ले आओ।

सभी वानर : श्री रामचन्द्र जी की जै, महाराज सुग्रीव की जै।

सुग्रीव : कहो अंगद, कुशल से तो हो?

अंगद : हाँ महाराज, राम जी के चरण देखकर सब कुशल है, उन्हीं की कृपा से यह कार्य सम्पन्न हुआ है। हे महाराज! यह कार्य हनुमान ने पूरा किया है और उनके कारण सभी वानरों के प्राण बच गये।

सुग्रीव : बधाई हो अब चलो रघुनाथ जी पास।

पाठ : फटिक सिला बैठे द्वौ भाई। परे सकल कपि चरनन्हि जाई॥

राम : कहिये सब लोग कुशल से तो हैं?

जामवन्त : हे नाथ! आपके चरणों की कृपा से सब कुशल है। प्रभु, जिस पर आप दया करते हैं उसे सदा शुभ और निरन्तर कुशल है। उसी को विजय और सुयश मिलते हैं। हे नाथ! आपकी कृपा से सब कार्य पूरा हुआ और आज हमारा जन्म सफल हो गया। हे स्वामी, पवन

सुत ने जो काम किये हैं उसका वर्णन करना सम्भव नहीं है। ये सागर पार गये, सारी बाधाएँ पार करके वहाँ जानकी माता के दर्शन किये, राक्षसों को मारा और लंका जलाकर वापस लौटे हैं।

राम : (उठकर हनुमान को गले लगा लेते हैं) कहो तात हनुमान! जानकी कैसी हैं, कैसे अपनी रक्षा करती हैं।

हनुमान : हे प्रभो! जानकी जी ने आपके नाम को पहरेदार बनाया है, आपके ध्यान के कपाट लगाये हैं और नेत्र चरणों में लगा रखे हैं प्राण निकलेंगे किधर से। हे स्वामी! माता ने चलते समय मुझे यह चूड़ामणि दी थी। (राम चूड़ामणि लेकर हृदय से लगाते हैं।)

और फिर उन्होंने आँखों में आँसू भरकर आपसे कहने को कहा था कि लक्ष्मण सहित प्रभु के चरण पकड़कर कहना कि हे दीनबन्धु! मैं मन, कर्म, वचन से आपके चरण में प्रीति करनेवाली हूँ फिर आपने किस अपराध से मुझे त्याग दिया है। एक अपराध तो अवश्य हुआ कि आपसे बिछुड़ते ही प्राण नहीं त्यागे, इसके लिए नेत्र अपराधी हैं जो प्राण को निकलने नहीं देते। रुई के समान यह देह श्वास में निकलती विरह अग्नि से जलकर क्षणभर में राख हो जाता पर नेत्र जल बरसाते रहते हैं और भस्म नहीं होने देते। प्रभु! सीता की विपत्ति बहुत बड़ी है उसे कहना सम्भव नहीं है। उनका एक-एक पल कल्प के समान बीत रहा है अब आप तत्काल चलकर दुष्टों को मारकर उन्हें ले आइये।

राम : हे कपि, तुम जैसा उपकारी विश्व में कोई नहीं है, मैं तुमसे कभी उऋण नहीं हो सकता। (गला भर आता है)

हनुमान : त्राहि, त्राहि! प्रभु मैं आपका दास हूँ। (राम हनुमान को गले लगा लेते हैं।)

राम : (हनुमान को अपने पास बिठाकर) बजरंगबली, महाबली रावण की दुर्गम लंका को तुमने कैसे जलाया?

हनुमान : प्रभु! वानर की वीरता यही है कि वे एक शाखा से दूसरी पर कूद जाते हैं। समुद्र लाँघकर अशोकवाटिका उजाड़कर सोने की लंका जलाना सब आपकी कृपा के प्रताप से सम्भव हुआ है, इसमें मेरा कोई प्रताप नहीं है। प्रभु! आप अनुकूल हों तो असम्भव है क्या?

कपिदल : जय हो, जय हो, कृपासागर प्रभु की जय हो।

राम : सुग्रीव जी, अब विलम्ब क्यों किया जाय? चलने की तैयारी करें।

(राम की सेना प्रस्थान करती है)

पाठ : *हरषि राम तब कीन्ह पयाना। सगुन भए सुंदर सुभ नाना॥*
चला कटकु को बरनै पारा। गर्जहिं बानर भालु अपारा॥
एहि बिधि जाइ कृपानिधि उतरे सागर तीर।
जहँ तहँ लागे खान फल भालु बिपुल कपि बीर॥

(लंका)

पाठ : *उहाँ निसाचर रहहिं ससंका। जब तें जारि गयउ कपि लंका॥*

(रावण-मन्दोदरी)

मन्दोदरी : (रावण के पैर पकड़कर) हे कान्त! भगवान् से वैर त्याग दें, मेरी बात सुनें। उनके दूत की करनी से सकस निशाचर आतंकित हैं, अब आप अपने मन्त्रियों को बुलाकर उनकी पत्नी को वापस पहुँचा आने की आज्ञा दीजिये। यह सीता तो लंका में दुःखद रात्रि-सी आयी है, उसे दे दीजिये! मुझे तो लगता है इस मामले में ब्रह्मा या शंकर भी आपकी सहायता नहीं करेंगे। इसके पहले कि राम के बाण निशाचरों का विनाश करें कुछ उपाय कर डालिये।

रावण : (अट्टहास करके) ठीक ही कहा है औरत स्वभाव से डरपोक होती हैं और वे मंगल में अमंगल की कल्पना करती हैं। और बन्दरों की सेना ही तो आ रही है, निशाचरों का भोजन आ रहा है। लेकिन जिसके भय से समस्त लोकपाल काँपते हैं उसकी पत्नी भयभीत हो कैसी हँसी की बात है। प्रिये! डरो नहीं। अब आराम करो मैं सभा में जाता हूँ।

पाठ : *बैठेउ सभाँ खबरि असि पाई। सिंधु पार सेना सब आई॥*

मन्त्री : महाराज, कहिये क्या करना है?

रावण : (हँसकर) चुप रहो, जिसने देवताओं और असुरों को जीत लिया है उसका नर-वानर क्या बिगाड़ लेंगे?

पाठ : *सचिव बैद गुर तीनि जौं प्रिय बोलहिं भय आस।*
राज धर्म तन तीनि कर होइ बेगिहीं नास॥
अवसर जानि बिभीषन आवा। भ्राता चरन सीसु तेहिं नावा॥

विभीषण : हे कृपालु! यदि अनुमति हो तो मैं कुछ कहूँ।

रावण : कह डालो।

विभीषण : भाई, यदि अपना कल्याण चाहते हो, शुभ गति तथा सुख चाहते हो तो परनारि की ओर चौथ के चन्द्रमा की भाँति त्याग दें। राजन्! चौदह लोकों के एक ही स्वामी हैं और उनसे द्रोह करना उचित नहीं है। हे नाथ! काम, क्रोध, मद, लोभ, सब नरक के पन्थ हैं, इन्हें त्यागकर श्री रघुवीर का भजन करें यह सद्ग्रन्थों की राय है। हे तात! राम केवल राजा या मनुष्य नहीं है, वे परमब्रह्म भगवान् हैं। उनसे वैर करने के बदले सिर नवाइये। नाथ! वैदेही को दे दीजिये और प्रभु की शरण में चलिये। प्रभु के शरण में जाने पर घोर पापी को भी क्षमा मिल जाती है। बार-बार आपसे प्रार्थना करता हूँ, मान त्यागकर कोशलाधीश के शरण में चलें। यही बात आपके नाना मुनि पुलस्त्य ने अपने शिष्य से कहला भेजी है।

माल्यवन्त : हे तात! आपके छोटे भाई ने अच्छी सलाह दी है। उसे स्वीकार करें।

रावण : अरे दुष्टो, मेरे शत्रु की प्रशंसा करते हो, वह भी मेरे मुँह पर! अरे, कोई इन दुष्टो को यहाँ से हटाओ।

विभीषण : भाई, क्रोध न करें और सही परामर्श सुनें। मैं आपके चरण पकड़कर अनुरोध करता हूँ कि मेरे प्रेम के लिए सीता को लौटा दें।

रावण : अरे दुष्ट! लगता है तेरी मौत निकट आ गयी है। मेरा दिया खाता है और मेरे दुश्मन के पक्ष की बात गाता है। बता तो इस जग में मैंने किसे नहीं जीता है। मेरे राज में रहकर तपस्वियों से प्रीति करता है तो जा उन्हीं के पास और उन्हें अपनी नीति सिखा, निकल यहाँ से। (लात से मारता है)

विभीषण : रावण! मैं फिर तुम्हारे चरण पकड़कर यही कहता हूँ। अब सुनो, राम ने राक्षसों के विनाश का संकल्प किया है वह सत्य है। रावण तुम्हारी सभा कालवश हो गयी है। फिर मुझे दोष न देना, अब मैं रघुनाथ जी की शरण में जाता हूँ।

पाठ : *रावन जबहिं बिभीषन त्यागा। भयउ बिभव बिनु तबहिं अभागा।*
चलेउ हरषि रघुनायक पाहीं। करते मनोरथ बहु मन माहीं॥

विभीषण : आहा, कैसा सौभाग्य मिला है। अपनी आँखों से प्रभु के चरण कमल देखूँगा। हाँ वे ही चरण-कमल जिन्हें स्पर्श करके अहल्या तर गयी, वे ही चरण जिन्होंने दण्डक वन को पावन बना दिया, वे ही चरण जिन्हें जानकी जी सदा अपने हृदय में धारण करती हैं,

वे ही चरण जो स्वर्णमृग के पीछे भागे थे, वे ही चरण जिनका महादेव जी सदा ध्यान करते हैं, वे ही चरण जिनकी पादुका की भरत पूजा करते हैं, वे ही चरण आज मैं देखूँगा।

(सागर तट पर राभ शिविर)

कपि 1 : अरे ए, वह देखो आकाशमार्ग से कोई आ रहा है।

कपि 2 : अवश्य ही रावण का दूत होगा।

(विभीषण आते हैं)

कपि 1 : श्रीमान्! यहीं ठहरें, हम महाराज को सूचना देते हैं। क्या नाम बताया आपने?

विभीषण : जाकर प्रभु से कहिये, दशानन का भाई विभीषण आपकी शरण आया है।

(दूत जाता है)

सुग्रीव : हे राम जी, रावण का भाई विभीषण आया है।

राम : सखा! तुम क्या समझते हो?

सुग्रीव : हे महाराज! इन राक्षसों की माया समझना कठिन है, पता नहीं क्यों आया है! शायद हमारा भेद लेने आया है। मेरी राय में तो उसे बन्दी बना लेना चाहिए।

राम : कपिराज! आपका सुझाव तो ठीक है पर मेरा प्रण है कि मैं शरणागत की रक्षा करता हूँ।

हनुमान : धन्य शरणागतवत्सल भगवान्! आपकी जय हो।

राम : सुग्रीव, यदि यह दुष्ट हृदय होता तो मेरे सम्मुख आने का साहस नहीं करता। फिर मान लो भेद लेने आया है तो भी क्या, अकेले लक्ष्मण एक क्षण में संसार भर के राक्षसों को मार डालने में समर्थ हैं। अतः यदि भयभीत हो शरण में आया है तो उसे मैं अपने प्राणों की भाँति प्रेम से रखूँगा। जाओ उन्हें आदर से ले आओ।

(कपि जाते हैं और विभीषण को लेकर आते हैं)

पाठ : *दूरिहि ते देखे द्वौ भ्राता। नयनानंद दान के दाता॥*
नयन नीर पुलकित अति गाता। मन धरि धीर कही मृदु बाता॥

विभीषण : हे नाथ! मैं दशानन का भाई विभीषण हूँ। निशिचर वंश में मेरा जन्म हुआ है, वैसा ही तामसी शरीरवाला और पाप प्रिय हूँ। आपका सुयश सुनकर आया हूँ। हे भवभंजन प्रभो! मैं आपकी

शरण में आया हूँ, मेरी रक्षा कीजिये त्राहि माम त्राहि माम। (दण्डवत् करता है) (राम जी उठकर, उसे उठाकर गले लगा लेते हैं फिर पास बैठाते हैं)

राम : हे लंकेश! कहिये परिवार सहित सब कुशल तो है। रावण मण्डली में रहते हैं आपका धर्म कैसे निभता है? मैं आपके बारे में सब जानता हूँ।

विभीषण : हे प्रभु! दुष्टों के संग रहने से तो अच्छा है नरक में रहें? अब आपके पद-कमल देखकर सब कुशल है। मेरे भय मिट गये हैं। वैसे मैं अधम राक्षस हूँ, शुभ आचरण कहाँ से लाऊँ, पर आप धन्य हैं कि आपने मुझे हृदय से लगाया है।

राम : हे लंकेश! तुममें सभी गुण हैं, तभी तो मुझे अतिशय प्रिय हो। क्या चाहते हो?

विभीषण : हे प्रभु! पहले कुछ वासनाएँ थीं पर अब तो केवल आपकी भक्ति-सरिता में बहना चाहता हूँ।

राम : एवमस्तु। हनुमान जी, थोड़ा सागर जल तो लाइये। लंकेश! मैं मानता हूँ कि आप को कोई इच्छा नहीं है फिर भी मेरे दर्शन का फल तो मिलना ही है। (तिलक करते हैं)

पाठ : *अस कहि राम तिलक तेहि सारा। सुअन बृष्टि नभ भई अपारा॥*

जो संपति सिव रावनहिं दीन्हि दिएँ दसमाथ।

सोइ संपदा बिभीषनहि सकुचि दीन्हि रघुनाथ॥

राम : अच्छा लंकापतिवीर, बताइये सागर के पार कैसे जाया जाय?

विभीषण : प्रभु! आपके बाणों में हजार समुद्र सुखा देने की शक्ति है पर नीति कहती है पहले विनय करना चाहिए। यह सागर आपके कुल की कीर्ति से बना है।

राम : मित्र, तुमने ठीक कहा।

लक्ष्मण : नहीं नाथ, व्यर्थ विलम्ब मत कीजिये, सिन्धु को सुखा डालिये, दैव-दैव पुकारना कायर को शोभा देता है।

राम : ठीक है ऐसा भी करूँगा। चलो पहले सागर-तट तक चलो।

(सागर-तट पर आते हैं। सागर को प्रणाम कर, आसन पर बैठते हैं)

(सहसा बन्दर दो रावण के जासूस पकड़ के लाते हैं)

कपि : महाराज, ये दुष्ट राक्षस कपिवेश धारण कर हमारा भेद ले रहे थे।

सुग्रीव : इनका अंग भंग करके वापस भेज दो। (बन्दर राक्षसों को मारते हैं)

राक्षस : हाय मर गये, जो हमारे नाक-कान काटे उसे कोशलाधीश की शपथ।

लक्ष्मण : क्या बात है। छोड़ो, ये दूत हैं। हाँ, दूत जी हमारा सन्देश ले जाइये। (पत्र देते हैं)

(लक्ष्मण जी को प्रणाम कर दूत जाते हैं)

(रावण दरबार)

दूत : महाराज की जय।

रावण : कहो विभीषण के क्या हाल हैं। दुष्ट लंका का राजपाट छोड़कर धूल फाँकने गया है। अगले जन्म में वह अभागा कीट होगा। फिर बताओ कितने भालू, बन्दर हैं जो काल के भेजे यहाँ चले आ रहे हैं और तपसियों की बात बताओ। उनसे भेंट हुई कि बेचारे डरकर मेरा बल और तेज देखकर भाग गये।

दूत : महाराज, आपने कृपा करके पूछा है उसका उत्तर क्रोध किये बिना सुनने की दया करें। आपके भाई जब वहाँ जाकर उन लोगों से मिले तो तत्काल ही राम ने उसका राजतिलक कर दिया। जब पता चला कि हम आपके दूत हैं तो हमारी बहुत पिटाई हुई और वानर लोग हमारे नाक-कान काटने को तैयार हुए पर जब हमने राम जी की दुहाई दी तो उन्होंने हमें छोड़ा। महाराज! उनकी सेना के बारे में पूछा है सो इतने भालू-बन्दर हैं कि गिनना कठिन है और सब एक-से-एक बलवान् हैं उनमें भी अंगद, नल, नील, द्विविद, मयन्द, विकटास्य, दधिमुख, केहरि, कुमुद, गद, निशठ, शठ और जामवन्त ये सभी बल की राशि हैं। महाराज ये सब सुग्रीव के समान ही बलशाली हैं फिर इन पर राम जी की कृपा है और वे तीनों लोकों को तृण के समान समझते हैं।

दूसरा दूत : महाराज! मैंने गिना तो नहीं पर सुना कि अट्ठारह पद्म बन्दरों के सेनापति हैं। सभी बलवान् हैं और सब लड़ने को आतुर हैं। फिर उनके सेनानायक राम हैं जो एक बाण से समुद्र को सुखा सकते हैं पर उन्होंने आपके भाई से नीति पूछी है और अब वे सागर से मार्ग देने की विनय कर रहे हैं।

रावण : (ठठाकर हँसता है) वाह समझ गया। यह तो उनकी नीति है कि समुद्र से रास्ता माँगते हैं। मदद को भालू-बन्दर हैं। तुम लोग ऐसे कायर की तारीफ करते हो। वाह, सचिव कौन है विभीषन- खूब जीतेंगे लंका।

दूत : महाराज! हमें लक्ष्मण ने मुक्त किया और आपके लिए यह पत्र दिया है।

रावण : (पत्र पढ़ता है) क्या खूब। मन्त्री, जरा इसे जोर से पढ़ो तो।

मन्त्री : (पढ़ता है) अरे शठ बातों से मन को मत बहला, बात समझ और कुल को नष्ट होने से बचा। राम जी का विरोध करेगा तो ब्रह्मा, विष्णु, महेश भी रक्षा नहीं कर सकेंगे। अरे मूढ़, अभिमान त्यागकर विभीषण की भाँति प्रभु की शरण में आ जा। राम जी से वैर न ले अपने कुल सहित पतंगों की भाँति क्यों जलना चाहता है।

रावण : सुना तुम लोगों ने, तापसों का दुस्साहस तो देखो, जमीन पर पड़े हैं और हाथ बढ़ाकर आकाश छूने की बात करते हैं। बकवास वीर हैं।

शुक : हे नाथ! मैं भी समझता हूँ कि राम जी से वैर करना उचित नहीं हैं। वैदेही को लौटा देना ही उचित होगा।

रावण : (क्रोधवश, शुक को लात मारता है) क्या कहा बे, वैदेही लौटा दूँ। ले (और मारता है)

शुक : आह, दशानन प्रणाम, मुझे भी राम शरण जाने की आज्ञा दें (जाता है)

रावण : गया एक और मूर्ख।

(सागर-तट)

पाठ : *बिनय न मानत जलधि जड़ गए तीनि दिन बीति।*
बोले राम सकोप तब भय बिनु होइ न प्रीति॥

राम : प्रार्थना करते तीन दिन हो गये पर सागर देवता के मिजाज ही नहीं मिलते। लक्ष्मण! धनुष-बाण तो ले आओ, लगता है बिना भय दिखाये प्रीति नहीं होती।

(लक्ष्मण धनुष-बाण लाते हैं। राम जी चाप चढ़ाते हैं)

पाठ : *संधानेउ प्रभु बिसिख कराला। उठी उदधि उर अंतर ज्वाला॥*
काटेहिं पइ कदरी फरइ कोटि जतन कोउ सींच।
बिनय न मान खगेस सुनु डाटेहिं पइ नव नीच॥

(समुद्र प्रकट होकर राम के चरण पकड़ लेता है)

सागर : क्षमा, नाथ क्षमा, मेरे अपराध क्षमा करें। प्रभु गगन, समीर, अनल, जल, धरनी ये सब सहज रूप से जड़ होते हैं, ये सब आपकी माया से उत्पन्न हुए हैं और आपकी आज्ञानुसार ही रहते हैं। आपने मुझे सीख देकर उचित ही किया है, ढोल, गँवार, शूद्र, पशु, नारी ये सब ताड़ना के अधिकारी होते हैं। प्रभु! आप मुझे सुखाकर सेना पार ले जायँ इसमें मेरी कोई बड़ाई नहीं है अस्तु जो उचित है, वही कीजिये।

राम : सागर देवता, तुम ऐसा उपाय बताओ जिससे वानर सेना पार उतर जाय।

सागर : हे नाथ! आपकी सेना में नल-नील दो भाई हैं जिन्हें ऋषि का आशीर्वाद प्राप्त है, वे युक्ति करेंगे तो बड़े-बड़े शिलाखण्डों से सेतु बना सकते हैं। मैं अपनी शक्ति अनुसार सहायता करूँगा। सेतुबन्ध आरम्भ करें और यह सुयश तीनों लोक में गाया जाय। यह बाण जो आपने चढ़ाया है मेरे उत्तर तट की ओर चलाये जहाँ अत्यन्त दुष्ट लोग रहते हैं।

राम : ठीक है ऐसा ही होगा।

(सागर प्रणाम करके बिदा लेता है)

पाठ : *सकल सुमंगल दायक रघुनायक गुन गान।*
सादर सुनहिं ते तरहिं भव सिंधु बिना जलजान॥

•

20.

रामेश्वर पूजन-सेतुबन्ध

पाठ : *रामं कामारिसेव्यं भवभयहरणं कालमत्तेभसिंहं*
योगीन्द्रं ज्ञानगम्यं गुणनिधिमजितं निर्गुणं निर्विकारम्।
मायातीतं सुरेशं खलवधनिरतं ब्रह्मवृन्दैकदेवं
वन्दे कन्दावदातं सरसिजनयनं देवमुर्वीशरूपम्।

पाठ : *सिंधु बचन सुनि राम सचिव बोलि प्रभु अस कहेउ।*
अब बिलंबु केहि कामु करहु सेतु उतरै कटकु।

श्रीराम : जामवन्त जी, अब विलम्ब क्यों? तत्काल पुल निर्माण आरम्भ करें, जिससे सेना पार जा सके।

जामवन्त : हे स्वामी! आपके नाम के सेतु पर चढ़कर तो मनुष्य भवसागर पार कर जाता है, इस छोटे-से पुल की तो बिसात ही क्या?

हनुमान : प्रभु के प्रताप से समुद्र तो पहले ही सूख चुका है, वह तो शत्रुओं की स्त्रियों की आँखों से इतने आँसू बहे हैं कि वह खारे अश्रुजल से भर गया है।

जामवन्त : हे महाबली नल और नील आप लोग अपने सैन्य के साथ सेतु निर्माण में लग जायँ।

नल : हे वानरो! आप लोग दौड़े जाओ और पर्वतों के शिलाखण्ड उखाड़ लाओ।

पाठ : *अति उतंग गिरि पादप लीलहिं लेहिं उठाइ।*
आनि देहिं नल नीलहि रचहिं ते सेतु बनाइ॥

नल-नील : प्रभु सेतु तैयार हो गया है।

श्रीराम : वाह यह तो अति सुन्दर रचना हुई, तुम लोग बधाई के पात्र हो। सुग्रीव जी यह भूमि तो अत्यन्त सुन्दर है। मेरी इच्छा है कि मैं यहाँ

शिव की स्थापना करूँ। सुग्रीव जी यह बड़ा महिमामय स्थल है। दूत, जाओ तत्काल सुविज्ञ पुरोहितों को बुला लाओ। (स्थापना होती है)

पाठ : *लिंग थापि बिधिवत करि पूजा। सिव समान प्रिय मोहि न दूजा॥*

श्रीराम : आप लोग जानते हैं कि मुझे शिव के समान दूसरा कोई प्रिय नहीं है। जो शिव का विरोध कर मेरे भक्त बनना चाहते हैं या मेरा द्रोह कर शिव भक्त बनने का दावा करते हैं, वे कल्प भर नरक में पड़े घोर कष्ट भोगेंगे। इनका नाम रामेश्वर होगा और जो गंगा जल लाकर इनका अभिषेक करेंगे उन्हें सायुज्य मुक्ति प्राप्त होगी। और जो इस सेतु का दर्शन करेंगे वे बिना श्रम भव- सागर तरेंगे।
(सब वानर-भालू सैन्य जय-जयकार करती है)

सुग्रीव : अब आप लोग क्रम से पंक्तिबद्ध हो सावधानी से सेतु से सागर पार करें।
(सेना सेतु से पार जाती है)

पाठ : *सेतु बंध भइ भीर अति कपि नभ पंथ उड़ाहिं।*
अपर जलचरन्हि ऊपर चढ़ि चढ़ि पारहि जाहिं॥
सेन सहित उतरे रघुबीरा। कहि न जाइ कपि जूथप भीरा॥
सिंधु पार प्रभु डेरा कीन्हा। सकल कपिन्ह कहुँ आयसु दीन्हा॥

दृश्य-2

(रावण का महल)

व्यास : राम जी की सेना सागर पार कर लंका पहुँच गयी। राम की आज्ञा से भालू-वानर कूद-कूदकर फल खाने लगे। जहाँ कभी भी उन्हें कोई निशिचर दिखता तो वे उसे पकड़कर नाक-कान काटकर तभी छोड़ते जब वह राम जी की जय बोलता ऐसे जख्मी नाक-कानविहीन निशिचर भागकर रावण के पास आये और गुहार की।

निशिचर : हे महाराज! सागर पार से भालू-बन्दरों का विशाल कटक लंका में आ गया है। वे वाटिकाएँ उजाड़ रहे हैं, हमें मार रहे हैं। रक्षा करें।

रावण : सागर पार आ गये? कैसे?

निशिचर : उन लोगों ने पुल बनाया है!

रावण : क्या सचमुच राम ने वननिधि, नीरनिधि, जलधि, सिन्धु वारीश, तोयनिधि, कंषति, उदधि, पयोधि, नदीश को बाँध लिया। (हँसता

है)- वाह, हद है, मरने चले आये हैं। जाओ, मत डरो।
(निशिचर जाते हैं)

पाठ : *मंदोदरीं सुन्यो प्रभु आयो। कौतुकहीं पाथोधि बँधायो॥*
(मन्दोदरी आकर रावण के चरण पकड़कर विनती करती है)

मंदोदरी : (आँचल पसारकर) नाथ, क्रोध त्यागकर मेरी बात सुन लें। स्वामी! वैर तो उसी से ठानना चाहिए जिसे बल-बुद्धि से जीता जा सके। आप में और राम में उतना ही अन्तर है जितना जुगनुँ और सूर्य में। स्वामी! जिसने मधु, कैटभ, हिरण्याक्ष और हिरण्य- कशिपु को मार डाला, बालि को बाँध लिया, सहस्रबाहु को मार डाला वही प्रभु पुनः अवतरित हुए हैं, उनसे वैर न ठानिये। राम को जानकी सौंपकर, पुत्र को राज सौंपिये और राम की शरण में चलिये। वे दयालु हैं, शरणागत हैं। आपने तो देवता, राक्षस, चर, अचर सबको जीतकर सारा यश कमा लिया, अब चौथेपन में राजा को वन में जाना चाहिए, चलिये वन में बैठकर अशरण शरण का भजन करें। प्रियतम! कितना सौभाग्य है कि वे स्वयं चलकर हमारे यहाँ आये हैं। मैं चरण पकड़कर विनती करती हूँ कि प्रभु के शरण में चलिये, इससे मेरा सौभाग्य बना रहेगा। (रोती है)

रावण : उठो प्रिये, व्यर्थ ही डर रही हो। बोलो संसार में मेरे जैसा योद्धा कोई है? वरुण, कुबेर, पवन, यम, काल, दिग्गज और देव, दनुज सबको मैं जीत चुका हूँ, ये सब मेरे वश में हैं, मेरी चाकरी करते हैं। तू क्यों डरती है? अच्छा अब मैं जाता हूँ सभा में, देखूँ यह कैसा बन्दरों का उत्पात है। (जाता है)

मन्दोदरी : हाँ, लगता है इन्हें कालवश ही अभिमान हो गया है। अब इनके दिन पूरे हो चले हैं।

दृश्य-3

(रावण की सभा)

रावण : मन्त्रीगण आपने सुना बहुत से भालू-बन्दर लेकर वह तापस हमारा शत्रु लंका में आ गया है।

मन्त्री 1 : निशिचरनाथ! आप हमसे क्या पूछते हैं, उनका हमें भय है क्या?

मन्त्री 2 : जी, मनुष्य, भालू, बन्दर तो हमारे भोजन हैं अब उनकी चिन्ता क्यों करें?

प्रहस्त : (रावण पुत्र) पिता जी, आपके मन्त्रियों की बुद्धि मारी गयी है इसी से ये नीति विरुद्ध बातें कह रहे हैं, मूर्खों की तरह ठकुरसुहाती

सुना रहे हैं। नहीं, ऐसी बातों से काम नहीं चलेगा। आप लोगों को याद है अभी कुछ दिन पूर्व एक बन्दर आया था और लंका फूँककर चला गया, उसे खा क्यों नहीं लिया आपमें से किसी ने? पिता जी मन्त्रियों ने जो सम्मति दी है वह सुनने में प्यारी लगती है पर अन्त में परिणाम दुःखदायी होगा। अरे जिसने खेल-खेल में समुद्र बाँध दिखाया और जो सेना सहित सुवेल पर्वत पर आ बैठा है, वह साधारण मनुष्य है क्या? जिसे आप खा जायँ? झूठी शान मत बघारिये, मेरी बात सुनिये, ऐसा नहीं के मैं कायर हूँ इसलिए यह सब कह रहा हूँ, पर प्रभु सुनने में कठोर भले लगे पर बात हित की वही होती है। नीति की बात– तो यह है कि पहले दूत भेजें, फिर सीता लौटा दें और राम से मैत्री कर लें। यदि स्त्री पाकर वे लौट जाते हैं तो व्यर्थ झगड़ा बढ़ाने से कोई लाभ नहीं। और यदि वे तब भी नहीं लौटते, फिर युद्ध-भूमि में ललकारकर उनसे निपट लिया जायेगा। मेरी सम्मति मान लें तो आपको हर दशा में यश मिलेगा।

रावण : (क्रोध भरा) अरे मूर्ख, ये बातें तुझे जिसने सिखायी? तेरे मन में अभी से मेरी विजय के लिए सन्देह उठ खड़ा हुआ है? अरे मूर्ख! तू तो बाँस की जड़ में घमोई बनकर पैदा हुआ है। जा काला मुँह करके बैठ। मन खराब कर दिया। मन्त्री जी नाच-गाने का प्रबन्ध करें।

(किन्नर, अप्सरा नृत्य गान करते हैं)

पाठ : *सुनासीर सत सरिस सो संतत करइ बिलास।*
परम प्रबल रिपु सीस पर तद्यपि सोच न त्रास॥

दृश्य 4

(राम शिविर- सुवेल पर्वत)

पाठ : *इहाँ सुबेल सैल रघुबीरा। उतरे सेन सहित अति भीरा॥*
सिखर एक उतंग अति देखी। परम रम्य सम सुभ्र बिसेषी॥

व्यास : सुवेल पर्वत पर विराजमान प्रभु की झाँकी अद्भुत थी। लक्ष्मण जी ने कोमल पत्तों और पुष्पों से साँथरी बनाकर उस पर मृगचर्म बिछाया। प्रभु विराजे और सुग्रीव की गोद में सिर रखकर लेट गये। विभीषण उनसे मन्त्रणा कर रहे हैं। अंगद और हनुमान चरण चाँप रहे हैं। लक्ष्मण धनुष पर बाण चढ़ाये सजग हो वीरासन पर बैठे पहरा दे रहे हैं।

(सुवेल पर्वत की झाँकी दिखती है)

श्रीराम : देखो पूरब में चन्द्र कैसा निर्भय हो विचरण कर रहा है। पर बजरंग बली, यह चन्द्रमा में काला-काला क्या है? सुग्रीव जी आप देख रहे हैं न।

सुग्रीव : प्रभु! यह कालिमा नहीं पृथ्वी की परछाईं है।

एक वानर : प्रभु! मैं तो सोचता हूँ यह राहू द्वारा ग्रसित होने का दाग है।

दूसरा : नहीं जी, रति को सौन्दर्यश्री देने हेतु ब्रह्मा ने चन्द्र से सार खोद निकाला-वही काली छाया-सा स्थान रह गया है।

श्रीराम : और विष भी तो चन्द्र का भाई है, ऐसा तो नहीं चन्द्रमा ने अपने भाई को गोद में बिठा रखा है। इसी से तो चन्द्र की विषैली किरणें विरही लोगों को सताती हैं।

हनुमान : प्रभो, चन्द्र तो आपका चरण भक्त है, उसके हृदय में आपकी साँवली मूर्ति बसी है, वही झलक रही है।

श्रीराम : वाह हनुमान जी, बहुत अच्छी कल्पना की। मित्र विभीषण, यह दक्षिण की ओर बादल उमड़ रहे हैं, बिजली चमक रही है, बादल भी संगीतमय हो गरज रहे हैं, और यह तड़-तड़ की ध्वनि आ रही है कहीं ओले तो नहीं बरस रहे हैं?

विभीषण : कृपालु! न तो बिजली है, न बादल। लंका के शिखर पर रावण का सुन्दर विलास-भवन है, वहीं बैठा रावण नाच रंग का रस ले रहा है। वह काली धटा रावण का काला छत्र है और मन्दोदरी के कान में झिलमिलाता कुण्डल ही बिजली-सा चमक रहा है। बादलों की नहीं मृदंगों की गड़गड़ाहट है और ओले नहीं ताल ठमक रहे हैं।

श्रीराम : खूब है रावण। ऐसे समय भी राग रंग में डूबा है। बड़ा ही अभिमानी है। ठीक है तो लो-

(बाण चढ़ाकर निशाना साधते हैं। एक क्षण में बाण रावण की छत्र, मुकुट, मन्दोदरी का कर्णफूल काटकर- तुरीण में लौट आता है किसी की समझ में नहीं आता कि यह कैसा कौतुक था।)

पाठ : *अस कौतुक करि राम सर प्रबिसेउ आइ निषंग।*
रावन सभा ससंक सब देखि महा रसभंग॥

दृश्य-5

(रावण का रंगमहल)

एक निशाचर : अरे, यह क्या हुआ? न भूकम्प आया, न आँधी, कोई अस्त्र-शस्त्र भी नहीं दिखा, तब यह क्या हो गया?

दूसरा : यह तो भारी असगुन हुआ है।

रावण : तुम लोग मूर्ख हो। मेरे लिये तो सिर कटकर गिरना भारी सगुन है, तब मुकुट का गिरना अशुभ कैसे हो सकता है। जाइये आप लोग अपने घर जाकर आराम कीजिये।

(सब जाते हैं)

मन्दोदरी : प्राणनाथ! मेरी प्रार्थना सुनें! राम से विरोध करना छोड़ दें। उन्हें साधारण मनुष्य न समझें। वेदों ने उनके विराट् रूप का वर्णन किया है। रघुनाथ जी के पद में प्रीति प्रकटकर मेरा सुहाग बचा लें।

रावण : (हँसता है)- ओह मोह बड़ा बलवान् होता है। विद्वान् ठीक ही कहते हैं कि स्त्री के स्वभाव में आठ अवगुण सदा बने रहते हैं-साहस, झूठ, चपलता, छल, भय, अविवेक, अपवित्रता और निर्दयता। तुम चतुर हो, तुमने शत्रु का परिचय देकर बता दिया कि मुझे उससे कितना भय है। तुमने राम के गुण बताकर दिखाया कि वे सब तो स्वभावतः मुझमें विद्यमान है। हे मृगनयनी! मैं तुम्हारी चतुराई की प्रशंसा करता हूँ। तुम्हारी बातें ऐसी गूढ़ होती हैं कि समझ में आने पर दिल खुश कर देती हैं। चलो विश्राम करें।

पाठ : फूलइ फरइ न बेत, जदपि सुधा बरषहिं जलद।
मूरुख हृदयँ न चेत जौ गुर मिलहिं बिरंचि सम॥

21
अंगद विस्तार

पाठ : शङ्खेन्द्वाभमतीवसुन्दरतनुं शार्दूलचर्माम्बरं
कालव्यालकरालभूषणधरं गङ्गाशशाङ्कप्रियम्॥
काशीशं कलिकल्मषौघशमनं कल्याणकल्पद्रुमं।
नौमीड्यं गिरिजापतिं गुणनिधिं कन्दर्पहं शङ्करम्॥

पाठ : *इहाँ प्रात जागे रघुराई। पूछा मत सब सचिव बोलाई॥*
कहहु बेगि का करिअ उपाई। जामवंत कह पद सिरु नाई॥
(सुवेल पर्वत पर प्रभु श्रीराम, लक्ष्मण और वानरवीर विराजमान हैं।)

जामवन्त : हे सर्वज्ञ! मैं अपनी मति के अनुसार सुझाव दे रहा हूँ कि बालि कुमार अंगद को दूत बनाकर भेजा जाय।

सभी वानर : बहुत अच्छी सलाह है। साधु - साधु।

श्रीराम : (अंगद से) हे बुद्धिबल गुणधाम अंगद, मेरे कार्य हेतु तुम लंका जाओ। तुम्हें बहुत विस्तार से क्या कहूँ। मैं जानता हूँ तुम परम चतुर हो। तुम जाकर शत्रु से ऐसी वार्त्ता करना जिससे हमारा हित होय।

पाठ : प्रभु अग्या धरि सीस चरन बंदि अंगद उठेउ।
सोइ गुन सागर ईस राम कृपा जा पर करहु॥

अंगद : (प्रभु के चरण स्पर्श करके) हे नाथ! आपके कार्य तो स्वयं सिद्ध हैं। आपने तो दास का यश बढ़ाया है। आज्ञा दीजिये।
(अंगद लंका की ओर चलते हैं)

पाठ : *बंदि चरन उर धरि प्रभुताई। अंगद चलेउ सबहिं सिरु नाई॥*
पुर पैठत रावन कर बेटा। खेलत रहा सो होइ गै भेटा॥

बातहिं बात करष बढ़ि आई। जुगल अतुल बल पुनि तरुनाई॥
तेहिं अंगद कहुँ लात उठाई। गहि पद पटकेउ भूमि भवाँई॥
(अंगद मार्ग में रावण के पुत्र से भिड़ जाते हैं और उसे पटक देते हैं)

पाठ : *भयउ कोलाहल नगर मझारी। आवा कपि लंका जेहिं जारी॥*
(शोर, भयभीत लोग अंगद को राजसभा का मार्ग दिखाते हैं)

दृश्य-2

(लंका-रावण दरबार)

पाठ : *गयउ सभा दरबार तब सुमिरि राम पद कंज।*
सिंह ठवनि इत उत चितव धीर बीर बल पुंज॥
(भागा-भागा एक दूत आता है)

दूत : महाराज! द्वार पर एक बलवान् कपि आया है।

रावण : अच्छा, बुला लाओ, देखें कहाँ का बन्दर है।
(दूत जाता है और अंगद को लेकर आता है)

पाठ : *गयउ सभाँ मन नेकु न मुरा। बालितनय अतिबल बाँकुरा।*
उठे सभासद कपि कहुँ देखी। रावन उर भा क्रोध बिसेषी॥
(अंगद के आते ही सभी सभासद उठ खड़े होते हैं जिससे रावण नाराज होता है।)

पाठ : *जथा मत्त गज जूथ महुँ पंचानन चलि जाइ।*
राम प्रताप सुमिरि मन बैठ सभाँ सिरु नाइ॥
(अंगद आसन ग्रहण करता है)

रावण : क्यों रे, तू कौन बन्दर है?

अंगद : मैं रामदूत हूँ दसकन्धर। मेरे पिता तेरे मित्र थे, इसी से तेरे हित के लिए आया हूँ। आप उत्तम कुल के हैं, ऋषि पुलस्त्य के नाती हैं, आपने शंकर जी और ब्रह्माजी की बहुत पूजा-अर्चना की है और उनसे वरदान पाकर बहुत-से कार्य किये हैं। आपने सभी राजाओं और लोकपालों पर विजय प्राप्त की है। बस एक बात ठीक नहीं की कि मोहवश होकर अभिमान किया और माता जगदम्बा सीता को हर लाये हो। अब मेरी नेक सलाह सुनो, प्रभु दयालु हैं, तुम्हारे सब अपराध क्षमा कर देंगे। दशमुख में तृण रखकर, सादर

जनकसुता को आगे रखकर स्त्री पुत्रों सहित सब भय त्यागकर चलो। हे दशकन्धर! रघुनाथ जी प्रणतपाल हैं, उनके समक्ष त्राहि-त्राहि करते हुए चलो, तुम्हारी आर्तवाणी सुनकर प्रभु अवश्य तुम्हें अभय दान देंगे।

रावण : (क्रोध से) अरे अधम बन्दर, जीभ सँभालकर बोल। किसके सामने बैठकर बोल रहा है। अरे मूढ़, नहीं जानता कि मैं देवताओं का शत्रु हूँ। तू किसका बेटा है, बता तो जिसके नाते मैं दोस्ती की बात मानूँ।

अंगद : हे महाबली रावण, मेरा नाम अंगद है और मैं बालि का पुत्र हूँ। उनसे तो भेंट हुई होगी?

रावण : हाँ, एक बालि नाम का बन्दर था तो। अच्छा तो तू उसी बालि का बेटा है, अपने कुल का कलंक, घर में आग लगानेवाला बेटा है। अरे तू गर्भ में ही क्यों न मर गया। अपने मुँह से अपने को तापस दूत कहता है, शर्म नहीं आती। खैर, अब बता मेरा मित्र बालि कैसा है?

अंगद : (हँसकर) अच्छा है, दस दिन बाद उनसे गले मिलकर स्वयं ही कुशल पूछ लेना। वह आपको बतायेंगे कि श्रीराम का विरोध करनेवाले की कुशल कैसी होती है। और तुमने मुझे कुलघालक कहा जबकि तुम स्वयं कुलपालक हो। अरे ऐसी बात तो अन्धे-बहरे नहीं कहते, तुम्हारे तो बीस आँखें और बीस कान हैं। सोचो तो जिन चरणों की सेवा करने हेतु शिव, ब्रह्मादि देवता और मुनि लालायित रहते हैं, उनका दूत बनकर हम कुलबोरन हो गये? ऐसी बात कहते तेरा कलेजा नहीं फट जाता।

पाठ : *सुनि कठोर बानी कपि केरी। कहत दसानन नयन तरेरी।*

रावण : अरे दुष्ट, मैं नीति और धर्म जानता हूँ इसी से तेरी उद्धत वाणी सुनकर भी चुप हूँ।

अंगद : आ हा हा, आपकी धर्मशीलता हमने भी सुनी है, आप परायी स्त्री चुराते हैं। याद है कुबेर का एक दूत आया था, तू उसे मारकर खा गया, कैसी दूत रक्षा की नीति है। अरे धर्मव्रतधारी यह डूब मरने की बात है। बहन नाक-कान कटवाकर आयी, तुमने देखा पर धर्म का विचार करके क्षमा कर दिया। सारी दुनिया तुम्हारी धर्मशीलता जानती है। मेरा अहोभाग्य कि आज मैंने महान् धर्मज्ञ के दर्शन कर लिये।

रावण : अरे मूर्ख बन्दर! क्या बकवास करता है। अरे शठ मेरी भुजाओं को देख, लोकपालों के चन्द्रमारूपी बल को ग्रसने के लिए ये राहु हैं। आकाशरूपी सरोवर देख रहा है न, उसमें मेरे कर-कमलों पर हंस की भाँति शिवशंकर सहित कैलास पर्वत शोभित है। मेरा बल तो तू देख ही रहा है। अच्छा बता बेटा अंगद! तेरे कटक में मुझसे लड़नेवाला कौन है। एक तेरे 'प्रभु जी' हैं जो स्त्री वियोग में बलविहीन हो गये हैं। उसका भाई 'लक्ष्मण' उसी के दुःख से दुःखी है। तुम और सुग्रीव नदी किनारे के पेड़ हो, आपस में वैरी हो। रहा मेरा भाई, सो बहुत डरपोक और कायर है। मन्त्री जामवन्त है मगर बहुत बूढ़ा, वह अब क्या लड़ेगा, नल-नील अभियन्ता है, पुल बना सकते हैं, वे लड़ना क्या जानें। हाँ, एक बन्दर है जो पहले आया था और नगर में आग लगा गया था।

अंगद : सच बोलना राक्षसराज, क्या सचमुच कोई कपि लंका जला गया था! एक छोटा-सा बन्दर रावण के महानगर को जला गया यह कौन मानेगा? तुम जिसे बड़ा भारी सुभट बता रहे हो वह तो सुग्रीव का अदना चर था, कोई बड़ा वीर नहीं था। उसे तो हम लोगों ने खबर लेने को भेजा था। बिना प्रभु की आज्ञा के उसने आग लगा दी इसलिए घबराकर वह कहीं छुप गया है, सुग्रीव महाराज के पास नहीं आया। लेकिन दशशीश! यह तुमने ठीक कहा कि हमारे कटक में कोई भी ऐसा नहीं है जो तुमसे लड़कर गौरवान्वित होगा। अरे प्रीति और वैर तो बराबर वालों में करना चाहिए ऐसा नीतिवचन है। तुम-जैसे मेंढक को सिंह मारे यह अच्छा लगेगा? तुम-जैसे शूद्र को मरने में राम जी की लघुता ही सिद्ध होगी पर याद रखो क्षत्रिय जाति का क्रोध बड़ा विकराल होता है।

रावण : (हँसकर) वाह, यही तो वानर जाति का सबसे बड़ा गुण है कि वह अपने मालिक की खुशी के लिए लज्जा त्यागकर हर तरह से नाचते हैं। सच है अंगद तुम्हारी जाति ही स्वामिभक्त है इसी से मालिक के गुण गाते हो, और मैं गुण गाहक परम सुजान हूँ इसलिए तुम्हारे कटु वचन इस कान से सुनकर उस कान से निकाल दे रहा हूँ।

अंगद : हाँ हाँ, तुम्हारी गुणग्राहकता की चर्चा पवनसुत ने मुझसे की थी। उसने तुम्हारी वाटिका उजाड़ी, पुत्र को मारा और तुम्हारा नगर

जला दिया पर तुमने उसका कोई अपकार नहीं किया। इसी कारण तो मैंने यह ढिठाई कर डाली, सोचा, देखें कपि सच कहता था या नहीं कि तुम्हें न लज्जा है न क्रोध आता है न अहंकार है।

रावण : अब समझा ऐसी मति के कारण ही तुम बाप को खा गये। (हँसता है)

अंगद : हाँ बाप को तो खा गया अब तुम्हें भी खाऊँगा पर एक बात ऐसी है कि मुझे रोक रही है। तू बालि के विमल यश का पात्र है क्योंकि उन्होंने तुझे अपनी काँख में दबा रखा था। अरे अधम अभिमानी, बता तो कि संसार में रावण कितने हैं? नहीं समझा तो मैं बताता हूँ। एक राजा बलि को जीतने पाताल लोक में गया था और वहाँ बच्चों ने अजीब-सा जानवर समझकर घुड़साल में बाँध दिया था भला हो राजा बलि का कि उन्होंने बच्चों की पिटाई से तुझे छुड़ाकर मुक्त कर दिया। एक और रावण था जिसे सहस्रबाहु ने विचित्र जन्तु समझकर पकड़ लिया था और अपने महल में उठा लाया था। भला हो पुलस्त्य मुनि का जिन्होंने उसे छुड़ा दिया। एक और रावण था जो कहते मुझे संकोच होता है जो मेरे पिता की काँख में दबा रहा। अब अभिमान त्यागकर बताओ कि इनमें से तुम कौन से रावण हो?

रावण : अरे शठ, मैं वह महाबली रावण हूँ जिसने इन भुजाओं के पराक्रम से कैलास पर्वत उठा लिया था, शंकर भगवान् मेरी शूरवीरता से परिचित हैं। मैंने पुष्प के स्थान पर अपने सिर चढ़ाकर उनकी पूजा की है- हाँ, अपने हाथों अपने सिर काट चढ़ाये हैं। दिग्गज मेरी वीरता जानते हैं, इन्द्र का वज्र मेरे हृदय से टकराकर मूली की भाँति टूट जाता है। मैं चलता हूँ तो पृथ्वी डोलने लगती है। सारी दुनिया जिस रावण का प्रताप जानती है उस रावण को तू नहीं जानता। अरे उस रावण को छोटा बताकर, मनुष्य की प्रशंसा करता है। अरे दुष्ट बन्दर के बच्चे यही है तेरा ज्ञान?

अंगद : नीच अभिमानी रावण! मुँह सँभालकर बोल। परशुराम जी को जानता है न, वही जिन्होंने अपने परशु से सहस्रबाहु की हजार भुजाएँ काट डाली थीं, वही जिन्होंने अनेक बार राजाओं का विनाश कर डाला था, वही परशुराम राम को दखकर नतमस्तक हो गये। अरे अभागे दशकन्धी! वे राम मनुष्य कैसे हो सकते हैं? अरे बंगा, क्या कामदेव साधारण धनुर्धर है या कि गंगा जी सामान्य नदी हैं,

कामधेनु क्या पशु है, कल्पवृक्ष क्या पेड़ है, अन्न भी क्या दान है और अमृत क्या साधारण रस मात्र है? मूर्ख गरुड़ को पक्षी, शेष को साँप, पारस को तू पत्थर मानता है क्या? तेरे मत से तो वैकुण्ठ भी एक लोक मात्र है और रघुनाथ जी की भक्ति क्या साधारण लाभ है? सोच तो वह जो अशोकवाटिका उजाड़कर, तेरे पुत्र को मारकर और तेरी लंका जलाकर चला गया वह हनुमान एक छोटा-सा बन्दर मात्र है। अब चतुराई त्यागकर राम जी का भजन कर समझा। अरे राम जी का विरोध करेगा तो ब्रह्मा जी और शंकर भी तेरी सहायता नहीं कर पायेंगे। वृथा गाल मत बजा, राम जी से द्रोह करेगा तो तेरे सिर काटकर वानरों के चरणों में गिरेंगे और वे उन्हें गेंद बनाकर चौगान खेलेंगे।

रावण : अरे मूर्ख! मेरा भाई कुम्भकर्ण है, मेरा पुत्र इन्द्रजीत है, और मैं चराचर को सहज जीत लेनेवाला प्रतापी रावण हूँ- जानता है न। बन्दरों का दल जुटाकर एक पुल बना लिया- यही बहादुरी है। अरे मूर्ख, समुद्र तो पक्षी भी पार कर लेते हैं। मेरे बाहुबल के समुद्र को लाघेंगा तब समझ आयेगा। पता है मैंने दिक्पालों से पानी भरवाया है। तेरा मालिक वीर है तो दूत क्यों भेजा है? आकर युद्ध क्यों नहीं करता? निर्लज्ज, मेरे-जैसा वीर कौन है, अपने सिर काटकर जब मैंने हवनकुण्ड में चढ़ाये तो पढ़ा कि ब्रह्मा ने लिखा था कि मनुष्य के हाथ मेरा मरण होगा, तो मुझे हँसी आयी और ब्रह्माजी सठिया गये हैं इसलिए उनकी भूल को मैंने क्षमा कर दिया। अरे मूर्ख! तू लज्जा और मर्यादा छोड़कर मेरे आगे बार-बार दूसरे वीर का बल कहता है।

अंगद : अहा हाँ, रावण महाराज! आप-जैसा लज्जावाला तो कोई है ही नहीं। पर लज्जाशील अपने मुँह अपनी बड़ाई नहीं करते और तू निर्लज्ज की भाँति अपनी गुणगाथा सुनाता जा रहा है। बड़े-बड़े करतब किये पर सहस्रबाहु, बलि और बालि के यहाँ दुर्गति भई तब पर्वत उठानेवाली वीरता कहाँ रह गयी थी? अरे मतिमन्द सिर तो जादूगर भी काटकर दिखाते हैं, इसमें कौन-सी बहादुरी है? पतंगे आग में जल जाते हैं, गदहा भारी बोझ उठाता है। ये सब वीर हैं क्या? व्यर्थ की बात मत बढ़ा। मेरी बात सुन, मैं ऐसे ही नहीं चला आया हूँ- स्वयं रघुनाथ जी ने मुझे भेजा है। उन्होंने कहा है सिंह को गीदड़ मारने से यश नहीं मिलता। अरे इसी कारण

सब-कुछ सह रहा हूँ नहीं तो औरत चुरानेवाले, तेरा मुँह तोड़कर जानकी माता को ले जाता। तू राक्षसों का राजा है और मैं राम जी का दूत। प्रभु की आज्ञा नहीं है नहीं तो दिखाता तमाशा, तुझे पटककर मारता, तेरी सेना को मारता, लंका को तहस-नहस करके, मन्दोदरी समेत जानकी जी को उठा ले जाता। अरे तू तो जीवित शव है तुझे क्या मारूँ?

रावण : (क्रोध से पागल) - अरे नीच बन्दर, मरना है क्या? छोटे मुँह बड़ी बात कहता है। तेरे स्वामी के पास बुद्धि, बल कुछ भी तो नहीं है, उसे तो बाप ने घर से निकाल दिया है और स्त्री वियोग में रोता फिरता है। अरे, उसे तो मेरा कोई राक्षस ही खा जायगा।

अंगद : (अति क्रोध) क्या?
(पृथ्वी पर हाथ पटकता है - रावण गिर जाता है और अंगद चार मुकुट उठाकर अपने शिविर की ओर फेंक देते हैं)

पाठ : आवत मुकुट देख कपि भागे। दिनहीं लूक परन बिधि लागे।
की रावन करि कोप चलाए। कुलिस चारि आवत अति धाए।
(राम शिविर की एक झलक)

श्रीराम : मेरे प्रिय वानर वीरों! भय न करें, ये तो रावण के मुकुट हैं जो वीरवर अंगद ने फेंके हैं।
(हनुमान जी उछलकर मुकुट पकड़ लेते हैं)

रावण : अरे कौन है, पकड़ो इस बन्दर को, भागने न पाये और जाओ जहाँ बन्दर-भालू मिलें पकड़कर खा जाओ। और दोनों तापस भाइयों को बाँधकर मेरे सामने ले आओ।

अंगद : अरे कुलघाती, निर्लज्ज! मेरे बल देखकर तेरी छाती क्यों नहीं फटती, मर जा अपनी मुण्डी काटकर—चोर, पापी, कुमार्गगामी तुझे सन्निपात तो नहीं हो गया है? नरभक्षी, राम जी को आदमी कहता है तेरी जीभ कटकर गिर जायेगी। राम जी को छोड़, मैं अकेला ही तेरे दाँत तोड़ने के लिए काफी हूँ। उठाकर फेंक दूँगा तेरी लंका समुद्र में - उफ् क्या कहूँ प्रभु की आज्ञा नहीं है।

रावण : (मुस्कराकर) बेटे, बहुत झूठ न बोल, लोग लबार कहेंगे। तेरा बाप बालि तो इस तरह की बकवास नहीं करता था। शायद तापस के कुसंग का प्रभाव है।

अंगद : रावण! कसम है कि युद्ध में तेरी दसों जिह्वा उखाड़ूँगा। लेकिन पहले यह देख, मैं अपने पैर रोप रहा हूँ- तेरा कोई भी वीर इसे हटा देगा तो मैं जानकी हारकर राम जी के साथ लौट जाऊँगा। चलो -

(सभी वीर चेष्टा करते हैं- पर पैर हिलते तक नहीं)

पाठ : *झपटहिं करि बल बिपुल उपाई। पर न टरइ बैठहिं सिरु नाई॥*
पुनि उठि झपटहिं सुर आराती। टरइ न कीस चरन एहि भाँती॥
भूमि न छाँड़त कपि चरन, देखत रिपु मद भाग।
कोटि बिघ्न ते संत कर मन जिमि नीति न त्याग॥

व्यास : तब रावण स्वयं उठा और बालि कुमार के चरण पकड़ने को चला।

अंगद : अरे नहीं नहीं रावण महाराज, मेरे नहीं रघुनाथ रामचन्द्र जी के चरण गहो, उद्धार हो जायगा।

(रावण लज्जित हो - लौटकर सिंहासन पर सिर झुकाकर बैठता है।)

पाठ : *रिपु बल धरषि हरषि कपि बालितनय बल पुंज।*
पुलक सरीर नयन जल गहे राम पद कंज॥

(अंगद आकर राम जी के चरण पकड़ते हैं और फिर राम जी की आरती करते हैं।)

22
लक्ष्मण-शक्ति

पाठ : *रामं कामारिसेव्यं भवभयहरणं कालमत्तेभसिंहं*
योगीन्द्रं ज्ञानगम्यं गुणनिधिमजितं निर्गुणं निर्विकारम्।
मायातीतं सुरेशं खलवधनिरतं ब्रह्मवृन्दैकदेवं
वन्दे कन्दावदातं सरसिजनयनं देवमुर्वीशरूपम्।

दृश्य-1

(रावण का महल)

पाठ : *साँझ जानि दसकंधर भवन गयउ बिलखाइ।*
मंदोदरीं रावनहि बहुरि कहा समुझाई॥
(रावण निढाल हो बैठा है)

मन्दोदरी : स्वामी, आज दूत अंगद ने आपकी सभा को परास्त कर दिया, इसका शोक न करें। अपनी कुबुद्धि दूर करें। राम से युद्ध करना आपको शोभा नहीं देता। जरा सोचें, लक्ष्मण की खींची रेखा आप लाँघ न पाये, हनुमान लंका में घुस आया, अक्षय को मारकर लंका जलाकर चला गया। कोरी डींग मारना ठीक नहीं है। अरे सीता ही चाहते थे तो धनुष यज्ञ में क्यों नहीं धनुष तोड़कर उसे ब्याह लाये। मैं कैसे समझाऊँ, राम ने अकेले ही खर-दूषण की समूची सेना का नाश कर दिया।

रावण : कह चुकी। अब चुप करके बैठिये। मैं जाता हूँ राजसभा में।
(रावण उठकर चला जाता है)

दृश्य-2

(राम का शिविर)

श्रीराम : कहो अंगद, मुझे बड़ा कौतूहल हो रहा है। रावण तो अत्यन्त बलशाली है उसके मुकुट तुम्हें कहाँ मिले।

अंगद : हे सर्वज्ञ! वे मुकुट नहीं राजा के चार गुण थे—साम, दान, दण्ड, भेद ये चारों नीति और धर्म के चार चरण हैं जो सदा राजा के पास रहते हैं। रावण के पास तो न धर्म है, न नीति, न वह आपके चरणों में प्रीति रखता है अतः ये चारों उसे छोड़ आपके पास चले आये।

श्रीराम : तुम बहुत चतुर हो। हमने रावण-सभा में तुम्हारे पराक्रम की कथा सुनी है और तुम्हें शाबाशी देते हैं। तुम वीर हो और राजपुत्र हो। अच्छा अब बताइये लंका पर कैसे आक्रमण किया जाय?

एक मन्त्री : प्रभु, मैं पता लगा आया हूँ। लंका के चार द्वार हैं और सबसे पहले उन्हें तोड़ना होगा तब लंका में प्रवेश हो सकेगा।

विभीषण : ये ठीक कहते हैं। इन पर लंका के सैन्य का प्रबल पहरा है।

सुग्रीव : मेरी राय में अपनी सेना को चार दलों में विभाजित करें और चारों फाटक पर एक साथ आक्रमण किया जाय।

श्रीराम : यह उत्तम विचार है।

व्यास : तब चारों दल के वानर श्रीराम, लक्ष्मण और सुग्रीव की जय-जयकार करते, विशाल शिलाखण्ड लिये, सिंहनाद करते, फाटकों पर हमला करने लगे। लंका में हलचल मच गयी।

दृश्य-3

(रावण का शिविर)

रावण : क्यों जी, यह कैसा शोर है?

मन्त्री : स्वामी, हजारों भालू-बन्दर लंका के फाटकों पर चढ़ आये हैं।

रावण : (अट्टहास करके), इन बन्दरों की ढिठाई तो देखो। सेनानायकों, ये बन्दर काल के भेजे चले आये हैं और हमारे वीर सैनिक भूखे हैं, उनसे कहो विधाता ने घर बैठे आहार भेजा है, प्रेम से बन्दर-भालू खायें, जहाँ भी बन्दर-भालू दिखें गप-गप खा जायें।

व्यास : राक्षसों की सेना अस्त्र-शस्त्र से सज्जित हो दुर्ग के कँगूरों पर चढ़ गयी। ढोल-डंका बज उठे। पर वे भालू-बन्दर के अपार कटक को

देखकर सहम गये।

पाठ : *उत रावन इत राम दोहाई। जयति जयति जय परी लराई॥*

व्यास : पर वानर-भालू राक्षस सेना पर भारी पड़ें। वे भागने लगे। वे रावन को गाली देने लगे, बैठे-बैठाये लड़ाई मोल ले ली।

उनकी भगदड़ देखकर रावण बहुत क्रोधित हुआ।

रावण : अरे कायरो! बैठे-बैठे मेरा खाते रहे, जब लड़ने की पारी आयी तो भाग रहे हो। यदि किसी ने भी पीठ दिखायी तो मैं इसी कृपाण से उसके टुकड़े-टुकड़े कर डालूँगा।

व्यास : अब राक्षस सुभट जान का मोह त्यागकर लड़ने लगे और व्याकुल होकर बन्दर-भालू भागने लगे। वे चीख रहे थे कहाँ हैं हनुमान कहाँ है अंगद जी? हनुमान उस समय दूसरे फाटक पर मेघनाद से भिड़े थे, उन्होंने बन्दरों की पुकार सुनी तो गरजकर गढ़ के ऊपर चढ़ गये और मेघनाद के रथ को चूरकर डाला, सारथी को मारा और मेघनाद को ऐसा लात मारा कि वह मूर्च्छित हो गया।

पाठ : *अंगद सुना पवनसुत गढ़ पर गयउ अकेल।*
रन बाँकुरा बालिसुत तरकि चढ़ेउ कपि खेल॥

व्यास : दोनों वीर रावण के भवन पर चढ़ गये और कलश सहित उसे ध्वस्त कर दिया। लंका में रोना-पीटना मच गया। बड़े-बड़े सुभटों को मारकर बन्दर रावण के आगे फेंक देते थे। और श्रीराम इन वीरों को पावन गति प्रदान कर रहे थे। रात शिविर में लौटे वानरी-भालू प्रभु की कृपादृष्टि पाकर फिर तरोताजा और स्वस्थ हो गये।

दृश्य-4

(रावण शिविर)

पाठ : *आधा कटकु कपिन्ह संघारा। कहहु बेगि का करिअ बिचारा॥*

रावन : देखा आप लोगों ने। क्या सेना तैयार की है - खा-खाकर मुटा गये हैं। आज तो बड़ी भद्द करायी - अब बतायें क्या किया जाय?

माल्यवन्त : (बूढ़ा मन्त्री) हे महाराज रावण! आप मेरी बात सुनें। जबसे आप सीता को हर लाये हो, लगातार अपशकुन हो रहे हैं। राम से वैर लेने का कोई तुक नहीं था। अब भी समय है, वैर त्यागकर वैदेही को लौटा दो।

रावण : अबे क्या बकता है, मुँह काला कर। बूढ़ा जानकर तेरा वध नहीं करता हूँ लेकिन अब मेरी आँखों के आगे न आना। अब निकल यहाँ से।

(माल्यवन्त जाता है)

एक मन्त्री : मैंने कल प्रातः युद्ध के लिए यह व्यूह रचना की है, इसे देखें।

मेघनाद : अपनी योजना अपने पास रखें। कल प्रातः मेरा कौतुक देखियेगा। ऐसा तमाशा करूँगा कि अभी से क्या बताऊँ।

रावण : शाबाश बेटा! कल युद्ध की बागडोर तुम्हारे हाथ रहेगी। विजयी हो।

दृश्य-5

युद्ध-स्थल

पाठ : करत बिचार भयउ भिनुसारा। लागे कपि पुनि चहूँ दुआरा॥

व्यास : सबेरा होते ही कुपित हो कपि दल ने गढ़ को घेर लिया। यह देख मेघनाद अपने दुर्ग से बाहर आया।

मेघनाद : कहाँ हैं दोनों कोमल भाई जो बड़े धनुर्धर बनने की डींग मारते हैं? कहाँ हैं नल-नील-सुग्रीव? कहाँ गये अंगद और हनुमान? कहाँ है वह घर का भेदी विभीषण? आज मैं सबको मारूँगा पर विभीषण को तो बद-बद कर मारूँगा।

व्यास : मायामय मेघनाथ ने भीषण युद्ध आरम्भ किया और भयभीत हो भालू-बन्दर भाग चले। पवनपुत्र ने एक विशाल चट्टान फेंकी जिससे रथ, सारथी, तुरंग सब नष्ट हो गये। मेघनाद आकाश में उड़कर छिप गया। हनुमान ललकारते रहे पर सामने नहीं आया बल्कि सीधा श्रीराम के सामने पहुँचकर गाली बकने लगा। प्रभु ने एक तीर से उसके सब आयुध नष्ट कर दिये तो वह माया करने लगा, अंगारे बरसाने लगा - पिशाच-पिशाची प्रकट किये, विष्ठा-रुधिर वर्षा की, अन्धकार किया पर राम ने एक बाण से सारी माया नष्ट कर दी।

पाठ : *आयसु मागि राम पहिं अंगदादि कपि साथ।*
लछिमन चले क्रुद्ध होइ बान सरासन हाथ॥

व्यास : भीषण युद्ध आरम्भ हो गया। लक्ष्मण और मेघनाद एक-दूसरे पर प्रहार करने लगे। दोनों बराबरी पर थे पर मेघनाद छल कर रहा था।

मेघनाद : अरे यह तो बड़ा विकट योद्धा है, इसे ज्यादा देर खेलाऊँगा तो यह मेरे प्राण हर लेगा। ठीक है लक्ष्मण लो यह वीरघातिनी शक्ति सँभालो। (शक्ति प्रकट)

व्यास : शक्तिबाण लक्ष्मण के हृदय पर लगा और वे मूर्च्छित होकर गिर पड़े।

मेघनाद : इसे उठाकर पिता जी के पास ले चलूँ (लक्ष्मण को उठाना चाहता है पर नहीं उठा पाता।)

पाठ : *मेघनाद सम कोटि सत जोधा रहे उठाइ।*
जगदाधार सेष किमि उठै चले खिसिआइ॥

व्यास : तब हनुमान जी ने सहज ही उन्हें उठा लिया और श्रीराम के पास ले आये।

दृश्य-6

(राम शिविर)

पाठ : तब लगि लै आयउ हनुमाना। अनुज देखि प्रभु अति दुख माना॥
(लक्ष्मण के सिर को गोद में लेकर श्रीराम शोकाकुल हो गये)

जामवन्त : देखिये लंका में वैद्य सुषेण हैं जो बड़े गुणी हैं, उन्हें बुलाना चाहिए।

हनुमान : अभी ले आता हूँ।

पाठ : *धरि लघु रूप गयउ हनुमंता। आनेउ भवन समेत तुरंता॥*

सुषेण : अच्छा देखने दें। हूँ इन्हें तो वीरघातिनी शक्ति लगी है। इसका तो एक ही उपचार है संजीवनी बूटी का रस जो द्रोणाचल पर्वत पर उगती है। सूर्योदय से पहले वह लायी जा सके तो इनकी मूर्च्छा दूर हो जायेगी।

पाठ : *राम चरन सरसि जउर राखी। चला प्रभंजनसुत बल भाषी॥*

दृश्य-7

(रावण का भवन)

दूत : महाराज! राम शिविर में सुषेण वैद्य बुलाये गये हैं और हनुमान ओषधि लेने चल पड़े हैं। सबेरा होने से पहले दवा आ गयी तो लक्ष्मण होश में आ जायेंगे।

रावण : ऐसा है। कालनेमि!

कालनेमि : जी क्या आज्ञा है?

रावण : देखो तुम हनुमान को रास्ते में रोको, किसी भी हालत में वे सबेरा होने से पहले लौट न सके।

कालनेमि : (स्वगत) ना कहूँगा तो यह दुष्ट मार डालेगा इससे तो अच्छा है रामदूत के हाथों मारा जाऊँ।
(प्रकट) जो आज्ञा महाराज!

पाठ : अस कहि चेला रचिसि मग माया। सर मंदिर बर बाग बनाया॥
मारुतसुत देखा सुभ आश्रम। मुनिहि बूझि जल पियौं जाइ श्रम॥

दृश्य-8

(कालनेमि का आश्रम)

कालनेमि : श्री राम जय राम-जय जय राम। आओ बच्चा रामकाज हेतु जा रहे हो। वाह क्या बात है श्रीराम जी की। मैं देख रहा हूँ लंका में भीषण युद्ध हो रहा है। श्रीराम जीतेंगे इसमें सन्देह नहीं। हाँ क्या चाहिए? जल- यह लो! (कमण्डलु)

हनुमान : इतने से मेरी प्यास कैसे बुझेगी?

कालनेमि : ठीक है तो पास में सरोवर है जाओ, जलपान करो-स्नान करो- मैं तुम्हें दीक्षा दूँगा।

व्यास : हनुमान सरोवर में उतरे तो एक मछली पैरों तले दब गयी-वह शापग्रस्त अप्सरा थी। उसने हनुमान को बताया कि यह मुनि नहीं राक्षस है। हनुमान आश्रम में लौटे।

कालनेमि : आ गये बच्चा, अब दीक्षा ग्रहण करो।

हनुमान : दीक्षा से पहले गुरु दक्षिणा तो ले लें।
(पटककर घूँसा मारते हैं और कालनेमि मर जाता है)

हनुमान : लो पर्वत तो आ गया, पर इनमें ओषधि कौन-सी है? ठीक है पहाड़ ही ले चलता हूँ। (पर्वतखण्ड उठाकर उड़ते हैं)

पाठ : *गहि गिरि निसि नभ धावत भयऊ।*
अवधपुरी ऊपर कपि गयऊ॥

दृश्य-9

(अयोध्या)

एक अवधवासी : महाराज! आकाश में देखिये, कोई राक्षस उड़ा जा रहा है।

दूसरा : नहीं, कोई पहाड़ उड़ रहा है।

भरत : ठहरो, अभी देखते हैं।

पाठ : *देखा भरत बिसाल अति निसिचर मन अनुमानि।*
बिनु फर सायक मारेउ चाप श्रवन लगि तानि॥
(हनुमान श्रीराम कहते हुए भूमि पर गिर पड़ते हैं)

भरत : अरे, यह क्या, यह तो कोई रामभक्त वानर है। यह मैंने क्या किया। इसकी तो मूर्च्छा दूर ही नहीं होती। (आँख में आँसू आते हैं) यदि मेरी तन-मन से राम चरण में भक्ति हो तो यह कपि चेतन हो, इसकी पीड़ा और थकान दूर हो जाय।

हनुमान : जय-जयति कोसलाधीश! (उठ बैठते हैं)
(भरत जी गले लगाते हैं)

भरत : हे तात, मेरे दोनों भाइयों और माता जानकी की कुशल के समाचार सुनाओ।

पाठ : कपि सब चरित समास बखाने। भए दुखी मन महुँ पछिताने॥
अहह दैव मैं कत जग जायउँ। प्रभु के एकहु काज न आयउँ॥

भरत : हे तात! प्रातः होने में विलम्ब नहीं है और आप न पहुँचे तो भारी अनर्थ हो जायेगा। आप मेरे बाण पर बैठ जायँ, मैं तत्काल वहाँ पहुँचा दूँगा।

हनुमान : प्रभो! आपका प्रताप हृदय में रखकर मैं बात-ही-बात में वहाँ पहुँच जाऊँगा, आप चिन्ता न करें।

पाठ : *भरत बाहु बल सील गुन प्रभु पद प्रीति अपार।*
मन महुँ जात सराहत पुनि पुनि पवनकुमार॥
(हनुमान पर्वत लेकर उड़ जाते हैं)

पाठ : *उहाँ राम लछिमनहि निहारी। बोले बचन मनुज अनुसारी॥*

श्रीराम : आधी रात बीत गयी और हनुमान अब तक नहीं आये। (लक्ष्मण को गले लगाते हैं), हे भाई! तुमने कभी भी किसी प्रकार मुझे दुःखी नहीं होने दिया। तुम्हारा स्वभाव सदा कोमल रहा है। मेरे लिये तुमने माता-पिता को भी त्याग दिया और वनवास के कष्ट सहे। बताओ मेरे भाई, तुम्हारा प्रेम कहाँ गया, मेरे व्याकुल वचन सुनकर भी तुम उठते क्यों नहीं? हाय मैं जानता कि वन में भाई से इस प्रकार विछोह होगा तो मैं पिता के वचन कभी न मानता। हे भाई, संसार में पुत्र, धन, स्त्री, घर और परिवार तो बार-बार

मिल सकते हैं पर सहोदर भाई नहीं मिलता। भगवान् ने तुम्हारे बिना जीवित क्यों रखा है। मैं कौन-सा मुँह लेकर अवध जाऊँगा, लोग कहेंगे स्त्री के लिए भाई खो आये। अब तो मेरे निष्ठुर हृदय को अपयश और तुम्हारा विछोह दोनों सहना होगा। तुम अपनी माता के अद्वितीय पुत्र थे, तुम तो उन्हें प्राण से भी प्यारे थे और उन्होंने तुम्हें मुझे सौंप दिया था, अब मैं उन्हें क्या उत्तर दूँगा? उठो भैया, मुझसे कुछ तो कहो! (सभी लोग रो पड़ते हैं)

पाठ : *प्रभु प्रलाप सुनि कान बिकल भए बानर निकरस।*
आइ गयउ हनुमान जिमि करुना महँ बीर रस॥
(शोर होता है हनुमान जी आ गये)

हनुमान : (श्रीराम के चरण स्पर्श कर) वैद्य सुषेण जी, मैं ओषधि तो पहचान नहीं पाया, पर्वतखण्ड ही उठा लाया हूँ। अब आप शीघ्र वह बूटी शोध लें।

(सुषेण बूटी ढूँढ़कर उसका रस लक्ष्मण के मुख में डालते हैं और लक्ष्मण होश में आ जाते हैं।)

(श्रीराम लक्ष्मण को गले लगाते हैं। वानर-भालू हर्ष से नाच उठते हैं)

श्रीराम : पवनपुत्र, अब वैद्यराज को इनके घर पहुँचा दें।

हनुमान : जो आज्ञा।

पाठ : *यह बृत्तांत दसानन सुनेऊ। अति बिषाद पुनि पुनि सिर धुनेऊ॥*

कीर्त्तन : *श्रीराम जय राम- जय जय राम-----*

•

23

कुम्भकर्ण - मेघनाद वध

पाठ : *लव निमेष परमानु जुग बरष कलप सर चंड।*
भजसि न मन तेहि राम को कालु जासु कोदंड॥

पाठ : *ब्याकुल कुंभकरन पहिंआवा। बिबिध जतन करि ताहि जगावा॥*

दृश्य-1

(कुम्भकर्ण का भवन)

(कुम्भकर्ण सो रहा है। रावण आता है और उसके आदेश से ढोल-नगाड़े बजाकर उसे जगाया जाता है)

पाठ : *जागा निसिचर देखिअ कैसा। मानहुँ कालु देह धरि बैसा।*

कुम्भकर्ण : क्यों भाई, तुम्हारा मुँह उतरा हुआ क्यों है?

पाठ : *कथा कही सब तेहिं अभिमानी। जेहि प्रकार सीता हरि आनी॥*

रावण : हे तात, राम ने लंका पर चढ़ाई कर दी है और वानरों ने भारी संख्या में हमारी सेना के वीरों को मार डाला है।

दुर्मुख, देवान्तक, नरान्तक, अकम्पन और अतिकाय-जैसे योद्धा खेत रहे हैं।

कुम्भकर्ण : अरे शठ, तू जगदम्बा को हर ले आया और अब कल्याण चाहता है। यह तो बहुत बुरा काम किया। अरे भाई, मुझे पहले क्यों नहीं जगाया? देखो अभी भी कुछ बिगड़ा नहीं है, अभिमान छोड़कर राम की सेवा में पहुँच जाओ। रावण, इतना भी नहीं सोच सके कि हनुमान-जैसे वीर जिसके सेवक हों वह राम क्या साधारण मनुष्य है? अरे, तुम तो उनसे वैर ठान बैठे हो जिसकी सेवा शिव, ब्रह्मा आदि देवता करते हैं। नारद मुनि ने मुझे जो ज्ञान दिया था वह तुम्हें बता रहा हूँ। अब बहुत देर हो गयी है अस्तु गले मिल लो,

मैं भी जाकर कमलनयन प्रभु के दर्शन कर जीवन धन्य करूँगा। जय प्रभु।

रावण : सेवकों, कुम्भकर्ण जी के लिए भोजन और पेय लाओ।

पाठ : *महिष खाइ करि मदिरा पाना। गर्जा बज्राघात समाना॥*

दृश्य-2

(रण-क्षेत्र)

कुम्भकर्ण : (गर्जना करता है)

पाठ : कुंभकरन दुर्मद रन रंगा। चला दुर्ग तजि सेन न संगा॥

एक वानर : विभीषण जी, एक महाबली राक्षस दुर्ग से अकेले ही चला आ रहा है।

विभीषण : अच्छा, चलो देखूँ।

पाठ : *देखि बिभीषनु आगें आयउ। परेउ चरन निज नाम सुनायउ॥*

विभीषण : भैया, मैं विभीषण, प्रणाम करता हूँ।

(कुम्भकर्ण उठाकर हृदय लगाता है)

विभीषण : हे तात, मैंने रावण को हित की बात समझाना चाहा पर उसने मुझे लात मारकर लंका से निकाल दिया। तब मैं श्री रघुनाथ जी की शरण में आया।

कुम्भकर्ण : देखो भाई, रावण के सिर पर तो काल नाच रहा है अतः वह सीख कैसे मानता? विभीषण तुम धन्य हो, तुम निशिचर कुलभूषण हो, तुमने वंश को उज्ज्वल किया है जो तुम प्रभु जी की सेवा में आ पहुँचे हो। अब तुम निश्छल मन से राम की सेवा करो। मेरा भी काल आ पहुँचा है अतः मैं अपना-पराया कुछ देख नहीं पा रहा हूँ। जाओ।

पाठ : *बंधु बचन सुनि चला विभीषन। आयउ जहँ त्रैलोक बिभूषन॥*

विभीषण : (श्रीराम से) हे नाथ! पर्वताकार रणधीर कुम्भकर्ण चला आ रहा है। सावधान रहें।

पाठ : *एतना कपिन्ह सुना जब काना। किलकिलाइ धाए बलवाना।*

व्यास : वानर सेना बड़े-बड़े शिलाखण्ड लेकर कुम्भकर्ण से भिड़ गये। पर कुम्भकर्ण अडिग रहा। हनुमान ने एक घूँसा मारा तो वह चकराकर गिर पड़ा। फिर वह उठा, उसके आक्रमण से वानर सेना भाग

चली। अंगद-सुग्रीव आदि मूर्च्छित हो गये और वह सुग्रीव को काँख में दबाकर चल पड़ा। मूर्च्छा दूर हुई तो हनुमान जागे। उधर सुग्रीव ने झपटकर कुम्भकर्ण के नाक-कान कुतर लिये और आकाश में उछल गये। पर कुम्भकर्ण ने सुग्रीव की टँगड़ी पकड़कर उसे भूमि पर पछाड़ दिया। नाक-कान कटने से वह बहुत कुपित हुआ, उठाकर-उठाकर बन्दर खाने लगा।

पाठ : *देखी राम बिकल कटकाई। रिपु अनीक नाना बिधि आई॥*

श्रीराम : सुग्रीव! विभीषण! लक्ष्मण! आप लोग अपनी-अपनी सेनाएँ सँभालें, मैं इस दुष्ट राक्षस से अभी समझ लेता हूँ।

व्यास : प्रभु राम ने आते ही बाणों की वर्षा की और कुम्भकर्ण की सेना के सुभट मारे गये। सेना नष्ट होते देख वह महाबली अत्यन्त रुष्ट हो गर्जन करने लगा। राम के बाण उसके शरीर में घुसकर पार चले जाते मानो बादलों पर वार हो रहा हो। वह फिर वानर सेना पर टूट पड़ा और चारों ओर हाहाकार मच गया। तब राम ने सेना पीछे की और स्वयं आगे आये।

पाठ : *खैंचि धनुष सर सत संधाने। छूटे तीर सरीर समाने॥*

व्यास : कुम्भकर्ण के चलने से पहाड़ हिल गये, धरा दहल उठी। उसने एक शिला उठाकर राम पर फेंकना चाहा पर श्रीराम ने एक सर से उसकी भुजा काट डाली, तब उसने दूसरे हाथ में शिला ले ली पर राम ने वह भुजा भी काट डाली। पंखहीन गिरि-जैसा वह मुँह बाकर दौड़ा मानो त्रैलोक्य निगल जायगा। देव, सिद्ध, मुनि हाहाकर कर उठे। तब श्रीराम ने तीरों से उसका मुख भर दिया, पर वीर गिरा नहीं। वह राम की ओर दौड़ा मानो काल तूणीर रूप धरकर दौड़ रहा है। जब श्रीराम ने एक तीव्र सर से उसकी मस्तक धड़ से अलग कर दिया।

पाठ : *सो सिर परेउ दसानन आगें। बिकल भयउ जिमि फनि मनि त्यागें॥*

व्यास : सिरकटा धड़ ही दौड़ा, पर श्रीराम ने धड़ के भी दो खण्ड कर दिये। आकाश से जैसे-पर्वतखण्ड गिरे हों ऐसे वह सैकड़ों वानर-भालुओं को दबाता धरती पर गिर पड़ा।

(आकाश में नगाड़े बजते हैं, पुष्प वर्षा होती है।)

(नारद आते हैं)

नारद : हे प्रभु! अब दुष्ट रावण को भी मारकर समाप्त करें।

दृश्य-3

(रावण का महल)

(रावण और स्त्रियाँ रुदन कर रही हैं।) रावण कुम्भकर्ण का सिर गले लगाकर विलाप करता है।

(मेघनाद आता है।)

मेघनाद : पिता जी, आप शोक न करें, कल रणक्षेत्र में मेरा पराक्रम देखियेगा। मैं, अभी से क्या कहूँ। मैंने इष्टदेव से बल और रथ प्राप्त किया है। उसका तो अभी प्रदर्शन ही नहीं हुआ। आशीर्वाद दें, सबेरा हो गया और वानर सेना चारों द्वार पर पहुँच गयी है।

दृश्य-4

(रणक्षेत्र)

पाठ : *मेघनाद मायामय रथ चढ़ि गयउ अकास।*
गर्जेउ अट्टहास करि भइ कपि कटकहि त्रास॥

व्यास : आकाश में चढ़कर वह अस्त्र-शस्त्र की वर्षा करने लगा, माया से उसने पकड़ो - मारो का शोर मचा दिया। सभी भ्रमित थे। मारुत सुत, अंगद, नल, नील, सुग्रीव, लक्ष्मण और विभीषण को उसने आहत कर दिया। उसके बाण सूर्य बनकर बाँधने लगे स्वयं श्रीराम नागपाश में बँध गये।

पाठ : *गिरिजा जासु नाम जपि मुनि काटहिं भवपास।*
सो कि बंध तर आवइ ब्यापक बिस्व निवास॥

जामवन्त : खड़ा रह दुष्ट, अभी मैं तेरी मरम्मत करता हूँ।

मेघनाद : अरे, मैंने तो तूझे बूढ़ा जानकर छोड़ दिया था और तू मुझे ललकार रहा है।

(मेघनाद त्रिशूल फेंकता है, जामवन्त उसे लपक लेता है और उसे खींचकर मेघनाद की छाती पर मारता है। मेघनाद गिर पड़ता है। जामवन्त उसकी टँगड़ी पकड़कर उसे घुमाकर दे मारता है।)

पाठ : *इहाँ देवरिषि गरुड़ पठायो। राम समीप सपदि सो आयो॥*

व्यास : गरुड़ ने आकर सभी नाग खा डाले और सभी नागपाश से मुक्त हो गये। वानर सेना के आक्रमण से विकल हो राक्षस सेना भाग चली।

दृश्य-5

(रावण का कक्ष)

(मेघनाद रावण के सामने मूर्च्छित पड़ा है)

मेघनाद : (होश में आकर) पिता जी, मैं लज्जित हूँ पर चिन्ता न करें। मैं आज रात यज्ञ करके अजेय हो जाऊँगा।

दृश्य-6

(राम शिविर)

पाठ : *इहाँ बिभीषन मंत्र बिचारा। सुनहु नाथ बल अतुल उदारा॥*

विभीषण : प्रभो, अभी-अभी ज्ञात हुआ है कि वह मायावी मेघनाद एक अपवित्र यज्ञ कर रहा है। यदि यज्ञ सफल हो गया तो वह किसी के मारे न मरेगा।

श्रीराम : ऐसा है। अंगद, हनुमान आप लोग लक्ष्मण के साथ उस कन्दरा में जाओ, जहाँ मेघनाद यज्ञ कर रहा है। यज्ञ तहस-नहस कर डालो। और लक्ष्मण आज उसे जीता न छोड़ना। जामवन्त, सुग्रीव और विभीषण जी आप लोग अपनी सेना लेकर इनकी सहायता को तत्पर रहें।

लक्ष्मण : आज यदि मैं मेघनाद को मारे बिना लौट आऊँ तो आपका सेवक कहाना छोड़ दूँगा। आज शंकर जी भी उसकी सहायता को आ जायँ तो भी उसका वध अवश्य करूँगा।

पाठ : *रघुपति चरन नाइ सिरु चलेउ तुरंत अनंत।*
अंगद नील मयंद नल संग सुभट हनुमंत॥

दृश्य-7

(मेघनाद की यज्ञशाला)

(मेघनाद हवनकुण्ड में आहुतियाँ दे रहा है)

(वानर दल यज्ञ विध्वंस करता है। मेघनाद को भी वे मारते हैं)

(अन्त में मेघनाद त्रिशूल लेकर उठता है। बन्दर उस पर टूट पड़ते हैं। मेघनाद त्रिशूल से अंगद और हनुमान को आहत करता है। अब मेघनाद लक्ष्मण पर शूल चलाता है पर लक्ष्मण बाण से शूल के दो टुकड़े कर देते हैं। अंगद और हनुमान पुनः उठकर हमला

करते हैं। मायावी युद्ध होता है। अन्त में लक्ष्मण तीर चलाते हैं।)

पाठ : *लछिमन मन अस मंत्र दृढ़ावा। एहि पापिहि मैं बहुत खेलावा॥*
छाड़ा बान माझ उर लागा। मरती बार कपटु सब त्यागा॥
(मेघनाद - कहाँ है लक्ष्मण, कहाँ है राम कहते हुए गिरकर मर जाता है)

हनुमान : धन्य मेघनाद, धन्य तुम्हारी जननी कि अन्त समय तुम्हारे मुख से राम का नाम निकला।
(हनुमान मेघनाद का शव उठाकर ले जाते हैं। पुष्पवर्षा होती है। देवता स्तुति करते हैं।)

देवगण : *जय अनंत जय जगदाधारा।*
तुम्ह प्रभु सब देवन्हि निस्तारा॥

दृश्य-8

(लंका)

रावण : क्या कहा, मेघनाद - मारा गया? मेरा पुत्र मारा गया?
(मन्दोदरी तथा अन्य लोग रुदन करते हैं।)

रावण : नहीं, शोक मत करो। मेरा इन्द्रजीत, मेरा वीर पुत्र वीरगति को प्राप्त हुआ है। शोक मत करो यह संसार नश्वर है यहाँ मरना-जीना तो लगा ही रहता है, मुख्य बात गौरव से जीने की है। इन्द्रजीत किस शान से जिया। वाह! अब मैं स्वयं युद्ध में जाऊँगा, इन सबकी मृत्यु का बदला लूँगा। सुनो सैनिको, तुम में से जो युद्ध से डरता हो, घर में मुँह छिपाकर बैठे पर जो युद्ध में पीठ दिखायेगा, वह मेरे हाथ मारा जायेगा।

एक स्त्री : अरे, रावण तू अधम है, तेरे अभिमान के कारण ही कुल नाश हो रहा है।

रावण : चुप रह मूर्खा। मैंने अपनी भुजा के बल पर वैर मोल लिया है और मैं अकेले ही शत्रु से निपटूँगा। चलो रथ लाओ, मैं युद्धक्षेत्र में चलूँगा।

24

रावण-वध

पाठ : *जय राम सोभा धाम। दायक प्रनत विश्राम॥*
धृत त्रोन बर सरचाप। भुजदंड प्रबल प्रताप॥
जय दूषनारि खरारि। मर्दन निसाचर धारि॥
यह दुष्ट मारेउ नाथ। भए देव सकल सनाथ॥
जय हरन धरनी भार। महिमा उदार अपार॥
जय रावनारि कृपाल। किए जातुधान बिहाल॥
मोहि भाव कोसल भूप। श्रीराम सगुन सरूप॥
बैदेहि अनुज समेत। मम हृदयँ करहु निकेत॥

व्यास : भक्तजनो, भाई और पुत्रों के वध से व्याकुल और कुपित रावण श्रीराम से लड़ने चल पड़ा है। अनेक अपशकुन हो रहे हैं पर अपने भुजबल के गर्ववश वह उनकी चिन्ता ही नहीं करता।

पाठ : *चलेउ निसाचर कटकु अपारा। चतुरंगिनी अनी बहु धारा।*
बिबिध भाँति बाहन रथ जाना। बिपुल बरन पताक ध्वज नाना॥

दृश्य-1

(रणक्षेत्र)

रावण : सुनो मेरे वीरो, तुम जाकर भालू-बन्दरों के समूहों को मसल डालो। मैं दोनों राजकुमार भाइयों को ठिकाने लगा देता हूँ।

पाठ : *यह सुधि सकल कपिन्ह जब पाई। धाए करि रघुबीर दोहाई॥*

व्यास : राम की जय - रावण की जय कहते दोनों और के वीर भिड़ गये तब—

विभीषण : हे प्रभु! यह रावण रथ पर सवार है और आपके पास न रथ हैं न कवच है, न पादत्राण है तब उस वीर बलवान् से कैसे जीतेंगे?

श्रीराम : (हँसकर) देखो मित्र, विजय रथ का रूप तुम समझे ही नहीं हो, शौर्य और धैर्य उस रथ के दो पहिये हैं, सत्य और शील उसकी दृढ़ ध्वजा-पताका हैं। उसके अश्व हैं—बल, विवेक, इन्द्रिय दमन और परोपकार। ये अश्व क्षमा, कृपा, समता की रस्सी से रथ में जुते होते हैं। ईश भजन ही इस रथ का चतुर सारथी है। वैराग्य ही रथ का ढाल बनता है। और सन्तोष की कृपाण उसके हाथ होती है। रथ के पास दान का फरसा, बुद्धि की प्रचण्ड शक्ति रूप वर ही तत्त्व ज्ञान का कठिन धनुष होता है। रथी का तूणीर है उसका निर्मल और स्थिर मन और उसमें शम, यम, नियम-जैसे बाण भरे हैं। ब्राह्मण और गुरु की पूजा उसका अमोघ कवच है, इस पर चढ़कर युद्ध करनेवाला विजयी ही हो सकता है। हे सखा! अब बोलो जिसके पास ऐसा धर्ममय रथ हो उसे जीतने के लिए शत्रु मिलते ही नहीं।

विभीषण : (पैर पकड़कर) धन्य प्रभु, इस प्रकार आपने मुझे विरल उपदेश दे डाला है।

व्यास : उधर रावण गरज रहा है, इधर अंगद, हनुमान। बड़ा भीषण युद्ध चल रहा है। बन्दर-भालू निशाचरों को मारकर खनकर बालू में गाड़ देते हैं।

पाठ : *निज दल बिचलत देखेसि बीस भुजाँ दस चाप।*
रथ चढ़ि चलेउ दसानन फिरहु फिरहु करि दाप॥

रावण : अरे वीरो - भागते कहाँ हो - लौटो - लौटो। मुझे देखों

व्यास : और रावण के प्रबल आक्रमण से कपि-भालू विकल हो भाग चले।

कपि : हे रघुवीर, हे गोसाईं, हे अंगद, हे हनुमान, बचाइये-बचाइये- यह दुष्ट काल के समान हमें खाये डाल रहा है, हम भागकर जायँ भी तो कहाँ?

लक्ष्मण : नाथ, मुझे आज्ञा दें। - (रावण से) अरे दुष्ट - बन्दर, भालू मारकर क्या इतरा रहा है। मुझे देख, काल के समान तेरे सामने खड़ा हूँ।

रावण : अरे तू आ गया - मेरे पुत्र के हत्यारे - मैं तुझे ही तो ढूँढ़ रहा था- अब तुझे तलवार के धार उतारकर छाती ठण्डी करूँगा।

व्यास : रावण और लक्ष्मण में प्रबल युद्ध छिड़ गया। लक्ष्मण के बाणों ने रावण का रथ तोड़ डाला। सारथी मार डाला और एक बाण मारा कि वह मूर्च्छित हो गिर पड़ा। मूर्च्छा टूटी तो उसने ब्रह्मास्त्र छोड़ा

जिससे लक्ष्मण मूर्च्छित हो गिर गये। रावण लक्ष्मण को उठाकर ले जाना चाहता था पर असफल रहा, तभी आ गये हनुमान।

पाठ : *देखि पवनसुत धायउ बोलत बचन कठोर।*
आवत कपिहि हन्यो तेहिं मुष्टि प्रहार प्रघोर॥

व्यास : रावण के प्रचण्ड घूँसे से हनुमान जी घुटने टेककर रह गये, पृथ्वी पर गिर गये पर तत्काल उठे और एक प्रचण्ड मुक्का मारा जिससे रावण बेहोश हो गया।

पाठ : *मुरुछा गै बहोरि सो जागा। कपि बल बिपुल सराहन लागा॥*

रावण : वाह हनुमान - सचमुच बहुत बली हो --

हनुमान : धिक्कार है मेरे पौरुष को, धिक्कार है मुझे जो तेरे-जैसा सुर- द्रोही जीता जागता उठ बैठा है।

रावण : अरे अरे, इस बजरंग बली ने तो लक्ष्मण को आसानी से उठा लिया।

हनुमान : प्रभु! लक्ष्मण जी मूर्च्छित हो गये हैं।

श्रीराम : अरे लक्ष्मण! तुम तो काल के भक्षक, देवरक्षक हो।
(लक्ष्मण - उठ बैठते हैं और ब्रह्मास्त्र पितामह के पास लौट जाता है)

पाठ : *पुनि कोदंड बान गहि धाए। रिपु सन्मुख अति आतुर आए॥*

व्यास : और क्रोधवन्त लक्ष्मण के तीरों ने पुनः रावण का रथ तोड़ दिया, सारथी मार डाला और स्वयं रावण मूर्च्छित हो गिर पड़ा।

पाठ : *सारथी दूसर घालि रथ तेहि तुरत लंका लै गयो।*
रघुबीर बंधु प्रताप पुंज बहोरि प्रभु चरनन्हि नयो॥

दृश्य-2

(राम शिविर)

पाठ : *उहाँ दसानन जागि करि करै लाग कछु जग्य।*
राम बिरोध बिजय चह सठ हठ बस अति अग्य॥

विभीषण : प्रभु, अभी-अभी समाचार मिला है कि रावण एक ऐसा यज्ञ कर रहा है यदि सफल हो गया तो वह अभागा किसी के मारे नहीं मरेगा। आप तत्काल वानर सेना को आज्ञा दें कि यज्ञ विध्वंस कर डाले।

श्रीराम : आप ठीक कहते हैं। अंगद जी, आप सैन्य लेकर जायँ और रावण का यज्ञ विध्वंस कर डालें।

अंगद : जो आज्ञा।

पाठ : *कौतुक कूदि चढ़े कपि लंका। पैठे रावन भवन असंका॥*

दृश्य-3

(रावण यज्ञ कर रहा है)

अंगद : अरे निर्लज्ज रण से भागकर घर में आ छिपा है। और यहाँ बड़ा बगुलाभगत बना ध्यान लगा रहा है। (लात मारता है)

(रावण लात खाता है पर स्थिर बैठा रहता है। तब कपि रनिवास से चोटी पकड़कर स्त्रियों को बाहर निकालते हैं, वह दीन होकर चीखती हैं, तब रावण मतककर उठता है, वह वानरों को मारना आरम्भ करता है। इस बीच कपि दल सफलतापूर्वक यज्ञ विध्वंस कर डालते हैं। और प्रसन्न हो शिविर में लौट आते हैं।)

दृश्य-4

(राम शिविर)

(देवता आते हैं)

पाठ : अब जनि राम खेलावहु एही। अतिसय दुखित होति बैदेही॥

: अरुन नयन बारिद तनु स्यामा। अखिल लोक लोचनाभिरामा॥

कटितट परिकर कस्यो निषंगा। कर कोदंड कठिन सारंगा॥

सोभा देखि हरिष सुर बरषहिं सुमन अपार।

जय जय जय करुनानिधि छबि बल गुन आगार॥

(प्रचण्ड युद्ध होता है, भूत, पिशाच, जोगिनी, गिद्ध नृत्य करते हैं)

रावण : (मन-ही-मन) तो अब राक्षसों का विनाश हो ही गया है। और मैं अकेला हूँ - ठीक है इन्हें माया का कौतुक दिखाता हूँ।

इन्द्र : (देवलोक में) अरे, इस दुष्ट ने तो प्रबल माया रची है, श्रीराम से कहो रथारूढ़ हों!

(रथ आता है, श्रीराम रथारूढ़ होते हैं)

(श्रीराम वानरों को देखते हैं रावण की सेना में अनेक राम-लक्ष्मण भरे पड़े है। राम एक बाण से माया काट देते हैं)

श्रीराम : हे कपिगण, अब आप लोक विश्राम करें और यह द्वन्द्वयुद्ध देखें।

रावण : अरे ओ तापस - अब तक तूने जिन वीरों को मारा है, मुझे भी उन्हीं-जैसा मत समझना, मैं विश्वविजयी रावण हूँ। अरे तूने बालि, मेघनाद, कुम्भकर्ण सबको छल से मारा है। आज तू पीठ दिखाकर भागेगा, आज सबका बदला मैं लूँगा।

श्रीराम : रावण! तू जितनी डींगें मार रहा है मान लो सब सत्य है, पर वीर बकबक नहीं करते, वीर है तो सामने आकर लड़ ले। क्यों अपनी कीर्ति मिटाने को तुला है। थोड़े नीति वचन भी सुन ले। संसार में तीन प्रकार के पुरुष होते हैं। जैसे गुलाब, आम, कटहल। गुलाब केवल फूल देता है, कटहल केवल फल देता है और आम फल-फूल दोनों देता है। सो कुछ आदमी सिर्फ गाल बजाते हैं, कुछ कहते भी हैं करते भी हैं पर सच्चे पुरुष तो कुछ कहते नहीं कर डालते हैं।

रावण : अरे छोकरे! मुझे ज्ञान सिखाने चला है। रावण से वैर बनते समय नहीं सोचा था अब प्राण प्यारे लगने लगे हैं? नीति की बातें करता है।

(राम - रावण युद्ध होता है)

(श्रीराम रावण के सिर और भुजाएँ काटते हैं, पर वे फिर नये निकल आते हैं।)

पाठ : प्रभु बहु बार बाहु सिर हए। कटत झटिति पुनि नूतन भए॥

(युद्ध भीषण रूप लेता है, तब रावण विभीषण पर प्रहार करता है)

पाठ : *पुनि दसकंठ क्रुद्ध होइ छाँड़ी सक्ति प्रचंड।*
चली बिभीषन सन्मुख मनहुँ काल कर दंड॥

व्यास : श्रीराम कृपालु ने शक्ति को आते देख - विभीषण को पीछे ठेला और स्वयं शक्ति को झेल लिया। प्रभु मूर्च्छित हो गये।

विभीषण : अरे अभागे! शठ! नीच! तूने शिव की कृपा से करोड़ों सिर पा लिये हैं पर अब काल तेरे सिर पर नाच रहा है। राम से वैर करके विजय की बात सोचता है।

(विभीषण रावण पर गदा प्रहार करते हैं और वह गिर पड़ता है - फिर उठता है और दोनों भाई भिड़ जाते हैं।)

पाठ : *देखा श्रमित बिभीषनु भारी। धायउ हनूमान गिरि धारी॥*

व्यास : तब हनुमान रावण से भिड़ जाते हैं। रावण को पूँछ में लपेट आकाश में उड़ गये। हनुमान ने विकल हो प्रभु का स्मरण किया

तो श्रीराम ने एक बाण मार उसे नीचे गिरा दिया। कपि दल क्रोध कर रावण की ओर दौड़ा तो वह अदृश्य हो गया। फिर हजारों रावण प्रकट हो गये। वानर-भालू की तो बात क्या, देवगण भी भाग चले। केवल जो राम प्रताप जानते थे डटे रहे।

पाठ : *सुर बानर देखे बिकल हँस्यो कोसलाधीस।*
सजि सारंग एक सर हते सकल दससीस॥

व्यास : देवताओं को स्तुति करते देख रावण उनकी ओर लपका पर अंगद ने उसकी टाँग पकड़कर धरती पर गिरा दिया।
(सब वानर सेनापति रावण पर प्रहार करते हैं। रावण सब योद्धाओं को मारकर सबको मूर्च्छित कर देता है।)

पाठ : *मुरुछित देखि सकल कपि बीरा। जामवंत धायउ रनधीरा॥*

व्यास : जामवन्त के प्रबल आक्रमण से रावण मूर्च्छित हो गया। और सारथी उसे वापस लंका ले गया। सभी कपि चैतन्य हुए और प्रभु के पास आये।

दृश्य-7

(अशोकवाटिका)

त्रिजटा : देवि, मैंने अब तक के युद्ध की कथा सुनायी।

सीता : माता, यह क्यों नहीं बतलाती कि आगे क्या होगा? यह विश्व दुःख दाता कैसे मरेगा? प्रभु के शर लगने और सिर कटने पर भी यह नहीं मरता? विधाता की रीति समझ में नहीं आती। पता नहीं क्यों वह मुझे जिलाये जा रहा है। (विलाप)

त्रिजटा : सुनो राजकुमारी, सुरारि रावण तभी मरेगा जब राम का शर उसके हृदय में लगेगा। और प्रभु हृदय पर तीर नहीं चलाते क्योंकि उसमें आप बसी हो। और आपके हृदय स्वयं प्रभु का निवास है और प्रभु के हृदय में सारा विश्व बसा है। रावण के हृदय में तीर लगा तो सब एक साथ स्वाहा हो जायगा।

सीता : आह, प्रभु मुझसे इतना स्नेह करते हैं कि मेरे कारण रावण का वध नहीं करते।

त्रिजटा : सुकुमारी। आप सन्देह त्याग दीजिये। सिर कटने पर जब रावण बहुत विकल हो उठेगा और उसके मन से आपका ध्यान छूट जायगा - तभी श्रीराम उसके हृदय पर बाण चलायेंगे। मैं प्रातःकाल आऊँगी। (जाती है)

सीता : अरे यह क्या बायीं भुजा फड़क रही है - क्या सचमुच रघुवीर आयेंगे?

दृश्य-8

(रावण शिविर)

रावण : अरे दुष्ट सारथी, मुझे रण-भूमि से क्यों उठा लाया? अरे मन्द बुद्धि, तुझे धिक्कार है। चलो युद्धक्षेत्र में।
(रावण भीषण माया युद्ध में रचता है)

विभीषण : हे चराचर नायक सर्वज्ञ कृपाल, इस रावण के नाभिकुण्ड में अमृत भरा है और उसी के कारण यह सिर कटने पर भी नहीं मरता।

श्रीराम : ठीक है तो उसी पर प्रहार करता हूँ।

पाठ : *खैंचि सरासन श्रवन लगि छाड़े सर एकतीस।*
रघुनायक सायक चले मानहुँ काल फनीस॥

व्यास : एक बाण ने नाभि सर सोख लिया, बाकी तीस शरों ने बीस भुजा और दस शीस काट दिये।

रावण : (गिरता है) कहाँ है राम- अभी मार डालूँगा- हे राम।
(रावण भूमि पर गिरता है और प्राण त्याग देता है।)
(देवगण स्तुति करते हैं)

स्तुति : जय कृपा कंद मुकुंद द्वंद्व हरन सरन सुखप्रद प्रभो।
(रावण को मृत देख मन्दोदरी विलाप करती है)

मन्दोदरी : हे नाथ, आपके जिस चाल से धरती डोलती थी, सूर्य, चन्द्र, अग्नि का तेज मन्द हो जाता था, कच्छप आपका भार नहीं सह पाते थे -वे आज धूल में पड़े लोट रहे हैं। सारा संसार आपकी प्रभुताई जानता था - राम विरोध के कारण आज क्या हुआ, असंख्य परिजनों में कोई रोनेवाला भी नहीं बचा है। आपने मेरा कहना नहीं माना - अग जग नाथ को मनुष्य माना। आह - धन्य हे रघुनाथ - इनको भी अपना धाम दिया है कृपालु आप धन्य हैं।

श्रीराम : देवि मन्दोदरी! अब शोक त्यागो। भाई विभीषण! इस महाबली महाज्ञानी पण्डित का यथायोग्य अन्तिम संस्कार करो। देवगण की इच्छापूर्ण हुई। अब आप सब विश्राम करें।
(सब श्रीराम की जय-जयकार करते हुए जाते हैं।)

•

25

अवध प्रस्थान

दृश्य-1

(राम शिविर)

पाठ : आइ बिभीषन पुनि सिरु नायो। कृपासिंधु तब अनुज बोलायो॥

श्रीराम : हे भाई, तुम कपिराज सुग्रीव, युवराज अंगद, नल, नील, जामवन्त और मारुतिनन्दन के साथ विभीषण को लेकर लंका नगरी में जाओ और इनका राजतिलक कर आओ। अपने पिता की आज्ञा के कारण मैं नगर में नहीं जा सकूँगा, अतः हे विभीषण! मैं अपने छोटे भाई को तुम्हारे साथ भेज रहा हूँ। वह मेरे समान ही है।

पाठ : *तुरत चले कपि सुनि प्रभु बचना। कीन्ही जाइ तिलक की रचना॥*

दृश्य-2

(लंका दरबार)

(लक्ष्मण जी विभीषण को लेकर आते हैं और उन्हें लंका के सिंहासन पर बैठाते हैं। राजतिलक दिया जाता है, उनकी स्तुति की जाती है।)

दृश्य-3

(राम शिविर)

पाठ : *जोरि पानि सबहीं सिर नाए। सहित बिभीषन प्रभु पहिं आए॥*

श्रीराम : हे कपिगण, आपके बल पर ही हम ऐसे प्रबल रावण को जीत सके, महाराज विभीषण राज्य पा सके और तीनों लोकों में आप लोगों का यशगान हो रहा है।

पाठ : *प्रभु के बचन श्रवन सुनि नहिं अघाहिं कपि पुंज।*
बार बार सिर नावहिं गहहिं सकल पद कंज॥

श्रीराम : हे हनुमान! आप तत्काल लंका जायँ और जानकी जी को सारा समाचार सुनायें और उनका कुशल समाचार लेकर वापस लौट आयें।

दृश्य-4

(लंका)

व्यास : राम की आज्ञा पाकर हनुमन्त लाल नगर में आये और उन्हें देखकर लंकावासी स्वागत के लिए दौड़ पड़े। फिर उन्हें अशोक-वाटिका का मार्ग दिखाने लगे। हनुमान जी अशोकवाटिका में पहुँचे और दूर से ही माता जानकी को प्रणाम किया।

जनकी : आओ वत्स हनुमान! कहो तात! प्रभु अनुज और कपियों समेत कुशल से तो हैं?

हनुमान : हाँ, माता! कोशिलाधीश राम सकुशल हैं, उन्होंने युद्ध में दशानन रावण को मार डाला है और विभीषण लंका के राजा बन गये हैं।

जानकी : (अश्रुपूरित नयन) पुत्र, तुमने तो बहुत ही हर्ष के समाचार सुनाये। बोलो तुम्हें क्या दूँ। तुमने जो समाचार दिया उससे बढ़कर तो त्रैलोक्य में कोई दूसरी हर्ष की बात नहीं हो सकती।

हनुमान : माता, मुझे तो यही देखकर सारे जगत् का राज्य मिल गया कि प्रभु ने शत्रु का सदल-बल विनाश कर डाला और सकुशल हैं।

जानकी : वत्स, मेरा यही आशीर्वाद है कि जितने सद्गुण हैं सब तुम्हारे हृदय में आ बसें और राम-लक्ष्मण की तुम पर सदा कृपा बनी रहे। पुत्र, अब कुछ ऐसा प्रबन्ध करो कि मैं यथाशीघ्र अपनी आँखों प्रभु के दर्शन कर सकूँ।

हनुमान : जो आज्ञा माता। (जाते हैं)

दृश्य-5

(राम शिविर)

पाठ : *तब हनुमान राम पहिं जाई। जनकसुता कै कुसल सुनाई॥*

श्रीराम : युवराज अंगद, महाराज विभीषण के साथ जाओ, पवनपुत्र आप भी साथ जायँ और सादर जानकी को लिवा लायें।

पाठ : *तुरतहिं सकल गए जहँ सीता। सेवहिं सब निसिचरीं बिनीता॥*
बहु प्रकार भूषन पहिराए। सिबिका रुचिर साजि पुनि ल्याए॥

(रक्षकगण शिविका लेकर शिविर की ओर आते हैं, वानर माता का दर्शन करने दौड़ते हैं।)

श्रीराम : विभीषण जी, सीता से कहें कि वे पालकी से उतरकर पैदल आवें जिससे भालू-वानर माता के दर्शन पा सकें।

(भालू-बन्दर प्रभु के वचन सुनकर जयकारा करते हैं, खुशी से नाचते हैं और देवता पुष्पवृष्टि करते हैं।)

श्रीराम : (मन-ही-मन) मेरी सीता तो अग्नि में वास करती है अब इस माया सीता को वापसकर वास्तविक सीता को लौटा लाने का समय आ गया है। (प्रकट) - देखो लक्ष्मण, यह इतने दिन रावण के यहाँ रही है, इन्हें अपनी पवित्रता का प्रमाण देना होगा।

हनुमान : प्रभु यह क्या? माता पर सन्देह!

सीता : नहीं प्रभु ठीक कहते हैं। भैया लक्ष्मण अग्नि का प्रबन्ध करो।

लक्ष्मण : माँ, यह कठोर कार्य भी मुझे ही करना होगा।

सीता : हाँ भाई, अब विलम्ब न करो।

पाठ : *पावक प्रबल देखि बैदेही। हृदयँ हरष नहिं भय कछु तेही॥*

सीता : यदि मन, वचन, कर्म से प्रभु को छोड़कर मैंने कभी किसी का ध्यान न किया हो तो हे अग्नि चन्दन की भाँति शीतल हो जाय।

(सीता अग्नि में प्रवेश करती हैं, अग्नि ठण्डी हो जाती है। अग्नि देव प्रकट होते हैं।)

अग्नि : हे राम - इस पतिव्रता परम पवित्र सीता को शंकारहित हो ग्रहण करो। इसकी पवित्रता का मैं साक्षी हूँ।

(सीता राम के वाम भाग में बैठती हैं)

पाठ : *सो राम बाम बिभाग राजति रुचिर अति सोभा भली।*
नव नील नीरज निकट मानहुँ कनक पंकज की कली॥

श्रीराम : इन्द्र के सारथी मातलि, आपने युद्ध में हमारी बड़ी सहायता की, अब आप पुनः इन्द्रदेव के पास लौट जायँ।

पाठ : *आए देव सदा स्वारथी। बचन कहहिं जनु परमारथी॥*

(देवतागण आकर स्तुति करते हैं)

देवता स्तुति : *दीनबंधु दयाल रघुराया। देव कीन्हि देवन्ह पर दाया॥*
हम देवता परम अधिकारी। स्वारथ रत प्रभु भगति बिसारी॥
भव प्रबाह सतत हम परे। अब प्रभु पाहि सरन अनुसरे॥

विधि : *जय राम! सदा सुखधाम हरे। रघुनायक सायक चाप धरे॥*
(स्तुति)
खल खंडन मंडन रम्य छमा। पद पंकज सेवित संभु उमा॥
नृप नायक! दे बरदानमिदं। चरनांबुज प्रेमु सदा सुभदं॥

पाठ : *तेहि अवसर दसरथ तहँ आए। तनय बिलोकि नयन जल छाए॥*
(दशरथ आते हैं। राम-लक्ष्मण चरण वन्दना करते हैं)

श्रीराम : हे पिता जी, आपके चरणों के पुण्य प्रताप से मैं अजेय निशिचर पति रावण को मार सका।
(महाराज श्रीराम को हृदय से लगाकर आशीर्वाद देते हैं)

पाठ : *बार बार करि प्रभुहि प्रनामा। दसरथ हरषि गए सुरधामा॥*
(इन्द्र आते हैं)

इन्द्र : *जय राम सोभा धाम। दायक प्रनत बिश्राम।*
(स्तुति करते से हैं) 8 चौपाई
मोहिं जानिए निज दास। दे भक्ति रमा निवास॥

इन्द्र : हे कृपालु! अब मुझे आज्ञा दें कि मैं क्या करूँ?

श्रीराम : हे सुरपति! जिन भालू और कपियों को राक्षसों ने मार डाला है, वे रणक्षेत्र में पड़े हैं, इन्होंने मेरे हित प्राण त्यागे हैं, इन्हें जीवन दान दें।

इन्द्र : ऐसा ही होगा। मैं सुधावृष्टि करता हूँ जिससे केवल भालू वानर जी उठेंगे।
(वृष्टि होती है और मानो नींद से उठे हों इस प्रकार सभी कपि और भालू जीकर उठ बैठते हैं।)

शंकर : *मामभिरक्षय रघुकुल नायक। धृत बर चाप रुचिर कर सायक॥*
मोह महा घन पटल प्रभंजन। संसय बिपिन अनल सुर रंजन॥
अगुन सगुन गुन मंदिर सुंदर। भ्रम तम प्रबल प्रताप दिवाकर॥
काम क्रोध मद गज पंचानन। बसहु निरंतर जन मन कानन॥
विषय मनोरथ पुंज कंज बन। प्रबल तुषार उदार पार मन॥
भव बारिधि मंदर परमं दर। बारय तारय संसृति दुस्तर॥
स्याम गात राजीव बिलोचन। दीन बंधु प्रनतारति मोचन॥
अनुज जानकी सहित निरंतर। बसहु राम नृप मम उर अंतर।

शंकर : हे नाथ! कोसलपुरी में जब आपका राजतिलक होगा मैं अवश्य देखने आऊँगा।

विभीषन : *बिनय सुनहु प्रभु सारँगपानी॥*

सकुल सदल प्रभु सबन मार्यो। पावन जस त्रिभुवन बिस्तार्यो॥
दीन मलीन हीन मति जाती। मो पर कृपा कीन्हि बहु भाँती॥

(स्तुति हे नाथ! अब चलकर दास का गृह पवित्र कीजिए। स्नान करते हैं) समर का श्रम दूर कीजिये। लंका की सारी सम्पदा जो चाहें अपनी सेना में बाँट दीजिये और मुझे अपनाकर अयोध्या ले चलें।

श्रीराम : भाई विभीषण, मैं मानता हूँ तुम्हारा धन-धाम सब मेरा है पर इस समय भरत की दशा स्मरण कर-करके मेरा एक-एक पल एक-एक कल्प के समान बीत रहा है। भरत तपस्या से सूखकर काँटा हो गया है और निरन्तर मेरा नाम जप रहा है। देखो, कुछ ऐसा करो कि मैं शीघ्र उसके पास पहुँचूँ। विभीषण! यदि अवधि बीत गयी तो मैं भाई को जीता न देख पाऊँगा। (विकल हो उठते हैं) (पुनः) हे लंकेश, तुम कल्प भर राज्य करो, सदा मेरा स्मरण करना और अन्त में तुम मेरा धाम पा जाओगे।

(विभीषण चरण पकड़ लेते हैं)

विभीषण : प्रभु! मैं अभी प्रबन्ध करता हूँ। मन्त्री जी, पुष्पक पर आभूषण-वस्त्र भरकर तत्काल विमान प्रभु की सेवा में उपस्थित करें।

(विमान आता है)

श्रीराम : सखा विभीषण! ऐसा करो तुम विमान पर चढ़कर आकाश में जाओ और यह सब धन-सम्पदा कपियों के बीच बरसा दो। जिन्हें जो पंसद आये ले लें।

(धनवर्षा के बीच कपि कौतुक देख प्रभु प्रसन्न होते हैं)

पाठ : *भालु कपिन्ह पट भूषन पाए। पहिरि पहिरि रघुपति पहिं आए॥*
नाना जिनस देखि सब कीसा। पुनि पुनि हँसत कोसलाधीसा॥

श्रीराम : हे कपि-भालू गण, आपके बल पर ही मैं रावण को मार पाया, और आपके बल पर ही विभीषण को राजतिलक दे पाया। अब आप लोग निज-निज गृह जायँ, सदा मेरा स्मरण रखें और किसी से भी डरे नहीं।

एक वानर : हे त्रैलोक्य के स्वामी! आपने तो हमें दीन जानकर सनाथ किया। आप हमें युद्ध जीतने का यश दे रहे हैं यह सुनकर हम लाज से मरे जा रहे हैं। कहीं मच्छर भी गरुड़ की सहायता कर सकता है?

आपका सान्निध्य पाकर अब घर लौटने की इच्छा नहीं रह गयी है।

श्रीराम : नहीं मेरे भाइयो, अब घर जायँ और लौकिक कर्त्तव्य निभायें।

श्रीराम : सुग्रीव जी, जामवन्त जी, अंगद, नल-नील, महाराज विभीषण और हनुमान जी आप सब विमान में बैठें, अयोध्या प्रस्थान में विलम्ब हो रहा है।

पाठ : अतिसय प्रीति देखि रघुराई। लीन्हे सकल बिमान चढ़ाई॥
मन महुँ बिप्र चरन सिस नायो। उत्तर दिसिहि बिमान चलायो॥

दृश्य-6

(पुष्पक विमान में)

श्रीराम : देखो सीता, यहीं लक्ष्मण ने मेघनाद को रण में मार गिराया था और यहाँ हनुमान तथा अंगद के मारे विशालकाय राक्षस भूमि में सोये पड़े हैं। और देखो यहीं कुम्भकर्ण और रावण मारे गये थे। यहाँ समुद्र देखो, नल-नील का बनाया पुल दिख रहा है और इस पर मैंने रामेश्वर की स्थापना की थी, इन्हें प्रणाम करो! (सीता प्रणाम करती हैं) अब लो, हमारा विमान चित्रकूट पहुँच रहा है, ये गंगा माता हैं, हम तीर्थराज प्रयाग के ऊपर से उड़ रहे हैं। वह देखो परम पावनी अयोध्यापुरी दिखायी पड़ रही है। हनुमान जी! आप तत्काल अयोध्या जायँ और भरत को हमारे सकुशल आने का समाचार दें। तब तक हम त्रिवेणी के तट पर भरद्वाज के दर्शन करके निषादराज से मिलते हैं। सीता यहाँ गंगा की पूजा करेंगी। (विमान शृंगवेरपुर में उतरता है। गुह और केवट प्रणाम करते हैं। श्रीराम उन्हें हृदय से लगाते हैं। सीता गंगा की पूजा करती हैं। गंगा प्रकट होती हैं)

गंगा : हे सुन्दरी! तुम्हारा सोहाग अचल रहे।

श्रीराम : निषाद राज, कुशल से तो हैं?

निषाद : प्रभु! आपके दर्शन हो गये अब सब कुशल-ही-कुशल है। हे सुखधाम पूरनकाज राम आपको बारम्बार प्रणाम।

पाठ : *समर बिजय रघुबीर के चरित जे सुनहिं सुजान।*
बिजय बिबेक बिभूति नित तिन्हहि देहिं भगवान॥

●

26

भरत मिलाप

पाठ : *केकीकण्ठाभनीलं सुरवरविलसद्विप्रपादाब्जचिह्नं।*
शोभाढ्यं पीतवस्त्रं सरसिजनयनं सर्वदा सुप्रसन्नम्॥
पाणौ नाराचचापं कपिनिकरयुतं बन्धुना सेव्यमानं।
नौमीड्यं जानकीशं रघुवरमनिशं पुष्पकारूढरामम्॥
रहा एक दिन अवधि कर अति आरत पुर लोग।
जहँ तहँ सोचहिं नारि नर कृस तन राम बियोग॥
सगुन होहिं सुंदर सकल मन प्रसन्न सब केर।
प्रभु आगवन जनाव जनु नगर रम्य चहुँ फेर॥

दृश्य-1

नन्दीग्राम

भरत : मेरे प्राणों की अवधि का आधार अब केवल एक दिन बच रहा है। दाहिनी आँख और भुजा बार-बार फड़क रही है। शुभ सगुन है पर, तब प्रभु क्यों नहीं आये? क्या मुझे कुटिल जानकर बिसरा दिया? अवश्य प्रभु ने मुझे कपटी और कुटिल माना है, तभी तो साथ नहीं ले गये। धन्य हैं लक्ष्मण, जिन्हें प्रभु-पद-सेवा का अवसर मिला। नहीं-नहीं, दीनबन्धु तो अति सरल स्वभाव के हैं, शुभ सगुन कहते हैं कि अवश्य उनसे मिलन होगा। फिर अवधि बीत जाने पर भी प्राण नहीं गये तो संसार में मुझसे बड़ा अधम कौन होगा?
(विप्र रूप में हनुमान जी आते हैं)

पाठ : *बैठे देखि कुसासन जटा मुकुट कृस गात।*
राम राम रघुपति जपत स्रवत नयन जलजात॥

हनुमान : हे भरतलाल जी! जिनके विरह में आप दिन-रात इतने घुले जा रहे हैं, वे रघुकुल तिलक, देव मुनि रक्षक, सज्जन सुखदाता, सकुशल लौटकर आ रहे हैं। भक्तराज! आज देवता जिनका यश गा रहे हैं, वे श्रीराम रण में शत्रु को जीतकर सीता माता और भैया लक्ष्मण के साथ अवध लौट रहे हैं।

भरत : कहिये, आप कौन सज्जन हैं? कहाँ से पधार रहे हैं? आपने मुझे परम प्रिय सन्देश सुनाया है।

हनुमान : कृपानिधान! मैं पवन पुत्र हनुमान, दीनबन्धु रघुनाथ जी का सेवक हूँ।

भरत : अरे आप! आपही तो बूटी लेकर जा रहे थे। मैं धन्य हुआ। (हनुमान को गले लगा लेते हैं) भाई हनुमान, आपके दर्शन होने से मेरे सारे दुःख दूर हो गये, मुझे तो लगता है आपके रूप में मुझे राम ही मिल गये। फिर प्रभु की कुशल सुनाओ। मेरे भाई, मैं तुम्हें क्या दूँ? मेरे लिये तो इस शुभ सन्देश से बढ़कर संसार में कुछ नहीं है। हे तात! मैं आजीवन आपसे उऋण नहीं हो सकूँगा। अच्छा अब प्रभु का चरित सुनाओ।

हनुमान : (भरत के चरण स्पर्श करते हैं) मैं आपको सच-सच बता रहा हूँ, श्रीराम को यदि कोई प्राणों से प्यारा है तो बस वह आप ही हैं। अब मुझे आज्ञा दें कि प्रभु के पास पहुँच जाऊँ और आप भी अयोध्या में उनके स्वागत की तैयारी करें।

पाठ : *भरत चरन सिरु नाइ तुरित गयउ कपि राम पहिं।*
कही कुसल सब जाइ हरषि चलेउ प्रभु जान चढ़ि॥

पाठ : *हरषि भरत कोसलपुर आए। समाचार सब गुरहि सुनाए॥*
पुनि मंदिर महँ बात जनाई। आवत नगर कुसल रघुराई॥
अवधपुरी प्रभु आवत जानी। भई सकल सोभा कै खानी॥

दृश्य-2

(पुष्पक विमान)

श्रीराम : देखिये कपीश सुग्रीव, अंगद, लंकापति विभीषण, हमारी यह पुरी बड़ी ही पवित्र है और बड़ा ही सुन्दर है हमारा देश। सब लोग वैकुण्ठ की प्रशंसा करते हैं, वेद, पुराण तथा संसार के लोग यही जानते हैं पर मेरी जन्मभूमि अवधपुरी की तुलना में मुझे वह अच्छा

नहीं लगता। वह देखो उत्तर में सरयू नदी बह रही है इसमें जो स्नान करता है बिना प्रयास मुझ तक पहुँच जाता है। बन्धुओं! यहाँ के लोग भी मुझे बहुत प्रिय हैं।

सभी : अवध की जय हो, अवध जिसकी स्वयं श्रीराम प्रशंसा कर रहे हैं उसकी जय हो।

व्यास : नगर के निकट पुष्पक विमान भूमि पर उतरा। प्रभु के साथ सभी लोग विमान से उतरकर खड़े हुए।

श्रीराम : हे पुष्पक विमान, अब आप अपने स्वामी कुबेर के पास लौट जायँ।

व्यास : और दुःखी मन से पुष्पक कुबेर के पास लौट गया।

दृश्य-3

(अवध)

पाठ : *आए भरत संग सब लोगा। कृस तन श्रीरघुबीर बियोगा॥*
बामदेव बसिष्ट मुनिनायक। देखे प्रभु महि धरि धनु सायक॥

व्यास : गुरुजनों को देख श्रीराम-लक्ष्मण ने धनुष-बाण भूमि पर रखकर उनके चरण पकड़े।

वशिष्ठ : कहो राम, कुशल से तो हो?

श्रीराम : जब आपकी कृपादृष्टि हो तो कुशल-ही-कुशल है।
(भरत भूमि पर लेटकर प्रभु-पद-पंकज स्पर्श कर रहे हैं)

व्यास : श्रीराम भरत को उठा रहे है पर वे उठ नहीं रहे हैं। अन्त में प्रभु ने उन्हें उठाकर हृदय से लगा लिया। प्रभु के आँख से अश्रुधारा बह रही है, शरीर की रोमावली पुलक उठी है, बड़े प्रेम से अनुज को गले लगाये हैं। अद्भुत शोभा हो रही है। फिर राम ने शत्रुघ्न को गले लगाया। भरत जी ने सीता के चरण स्पर्श किये। फिर--

पाठ : *कृपादृष्टि रघुबीर बिलोकी। किए सकल नर नारि बिसोकी॥*
छन महिं सबहि मिले भगवाना। उमा मरम यह काहुँ न जाना॥

व्यास : तब सब भाई अवध के महलों में आये। माताएँ दौड़ पड़ीं मानो बछवा को देख गौ धाय रही हो।
राम-लखन सब माताओं से मिलते हैं।

पाठ : *भेटेउ तनय सुमित्राँ राम चरन रति जानि।*
रामहि मिलत कैकई हृदयँ बहुत सकुचानि॥
सासुन्ह सबनि मिली बैदेही। चरननि लागि हरषु अति तेही॥

कौशल्या : बेटी सीता, तेरा सुहाग अचल रहे।

पाठ : *लछिमन अरु सीता सहित प्रभुहि बिलोकति मातु।*
परमानंद मगन मन पुनि पुनि पुलकित गातु॥
पुनि रघुपति सब सखा बोलाए। मुनि पद लागहु सकल सिखाए॥

श्रीराम : बन्धुओ! ये हैं मुनि वशिष्ठ, हमारे कुलगुरु और इन्हीं की कृपा से हम लोग राक्षसों को मार सके और मुनिवर! ये सब मेरे सखा हैं, समर-सागर में इन लोगों ने मेरे लिये अपने प्राणों की बाजी लगा दी थी। गुरुदेव! ये लोग तो मुझे भरत से भी अधिक प्रिय हैं। और बन्धुओ! इन्हें प्रणाम करो, ये मेरी माँ कौशल्या हैं।

कौशल्या : तुम सबको मैं अपने बेटे राम-जैसा ही प्रिय मानती हूँ।

श्रीराम : माँ, अब हम लोग माता कैकेयी के महल में जाते हैं।

पाठ : *प्रभु जानी कैकई लजानी। प्रथम तासु गृह गए भवानी॥*
ताहि प्रबोधि बहुत सुख दीन्हा। पुनि निज भवन गवन हरि कीन्हा॥

पाठ : *कृपासिंधु जब मंदिर गए। पुर नर नारि सुखी सब भए॥*
(श्रीराम-लखन, भरत-शत्रुघ्न, जानकी की झाँकी और आरती।)

27

श्रीराम राज्याभिषेक

पाठ : *कोसलेन्द्रपदकञ्जमञ्जुलौ कोमलावजमहेशवन्दितौ।*
जानकीकरसरोजलालितौ चिन्तकस्य मनभृङ्गसङ्गिनौ॥
कुन्दइन्दुदरगौरसुन्दरं अम्बिकापतिमभीष्टसिद्धिदम्,
कारुणीककलकञ्जलोचनं नौमिशङ्करमनङ्गमोचनम्॥

पाठ : *गुर बसिष्ट द्विज लिए बुलाई। आजु सुघरी सुदिन समुदाई॥*

दृश्य-1

(वशिष्ठ आश्रम)

वशिष्ठ : द्विज देवो! आज का दिन अच्छा है, और मुहूर्त भी शुभ है। आप लोग सहर्ष आज्ञा दें तो आज ही राम का राज्याभिषेक किया जाय।

एक ब्राह्मण : हे मुनिवर! राम के राज्याभिषेक से तो जगत् को आनन्द ही आनन्द मिलेगा, अब देर क्यों कर रहे हैं? तत्काल राज्याभिषेक कर डालें।

वशिष्ठ : बटुक, मन्त्री सुमन्त्र जी को बुला लायें।
(सुमन्त्र आते हैं)

वशिष्ठ : सुमन्त्र जी, पण्डित सभा ने निर्णय किया है कि आज ही श्रीराम का राज्याभिषेक कर दिया जाय। आप तत्काल प्रबन्ध करें।

सुमन्त्र : जो आज्ञा, मैंने पहले ही अनेक रथ, हाथी, घोड़े सजवा रखे हैं। दूत भेजकर दूर-दूर से मांगलिक वस्तुएँ मँगवा रखी हैं। अवधपुरी की सजावट के भी आदेश दे दिये हैं। मैं श्रीराम को आपका आदेश सुनाकर पुनः उपस्थित होता हूँ।

पाठ : *अवधपुरी अति रुचिर बनाई। देवन्ह सुमन बृष्टि झरि लाई॥*

दृश्य-2

श्रीराम का महल

श्रीराम : सेवक लोगों, ऐसा करो पहले मेरे मित्रों को ले जाकर स्नान कराओ, सुन्दर वस्त्र-आभूषण से अलंकृत करो। फिर भैया भरत को बुला लाओ।

श्रीराम : भैया भरत! अब तो यह जटाजूट खोल डालो, केश शृंगार मैं स्वयं करूँगा, और दोनों भाइयों को भी बुलवा लो। सब लोग केश-विन्यास करके स्नान करेंगे और तब वस्त्र-आभूषण धारण करेंगे।

पाठ : *करि मज्जन प्रभु भूषन साजे। अंग अनंग देखि सत लाजे॥*

व्यास : उधर माताओं ने जानकी जी को स्नान करवा कर द्विव्य वस्त्र और सुन्दर आभूषण पहनाकर शृंगार किया। राम के वाम भाग में उन्हें बैठाया तो ऐसी शोभा हुई मानो साक्षात् लक्ष्मी जी बैठी हों, यह देख माताएँ अति प्रसन्न हो उठीं। उस समय ब्रह्मा, शिव, मुनिवृन्द, देवता विमानों पर चढ़-चढ़कर श्रीराम के दर्शन करने पधारे। प्रभु के दर्शन कर मुनि वशिष्ठ का मन प्रेम से उमड़ पड़ा।

दृश्य-3

राज दरबार

वशिष्ठ : सुमन्त्र जी, तत्काल दिव्य राजसिंहासन मँगवायें।

पाठ : *रबि सम तेज सो बरनि न जाई। बैठे राम द्विजन्ह सिरु नाई॥*
जनकसुता समेत रघुराई। पेखि प्रहरषे मुनि समुदाई॥
(श्रीराम सीता सिंहासन पर बैठते हैं। द्विज समुदाय वेदपाठ करता है।)

पाठ : प्रथम तिलक बसिष्ट मुनि कीन्हा। पुनि सब बिप्रन्ह आयसु दीन्हा॥

(वशिष्ठ श्रीराम का तिलक करते हैं फिर अन्य विप्रगण तिलक लगाते हैं) (आरती उतारी जाती है, विप्रों को दान-दक्षिणा दी जाती है)

पाठ (छन्द) : *नभ दुंदुभीं बाजहिं बिपुल गंधर्ब किंनर गावहीं।*
नाचहिं अपछरा बृंद परमानंद सुर मुनि पावहीं॥

भरतादि अनुज बिभीषनांगद हनुमानादि समेत ते।
गहें छत्र चामर ब्यंजन धनु असि चर्म सक्ति बिराजते॥

(सिंहासन के दाहिनी ओर भरत, बायीं ओर लक्ष्मण और वशिष्ठ, भरत के पार्श्व में शत्रुघ्न, प्रभु के चरणों में विनयावत हनुमानजी विराजते हैं)

पाठ : *वह सोभा समाज सुख कहत न बनइ खगेस।*
बरनहिं सारद सेष श्रुति सो रस जान महेस॥
भिन्न भिन्न अस्तुति करि गए सुर निज निज धाम॥

व्यास : देवतागण स्तुति करके अपने धाम चले गये, तब चरण रूप में चारों वेद पधारे।

चारों वेद : *जय सगुन निर्गुन रूप रूप अनूप भूप सिरोमने।*
दसकंधरादि प्रचंड निसिचर प्रबल खल भुजबल हने॥
अवतार नर संसार भार बिभंजि दारुन दुख दहे।
जय प्रनतपाल दयाल प्रभु संजुक्त सक्ति नमामहे॥

ऋग्वेद : हे सगुण निर्गुण अनूप रूप प्रभु, हे भूप शिरोमणि! आपने अपने प्रचण्ड भुजबल से रावणादि प्रचण्ड निशिचरों का हनन करके मनुष्य रूप में अवतार लेकर, संसार का भार हरण कर सब दुःख दूर किये हैं। हे प्रनतपाल दयालु प्रभु, हम आपकी शक्ति सहित आपको नमस्कार करते हैं। सुर, असुर, नाग, नर समस्त चराचर सब आपकी विषम माया के वश होकर काल, कर्म, गुण के चक्र में पड़े आवागमन के मार्ग में भटकते रहते हैं, जिन्हें आप एक बार अपनी करुणा दृष्टि से देख लेते हैं, वह दैहिक, दैविक, भौतिक तापों से मुक्त हो जाता है। हे भवखेदछेदन दक्ष प्रभु राम, हमारी रक्षा करें, हमारा प्रणाम स्वीकार करें।

यजुर्वेद : हे प्रभो! जो लोग मिथ्या ज्ञान के अभिमान से मस्त होकर आपकी भवबन्धन काटनेवाली भक्ति का आदर नहीं करते, वे देवदुर्लभ पद पाकर भी अवनत होते हैं। जो लोग आप पर पूर्ण विश्वास करते हैं वे केवल नाम जपकर पार उतर जाते हैं। हे शक्तिमान्! हम आपका स्मरण करते हैं। जिन चरणों की वन्दना ब्रह्मा और शिव करते हैं, जिनकी रज के स्पर्श से अहल्या तर गयी, जिन चरणों से देवनदी गंगा निकली हैं जिसने त्रैलोक्य को पावन किया है, जिन चरणों में कमल, ध्वज, वज्र और अंकुश के चिह्न हैं और जिन चरणों

में वनभ्रमण के समय काँटे चुभने से गट्ठे पड़ गये हैं हे मुकुन्द, राम, रमेश आपके इन्हीं दोनों चरण-कमलों की हम वन्दना करते हैं।

सामवेद : हे अव्यक्त, हे अनादि, हे संसाररूपी वृक्ष रूप प्रभो! इस वृक्ष की चार त्वचाएँ, छह तने, पचीस शाखाएँ, अनेक पत्ते और नानावर्ण के फूल हैं, उसमें कड़ुवे और मीठे दो प्रकार के फल लगे हैं, उस पर एक ही लता आश्रित है और उसमें नये-नये पत्ते और पुष्प निकलते रहते हैं, ऐसे संसार वृक्षरूपी प्रभो! आपको नमस्कार है।

अथर्ववेद : जो ब्रह्म जो अजन्मा, अद्वैत, अनुभवगम्य और मन की पहुँच से बाहर मान ध्यान करते हैं, वे भले ऐसा कहते रहें, पर हम तो हे नाथ! नित्य आपके सगुण रूप का वर्णन करते रहेंगे। हे करुणायतन प्रभु, हे सद्गुणाकर देव, हम तो यही वर माँगते हैं कि मन-वचन-कर्म विकाररहित हो हम आपके चरणों में अनुरक्त रहें।

(वे चारों वेद प्रणाम कर जाते हैं) (शिव जी आते हैं)

शिव : *जय राम रमारमनं समनं। भवताप भयाकुल पाहि जनं॥*
अवधेस सुरेस रमेस बिभो। सरनागत मागत पाहि प्रभो॥
दससीस बिनासन बीस भुजा। कृत दूरि महा महि भूरि रुजा॥
रजनीचर बृंद पतंग रहे। सर पावक तेज प्रचंड दहे॥
महि मंडल मंडन चारुतरं। धृत सायक चाप निषंग बरं॥
मद मोह महा ममता रजनी। तम पुंज दिवाकर तेज अनी॥
मनजात किरात निपात किए। मृग लोग कुभोग सरेन हिए॥
हति नाथ अनाथनि पाहि हरे। बिषया बन पावँर भूलि परे॥
बहु रोग बियोगन्हि लोग हए। भवदंघ्रि निरादर के फलए॥
भव सिंधु अगाध परे नर ते। पद पंकज प्रेम नजे करते॥
अति दीन मलीन दुखी नितहीं। जिन्ह कें पद पंकज प्रीति नहीं॥
अवलंब भवंत कथा जिन्ह कें। प्रिय संत अनंत सदा तिन्ह कें॥
नहिं राग न लोभ न मान मदा। तिन्ह कें सम बैभव वा बिपदा।
एहि ते तव सेवक होत मुदा। मुनि त्यागत जोग भरोस सदा॥
करि प्रेम निरंतर नेम लिएँ। पद पंकज सेवत सुद्ध हिएँ॥
सम मानि निरादर आदरही। सब संत सुखी बिचरंति मही॥
मुनि मानस पंकज भृंग भजे। रघुबीर महा रनधीर अजे।

तव नाम जपामि नमामि हरी। भव रोग महागद मान अरी॥
गुन सील कृपा परमायतनं। प्रनमामि निरंतर श्रीरमनं॥
रघुनंद निकंदय द्वंद्वघनं। महिपाल बिलोकय दीनजनं॥
बार बार बर मागउँ हरषि देहु श्रीरंग।
पद सरोज अनपायनी भगति सदा सतसंग॥

(शिव जाते हैं)

पाठ : *बरनि उमापति राम गुन हरषि गए कैलास।*
तब प्रभु कपिन्ह दिवाए सब बिधि सुखप्रद बास॥

श्रीराम : (वानरों से) देखो भाइयो, आप लोगों ने प्राण प्रण से मेरी सेवा की है, अब आप लोगों के मुँह पर आपकी क्या बड़ाई करूँ। आप लोग मुझे इसलिए इतने प्यारे लगते हो कि मेरे लिये आप सब अपने घर-द्वार का सुख त्यागे बैठे हो। मेरे भाइयो! अनुज, राज, सम्पत्ति, वैदेही, देह, घर, परिवार, मित्र इन सबसे अधिक आप लोग मेरे प्रिय हैं। यह मैं हृदय से कह रहा हूँ, बनाकर नहीं। सेवक तो सबको प्रिय होते हैं, नीति का भी यही वचन है पर मुझे तो सेवक विशेष रूप से प्रिय हैं पर मित्रो, अब तुम सब अपने-अपने घर लौट जाओ, बहुत दिन से प्रियजनों से बिछुड़े हो। बस सच्चे नियम से मेरा भजन करना। मैं सबका सर्वदा हित करने में तत्पर रहता हूँ यह जानकर प्रेम करना! सुमन्त्र जी हमारे मित्रों के लिए उपहार लायें।

पाठ : *सुनि प्रभु बचन मगन सब भए। को हम कहाँ बिसरि तन गए॥*
प्रभु सन्मुख कछु कहन न पारहिं। पुनि पुनि चरन सरोज निहारहिं॥

(वस्त्र-आभूषण लाये जाते हैं। प्रभु अपने हाथों सुग्रीव को उपहार देते हैं, लक्ष्मण विभीषण को भेंट देते हैं।)

पाठ : *अंगद बैठ रहा नहिं डोला। प्रीति देखि प्रभु ताहि न बोला॥*

(जामवन्त, नील, नल आदि सबका सम्मान होता है और सब चरण स्पर्श कर बिदा लेते हैं।) (अंगद उठते हैं)

अंगद : हे सर्वज्ञ, हे कृपा सुख सिन्धु, हे नाथ, मरते समय पिता जी ने मुझे आपको सौंपा था। हे अशरण शरण! अपना प्रण स्मरण करें और मुझे न त्यागें क्योंकि मेरे तो प्रभु-गुरु-पिता-माता सब आप हैं। अब मैं आपके चरण-कमल त्यागकर कहाँ जाऊँ? सोचिये प्रभु कि

मैं घर जाकर करूँगा भी क्या? हे नाथ इस बालक को दीन जानकर अपनी शरण में रहने दें, मेरे पास तो न ज्ञान है, न बुद्धि है न बल, यहाँ रहकर छोटा-मोटा काम करता पड़ा रहूँगा और चरण-कमल निरखकर भवसागर से पार हो जाऊँगा। रक्षा कीजिये प्रभो! (चरण में लोट जाते हैं)

पाठ : *निज उर माल बसन मनि बालितनय पहिराइ।*
बिदा कीन्हि भगवान तब बहु प्रकार समुझाइ॥
अंगद हृदयँ प्रेम नहिं थोरा। फिरि फिरि चितव राम कीं ओरा॥
बार बार कर दंड प्रनामा। मन अस रहन कहहिं मोहि रामा॥

(श्री हनुमान सुग्रीव के चरण स्पर्श कर कहते हैं)

हनुमान : हे देव, दस दिन और प्रभु के चरणों की सेवा कर लूँ तब आपकी सेवा करने आ जाऊँगा।

सुग्रीव : ठीक है पवनकुमार! तुम बड़े पुण्यात्मा हो, तुम यहीं रहकर कृपा-निधान श्रीराम की सेवा करते रहो!

अंगद : हनुमान जी एक विनती है, प्रभु से मेरा दण्डवत् कहियेगा और जब भी अवसर मिले मेरा स्मरण कराते रहियेगा।
(सब जाते हैं)

श्रीराम : निषादराज, अब तुम भी घर लौट जाओ, वहाँ मेरा स्मरण करते रहना और मन, वचन, कर्म से धर्म का अनुसरण करना। तुम मुझे भरत के समान ही प्रिय हो, जब अवसर मिले आते-जाते रहना।
(श्रीराम निषाद को भेंट उपहार देते हैं और निषादराज चरण स्पर्श कर बिदा लेते हैं।)

पाठ : *राम राज बैठें त्रैलोका। हरषित भए गए सब सोका॥*

व्यास : राम के राजा होने से एक आदर्श राज बन गया जिसे रामराज्य कहते हैं। इसमें सर्वत्र सुख-ही-सुख होता है। कोई किसी से वैर नहीं करता। किसी प्रकार की विषमता ऊँच-नीच, अमीर-गरीब, राव-रंक को स्थान नहीं मिलता। सब लोग अपने वर्णाश्रम के कर्त्तव्य का पालन करते हुए भय, रोग, शोक से मुक्त हो सुखी रहते हैं। सज्जनो! रामराज्य में किसी को भी दैहिक, दैविक, भौतिक ताप नहीं सताता। सब लोग एक-दूसरे से प्रेम करते हैं, स्वधर्म का पालन करते हैं। रामराज्य में अल्पवय में मृत्यु नहीं होती, सब स्वस्थ और सुन्दर शरीरवाले होते हैं। रामराज्य में कोई

अबुध या लक्षणहीन नहीं मिलेगा सभी नर-नारी गुणी, पण्डित और ज्ञानी हैं, किसी के मन में कपट या दम्भ का नाम नहीं है।

पाठ : *राम राज नभगेस सुनु सचराचर जग माहिं।*
काल कर्म सुभाव गुन कृत दुख काहुहि नाहिं॥
भूमि सप्त सागर मेखला। एक भूप रघुपति कोसला॥
भुअन अनेक रोम प्रति जासू। यह प्रभुता कछु बहुत न तासू॥
सोउ जाने कर फल यह लीला। कहहिं महा मुनिबर दमसीला॥

परिशिष्ट-1

चित्रकूट लीला

पादुकाभिषेक

(सम्पूर्ण अयोध्याकाण्ड) राष्ट्रीय रामलीला मेला भोपाल से प्रस्तुत

मंगलाचरण

पाठ : *नीलाम्बुजश्यामलकोमलाङ्गं सीतासमारोपितवामभागम्।*
पाणौ महासायकचारुचापं नमामि रामं रघुवंशनाथम्॥
श्रीगुरु चरन सरोज रज निज मनु मुकुरु सुधारि।
बरनउँ रघुबर बिमल जसु जो दायकु फल चारि॥
जब तें राम ब्याहि घर आए। नित नव मंगल मोद बधाए॥
भुवन चारिदस भूधर भारी। सुकृत मेघ बरषहिं सुख बारी॥
सब कें उर अभिलाषु अस कहहिं मनाइ महेसु।
आप अछत जुबराज पद रामहि देउ नरेसु॥

(दो सूत्रधार आते हैं)

सूत्रधार 1 : क्यों भाई, अवध में आज यह सन्नाटा कैसा है? क्या कोई दुर्घटना हो गयी है?

सूत्रधार 2 : तुम तो भाई तीरथ करने चले गये और यहाँ तो अनर्थ ही हो गया।

सूत्रधार 1 : अरे, क्या हो गया, कुछ विस्तार से बताओ न।

सूत्रधार 2 : तो सुनो, अब कहानी सुनाना ही रह गया है। तुम तो उन दिनों यहीं थे जब चारों भैया विवाह करके आये थे और कैसा मंगल हुआ था। सब मानते थे कि एक दिन राम का राज्याभिषेक होगा- फिर एक दिन

पाठ : *श्रवन समीप भए सित केसा। मनहुँ जरठपनु अस उपदेसा॥*
नृप जुबराजु राम कहुँ देहू। जीवन जनम लाहु किन लेहू॥

सूत्रधार 2 : सो महाराज वृद्धावस्था का आगमन देखकर गुरु के पास गये। उनसे प्रार्थना की कि राम को राजपद दिया जाय। सभासदों और मन्त्रियों से राय ली गयी। सब लोग सहमत हुए तो राज्याभिषेक की तिथि घोषित की गयी और लोग बड़े उत्साह से उत्सव की तैयारियाँ करने लगे। बस एक ही दुःख था कि भरत जी और शत्रुघ्न जी ननिहाल गये थे लेकिन क्या हो सकता था–शुभ लग्न टालना सम्भव नहीं था। सो भैया, ऐसा लगता है कि कुचाली देवताओं को यह सब अच्छा नहीं लगा और उन्होंने कुबरी मन्थरा की मति फेर दी, उसने मँझली रानी कैकेयी अम्बा को जाने क्या-क्या समझाया, सिखाया, पढ़ाया कि वे जाकर कोपभवन में बैठ गयीं। महाराज मनाने लगे तो उन्होंने दो वर माँगे। एक तो यह कि राजपद भरत को दिया जाय और दूसरे राम को चौदह वर्ष के लिए वन में निर्वासित किया जाय। राजा वचन हार चुके थे। राम जी का तो कहना ही क्या, माता का आदेश पाकर वे अत्यन्त प्रसन्न हुए, बोले माँ ने आज मुझे कानन का राज्य दिया है। माता कौशल्या यह सुनकर बहुत रोयीं पर करतीं क्या। उधर सीता महारानी और भैया लखनलाल ने हठ ठान लिया कि वे भी राम जी के साथ वन जायँगे। सो भाई, सबकी आज्ञा लेकर, वल्कल धारण कर, वन की ओर चल पड़े। और उनके साथ चले शोकाकुल अवध के सभी पुरवासी–

सूत्रधार 1 : अरे, यह तो बड़ा अनर्थ हो गया।

सूत्रधार 2 : सो तो हुआ, पर अभी आगे सुनो।

पाठ : *लोग बिकल मुरुछित नरनाहू। काह करिअ कछु सूझ न काहू॥*
रामु तुरत मुनि बेषु बनाई। चले जनक जननिहि सिरु नाई॥
सजि बन साजु समाजु सबु बनिता बंधु समेत।
बंदि बिप्र गुर चरन प्रभु चले करि सबहि अचेत॥
बारहिं बार जोरि जुग पानी। कहत रामु सब सन मृदु बानी॥
सोइ सब भाँति मोर हितकारी। जेहि तें रहै भुआल सुखारी॥

सूत्रधार 2 : बन्धु, रघुनाथ जी के साथ मैं भी गया था। हम लोग जब सायंकाल तमसा नदी के तट पर पहुँचे तो थके-माँदे सभी लोग सो

गये। प्रभु जानकी-लखन समेत मन्त्री सुमन्त्र को साथ ले, हमें वहाँ छोड़कर चले गये। प्रातः हम लोग रोते-कलपते अयोध्या लौट आये। आगे की कथा भी अब सर्वविदित है। प्रभु का रथ आगे श्रृंगवेरपुर में गंगा तट पर पहुँचा। यहाँ सबने रात्रि में विश्राम किया। प्रातः उन्होंने बहुत समझा-बुझाकर बरबस सुमन्त्र जी को वापस अयोध्या भेज दिया। बताते हैं कि सुमन्त्र ही नहीं रथ के घोड़े भी प्रभु-वियोग में इतने विकल थे कि आना ही नहीं चाहते थे पर राम जी की आज्ञा कैसे टालते?

सूत्रधार 1 : फिर, फिर क्या हुआ?

सूत्रधार 2 : सुमन्त्र को बिदा कर राम जी गंगा तट पर आये और केवट से नाव लाने को कहा।

मंच पर एक ओर से राम-लखन-जानकी और निषादराज आते हैं और केवट को बुलाते हैं।

मागी नाव न केवटु आना। कहइ तुम्हार मरमु मैं जाना॥
चरन कमल रज कहुँ सबु कहई। मानुष करनि मूरि कछु अहई॥

केवट कठौते में पानी ले आकर प्रभु के चरण पखारता है और फिर नौका में बैठने का संकेत करता है।

पाठ : *पद पखारि जलु पान करि आपु सहित परिवार।*
पितर पारु करि प्रभुहि पुनि मुदित गयउ लेइ पार॥

नाव से उतरने का अभिनय करते राम, लखन, जानकी निषाद और केवट इस पार उतरते हैं। केवट दण्डवत् करता है।

पाठ : *तब मज्जनु करि रघुकुलनाथा। पूजि पारथिव नायउ माथा॥*
सियँ सुरसरिहि कहेउ कर जोरी। मातु मनोरथ पुरउबि मोरी॥
पति देवर सँग कुसल बहोरी। आइ करौं जेहिं पूजा तोरी॥

सीता जी गंगा की पूजा करती हैं—

पाठ : *सुनि सिय बिनय प्रेम रस सानी। भइ तब बिमल बारि बर बानी॥*

आकाशवाणी : (गंगा) हे रघुवीर प्रिया जानकी! तुम्हारा प्रभाव जग विदित है। तुम्हारी कृपा-दृष्टि से लोग लोकपाल हो जाते हैं। समस्त सिद्धियाँ तुम्हारे आगे हाथ जोड़े खड़ी रहती है। तुमने मुझे विनती सुनाकर मुझ पर बड़ी कृपा की है, मुझे बड़ाई दी है। मेरा आशीर्वाद है।

प्राननाथ देवर सहित कुसल कोसला आइ।
पूजिहि सब मनकामना सुजसु रहिहि जग छाइ॥

सूत्रधार 2 : गंगा माता के मंगल वचन सुनकर सब लोग अति आनन्दित हुए। प्रभु निषाद को भी बिदा करना चाहते थे पर वह गया नहीं। हाँ, अपनी जाति के लोगों को बिदा कर दिया। अब सब लोग आगे चले और त्रिवेणी तट पर तीर्थराज प्रयाग पहुँचे।

पाठ : *को कहि सकइ प्रयाग प्रभाऊ। कलुष पुंज कुंजर मृगराऊ॥*
अस तीरथपति देखि सुहावा। सुख सागर रघुबर सुखु पावा॥
कहि सिय लखनहि सखहि सुनाई। श्रीमुख तीरथराज बड़ाई॥
करि प्रनामु देखत बन बागा। कहत महातम अति अनुरागा॥

सब लोग मंच पर मण्डलाकार चलकर प्रयाग यात्रा करते हैं।

पाठ : *मुदित नहाइ कीन्हि सिव सेवा। पूजि जथाबिधि तीरथ देवा॥*
तब प्रभु भरद्वाज पहिं आए। करत दंडवत मुनि उर लाए॥

सूत्रधार 2 : प्रभु प्रयाग में भरद्वाज आश्रम पहुँचे। यहाँ वनवास की अवधि बिताने हेतु ऋषिवर ने उन्हें चित्रकूट में वास करने का परामर्श दिया और पथ प्रदर्शन हेतु अनेक शिष्य साथ हो लिये। आगे यमुना तट से शिष्यों को बिदा कर, यमुना नदी में स्नान करके मार्ग में ग्रामवासियों से मिलते, प्रभु वाल्मीकि आश्रम पहुँचे।

पाठ : *चित्रकूट गिरि करहु निवासू। तहँ तुम्हार सब भाँति सुपासू॥*
सैलु सुहावन कानन चारू। करि केहरि मृग बिहग बिहारू॥
नदी पुनीत पुरान बखानी। अत्रिप्रिया निज तप बल आनी॥
सुरसरि धार नाउँ मंदाकिनि। जो सब पातक पोतक डाकिनि॥
चित्रकूट महिमा अमित कही महामुनि गाइ।
आइ नहाए सरित बर सिय समेत दोउ भाइ॥

चित्रकूट की झाँकी। वनवासी सेवा करते हैं।

पाठ : *जब तें आइ रहे रघुनायकु। तब तें भयउ बनु मंगलदायकु॥*
सुरतरु सरिस सुभायँ सुहाए। मनहुँ बिबुध बन परिहरि आए॥
नीलकंठ कलकंठ सुक चातक चक्क चकोर।
भाँति भाँति बोलहिं बिहग श्रवन सुखद चित चोर॥

करि केहरि कपि कोल कुरंगा। बिगतबैर बिचरहिं सब संगा॥
फिरत अहेर राम छबि देखी। होहिं मुदित मृग बृंद बिसेषी॥
सब सर सिंधु नदीं नद नाना। मंदाकिनि कर करहिं बखाना॥
सैल हिमाचल आदिक जेते। चित्रकूट जसु गावहिं तेते॥
चित्रकूट के बिहग मृग बेलि बिटप तृन जाति।
पुन्य पुंज सब धन्य अस कहहिं देव दिन राति॥
सो बनु सैलु सुभायँ सुहावन। मंगलमय अति पावन पावन॥
महिमा कहिअ कवनि बिधि तासू। सुखसागर जहँ कीन्ह निवासू॥

प्रभु अयोध्या की स्मृति में विकल होते हैं।

पाठ : *रामु लखन सीता सहित सोहत परन निकेत।*
जिमि बासव बस अमरपुर सची जयंत समेत॥

(चित्रकूट के पट बन्द होते हैं।)

(सूत्रधार द्वय पधारते हैं)

सूत्रधार 1 : रघुनाथ जी चित्रकूट पहुँच गये पर यहाँ अयोध्या में क्या हुआ?

सूत्रधार 2 : विषाद में डूबे सुमन्त्र अवध लौटे। नेत्र में जल भरा था, ओठ सूख रहे थे, मुख विवर्ण हो रहा था। बोल नहीं पा रहे थे। रात के अँधियारे में अयोध्या में प्रवेश किया, फिर भी लोगों ने देख ही लिया। सभी आर्त्तभाव से पूछने लगे "क्या नहीं लौटे? नहीं आये?"

किसी प्रकार वे कौशल्या अम्बा के महल में आये जहाँ, "हा राम, हा लखन, हा जानकी" रटते महाराज अर्द्धमूर्च्छित पड़े थे। सुमन्त्र ने रुँधे कण्ठ से सब कथा सुनायी। यह सुनकर महाराज अति करुण क्रन्दन करने लगे और राम विरह में 'हा राम-हा राम' रटते हुए प्राण त्याग दिये।

सूत्रधार 1 : अरे? तो क्या महाराज नहीं रहे?

सूत्रधार 2 : नहीं बन्धु, अवध को अनाथ कर महाराज सुरपुर पधारे। भरत को तत्काल वापस आने का सन्देश भेजा गया।

दर्शक-दीर्घा से भरत-शत्रुघ्न पधारते हैं। मंच पर पूजा का थाल लिये, उल्लास भरी कैकेयी आती है, पीछे मन्थरा है। भरत माँ का चरण स्पर्श करते हैं।

कैकेयी : आओ मेरे लाल, कहो ननिहाल में सब कुशल तो है।

भरत : हाँ माँ, वहाँ सब लोग प्रसन्न हैं पर यहाँ क्या हुआ है? पिता जी कहाँ हैं? सब माताएँ कहाँ हैं? भैया राम और भाभी कहाँ हैं, लखनलाल कहाँ हैं?

कौशल्या : अरे बेटा, क्या कहूँ मैंने तो सब बात बना ली थी, यह मन्थरा बड़ी सहायक हुई, पर विधि ने सब चौपट कर दिया। महाराज देवलोक सिधार गये।

यह सुनते ही भरत 'हा तात', 'हा तात' कहकर मूर्च्छित होकर गिर पड़ते हैं। शत्रुघ्न सँभालते हैं और पुनः सचेत करते हैं।)

भरत : (बिलखते हुए) माँ, पिता जी को हो क्या गया था?

कैकेयी : कुछ नहीं, मैंने तेरे लिये राजपद और राम के लिए चौदह वर्ष बनवास माँगा, बस, इसी से दुःखी होकर उन्होंने प्राण त्याग दिये। बेटा, राजा सोच करने योग्य नहीं हैं- वे तो पुण्य और यश कमा कर गये हैं। अब शोक त्यागकर सुखपूर्वक राज करो।

भरत : (अत्यन्त कुपित)--

हंसबंसु दसरथु जनकु राम लखन से भाइ।
जननी तूँ जननी भई बिधि सन कछु न बसाइ॥
जब तैं कुमति कुमत जियँ ठयऊ। खंड खंड होइ हृदय न गयऊ॥
बर मागत मन भइ नहिं पीरा। गरि न जीह मुँह परेउ न कीरा॥
भूपँ प्रतीति तोरि किमि कीन्हीं। मरन काल बिधि मति हरि लीन्ही।
भे अति अहित रामु तेउ तोही। को तू अहसि सत्य कहु मोही॥
जो हसि सो हसि मुँह मसि लाई। आँखि ओट उठि बैठहि जाई॥
राम बिरोधी हृदय तें प्रगट कीन्ह बिधि मोहि।
मो समान को पातकी बादि कहउँ कछु तोहि॥

(अत्यन्त विकल हो जाते हैं।)

शत्रुघ्न पूजा की थाली उठाकर फेंक देते हैं और मन्थरा को पीटने लगते हैं। उसका झोटा पकड़कर घसीटते हैं। सहसा भरत मन्थरा की चीख सुनकर उसे छुड़ा देते हैं।

भरत : आओ भाई, बड़ी माँ के पास चलें।

कैकेयी और मन्थरा भागती हैं। भरत और शत्रुघ्न कौशल्या अम्बा के घर की ओर चलते हैं। कौशल्या पधारती हैं और भरत रोते हुए

माँ के चरण में लोट जाते हैं। कौशल्या उन्हें उठाकर गले लगाती हैं। दोनों भाइयों को समझाती हैं।

पाठ : *पितु सुरपुर बन रघुबर केतू। मैं केवल सब अनरथ हेतू॥*
मातु भरत के बचन मृदु सुनि पुनि उठी सँभारि।
लिए उठाइ लगाइ उर लोचन मोचति बारि॥
सरल सुभाय मायँ हियँ लाए। अति हित मनहुँ राम फिरि आए॥
भेंटेउ बहुरि लखन लघु भाई। सोकु सनेहु न हृदयँ समाई॥
माताँ भरतु गोद बैठारे। आँसु पोंछि मृदु बचन उचारे॥

कौशल्या : हे तात! किसी को दोष मत दो। विधाता हसमे उल्टा हो गया है। इतने दुःख देकर भी मुझे जिला रहा है। हे तात, पिता की आज्ञा से श्री रघुवीर वल्कल वस्त्र पहन वन को सिधारे। उनके हृदय में न विषाद था न हर्ष। सबको सब तरह से सन्तोष कराकर वे वन को चले गये। सीता भी उनके साथ चली गयी और लक्ष्मण भी साथ हो लिये। राम जी ने उन्हें रोकने का बहुत प्रयास किया पर वे न माने। मैं न तो उनके साथ गयी, न प्राण ही त्यागे। मरना-जीना तो राजा ने खूब जाना।

पाठ : *कौसल्या के बचन सुनि भरत सहित रनिवासु।*
ब्याकुल बिलपत राजगृह मानहुँ सोक नेवासु॥
वामदेव वशिष्ठ तब आये। सचिव महाजन सकल बोलाये॥
(गुरु वसिष्ठ तथा सचिव आदि आते हैं।)

वशिष्ठ : हे तात, हृदय में धीरज धरो और आज जिस कार्य को करने का अवसर है उसे करो।

भरत : जो आज्ञा गुरुदेव।

सूत्रधार 2 : तब भरत जी ने विधिवत् राजा की अन्त्येष्टि की और सारे विधान पूरे किये।

पाठ दोहा : *सिंघासन भूषन बसन अन्न धरनि धन धाम।*
दिए भरत लहि भूमिसुर भे परिपूरन काम॥

चौ0 : *बैठे राजसभाँ सब जाई। पठए बोलि भरत दोउ भाई॥*
(सब लोग राजसभा में आते हैं और बुलाये जाने पर भरत-शत्रुघ्न पधारते हैं।)

पाठ : *प्रथम कथा सब मुनिबर बरनी। कैकइ कुटिल कीन्हि जसि करनी॥*
कहत राम गुन सील सुभाऊ। सजल नयन पुलकेउ मुनिराऊ॥
बहुरि लखन सिय प्रीति बखानी। सोक सनेह मगन मुनि ग्यानी॥

वशिष्ठ : (विलखकर) हे भरत, सुनो, यह भावी बड़ी प्रबल है, हानि-लाभ, जीवन-मरण, यश-अपयश सब विधि के हाथ में है। ऐसा सोचकर किसे दोष दें, किस पर क्रोध करें। हे तात! विचार करो, राजा दशरथ सोच के योग्य नहीं हैं। अरे, जो वेदविहीन हो, धर्म-कर्म छोड़कर भोग-विलास में लिप्त रहे ऐसे राजा के लिए सोच करते हैं। उनकी प्रशंसा तो देवता भी करते हैं। वे धन्य है जिनके राम, लखन, तुम और शत्रुघ्न सरीखे पुत्र हैं। वे वास्तव में बड़भागी थे। उनके लिए विषाद न करो और उनकी आज्ञा सिर धारण करके उनका कहा करो। उन्होंने तुम्हें राजपद दिया, तुम्हें पिता का वचन निभाना है। राजा को वचन प्राण से अधिक प्यारा था। अस्तु ग्लानि त्यागकर राज्य करो। यह बात शास्त्रसम्मत है। इसे सुनकर सीताराम सुखी होंगे, माताएँ सुखी होंगी, और पण्डित भी अनुचित नहीं कहेंगे। जब रामचन्द्र लौट आये तो राज्य उन्हें सौंप देना और स्नेह से उनकी सेवा करना।

मन्त्री : हम सबकी भी यही राय है कि आप गुरु जी की आज्ञा का पालन करें।

कौशल्या : पुत्र, गुरु जी की आज्ञा पथ्य रूप है, उनका आदर करो। राम जी वन में हैं, राजा स्वर्ग में, अब तो हम सबके एक तुम्हीं सहारे हो। तुम ऐसे कातर होगे तो कैसे काम चलेगा।

पाठ : *सानी सरल रस मातु बानी सुनि भरतु ब्याकुल भए।*
लोचन सरोरुह स्रवत सींचत बिरह उर अंकुर नए॥
सो दसा देखत समय तेहि बिसरी सबहि सुधि देह की।
तुलसी सराहत सकल सादर सीवँ सहज सनेह की॥
(भरत उठते हैं और दोनों हाथ जोड़कर कहते हैं-)

भरत : गुरुदेव, अपने मुझे सुन्दर उपदेश दिया है, माता ने भी उचित समझकर ही आज्ञा दी है। मैं आपके आदेश को सिर माथे चढ़ाकर पालन करना चाहूँगा। यदि मैं उचित-अनुचित का विचार करूँ तो धर्म जाता है। आप मेरे भले के लिए सरल शिक्षा दे रहे हैं, मैं यह

सब समझता हूँ पर हृदय को परितोष नहीं होता। आप मेरी विनय सुन लें, फिर मुझे मार्ग निदेश दें। गुरुदेव, मैं उत्तर दे रहा हूँ इसके लिए मेरा अपराध क्षमा करें! गुरु जी, मेरा कल्याण तो राम जी की चरण-सेवा में है सों माता की कुटिलाई ने उसे छीन लिया। मैं बराबर सोचता रहा हूँ पर अन्य किस उपाय में मुझे अपना कल्याण नहीं दिखता। जैसे प्राण बिना देह व्यर्थ है, वैसे ही श्री रघुनाथ जी के बिना सब व्यर्थ है। आप मुझे आज्ञा दें कि मैं राम जी के पास जाऊँ।

माँ और आप मुझे राजा बनाकर अपना भला चाहते हैं और यह भी आप स्नेह की जड़तावश कह रहे हैं। मैं कैकेयी का पुत्र, कुटिल बुद्धि, रामविमुख और निर्ल्लज-मैं किसे सुख दूँगा? अरे, राजा को तो धर्मशील होना चाहिए, मुझ-जैसा अधम नहीं। मेरे कारण ही तो श्रीराम जी को वनवास दिया गया। धन्य है पिता जी कि राम से बिछुड़ते ही प्राण त्याग दिये और एक मैं हूँ जो रघुनाथरहित घर देखकर, जगत् को उपहास सहकर भी जीवित हूँ।

मेरी तो सब बात विधाता ने बना दी है, अब प्रजा और पंच उसमें सहायता कर रहे हैं। कुग्रह से ग्रस्त, वातरोग से पीड़ित व्यक्ति को यदि बिच्छू डंक मारे तो उसे मदिरा पिलायें-यह कैसा उपचार है? मुझे एक ही दुःख है कि मेरे कारण श्रीसीता-राम दुःखी हुए। गुरुदेव-

आपनि दारुन दीनता कहउँ सबहि सिरु नाइ।
देखें बिनु रघुनाथ पद जिय कै जरनि न जाइ॥

मैं अपराधी हूँ पर शरणागत वत्सल श्रीराम मुझे अवश्य शरण में लेकर क्षमा कर देंगे। मैं कुमाता का पुत्र हूँ पर मुझे श्रीराम जी पर भरोसा है। आप लोग मुझे वन में श्रीराम के पास जाने की आज्ञा दें।

एक मन्त्री : श्री भरतलाल ठीक कह रहे हैं, अवश्य ही वन में श्रीराम के पास चलना चाहिए। भैया भरतलाल आपने बहुत अच्छी सलाह दी है, शोक-सागर में डूबते लोगों को सहारा दिया है। हम सब श्रीराम के पास चलेंगे।

सभी लोग प्रस्थान करते हैं।

मंच पर सूत्रधार द्वय पधारते हैं।

सूत्रधार 2 : तो भइया भरतलाल के साथ समूची अयोध्या चल पड़ी। निश्चय हुआ कि यदि राम जी राजी हो गये तो वन में ही उनका राज्याभिषेक कर दिया जायगा और इस हेतु सारी सामग्री भी ले ली गयी। जानते हो पहले तो सब लोग वाहनों पर बैठकर चले रथ, हाथी, घोड़े, पालकी पर लेकिन फिर देखा भैया भरतलाल पैदल चल रहे हैं।

पाठ : *देखि सनेहु लोग अनुरागे। उतरि चले हय गय रथ त्यागे॥*
जाइ समीप राखि निज डोली। राम मातु मृदु बानी बोली॥
तात चढ़हु रथ बलि महतारी। होइहि प्रिय परिवारु दुखारी॥
तुम्हरें चलत चलिहि सबु लोगू। सकल सोक कृस नहिं मग जोगू॥
सिर धरि बचन चरन सिरु नाई। रथ चढ़ि चलत भए दोउ भाई॥

सूत्रधार 1 : तब तो अच्छी यात्रा रही होगी--

सूत्रधार 2 : हाँ, कन्द, मूल, फल खाते, व्रत करते, तमसा, गोमती तट पर रुककर शृंगवेरपुर पहुँचे। यहाँ निषाद भरत की सेना देखकर चिन्तित हुए और युद्ध करने को तैयार हो गये। पर जानते हो एक सयाने बूढ़े ने क्या कहा?

पाठ : *बूढ़ु एकु कह सगुन बिचारी। भरतहि मिलिअ न होइहि रारी॥*
रामहि भरतु मनावन जाहीं। सगुन कहइ अस बिग्रहु नाहीं॥

सूत्रधार 2 : सबको बूढ़े की बात समझ में आयी और सब शान्त हो गये। भरत जी को देखकर निषादराज गुह ने पृथ्वी पर माथा टेककर जोहार की तो भरत जी ने उसे उठाकर ऐसा छाती से लगा लिया मानो लखनलाल मिल गये हों।

पाठ : *भेंटत भरतु ताहि अति प्रीती। लोग सिहाहिं प्रेम कै रीती॥*
धन्य धन्य धुनि मंगल मूला। सुर सराहि तेहि बरिसहिं फूला॥

सूत्रधार 1 : वाह, यह तो राम नाम की महिमा है, किसे रघुनाथ जी ने बड़ाई नहीं दी है।

सूत्रधार 2 : हाँ तो भैया, निषादराज ने सबका बड़ा सत्कार किया। फिर गंगा को प्रणाम कर सबने स्नान किया और फिर निषादराज ने भरत जी को वे स्थल दिखाये जहाँ सीता-राम ने विश्राम किया था। भरत

ने उन स्थलों की धूलि आँख से लगायी। कुश की शय्या देखकर तो वे अत्यन्त विकल हो गये। तब निषाद ने उन्हें बहुत समझाया। दूसरे दिन फिर यात्रा आरम्भ हुई। सबने भरत जी से अनुरोध किया कि घोड़े पर बैठकर चलें पर वे तो एक ही बात कहते थे मेरे प्रभु राम राह पर पैदल ही गये थे, मुझे तो सिर के बल चलकर जाना चाहिए। सो बन्धु तीसरे पहर सब लोग प्रयागराज पहुँचे।

पाठ : *देखत स्यामल धवल हलोरे। पुलकि सरीर भरत कर जोरे॥*
सकल काम प्रद तीरथराऊ। बेद बिदित जग प्रगट प्रभाऊ॥
अरथ न धरम न काम रुचि गति न चहउँ निरबान।
जनम-जनम रति रामपद यह बरदानु न आन॥
जानहुँ राम कुटिल करि मोही। लोग कहउ गुर साहिब द्रोही॥
सीता राम चरन रति मोरें। अनुदिन बढ़उ अनुग्रह तोरें॥
भरत बचन सुनि माझ त्रिबेनी। भइ मृदु बानि सुमंगल देनी॥

आकाशवाणी : *तात भरत तुम्ह सब बिधि साधू। राम चरन अनुराग अगाधू॥*
बादि गलानि करहु मन माहीं। तुम्ह सम रामहि कोउ प्रिय नाहीं॥

सूत्रधार 2 : तब प्रयागराज में भरद्वाज जी ने सबका स्वागत किया। भरत जी को समझाया-बुझाया और प्रातः सब लोग चित्रकूट की ओर चल दिये।

पाठ : *किएँ जाहिं छाया जलद सुखद बहइ बर बात।*
तस मगु भयउ न राम कहँ जस भा भरतहि जात॥
जड़ चेतन मग जीव घनेरे। जे चितए प्रभु जिन्ह प्रभु हेरे॥
ते सब भए परम पद जोगू। भरत दरस मेटा भव रोगू॥

सूत्रधार 1 : अच्छा भैया, भरत जी की यात्रा देखकर देवता तो बड़े विकल हुए होंगे?

सूत्रधार 2 : अवश्य हुए, पर देवगुरु के समझाने पर वे शान्त होकर भरत की प्रेम-यात्रा देखने लगे। (जाते हैं)

चित्रकूट में पर्णकुटी! सीता राम शिलासन पर विराज रहे हैं, लक्ष्मण एक ओर सावधान मुद्रा में खड़े है।

पाठ : *उहाँ रामु रजनी अवसेषा। जागे सीयँ सपन अस देखा।*

सीता : हे नाथ, आज रात मैंने एक दुःस्वप्न देखा।

राम : दुःस्वप्न? कैसा सपना? हम भी तो सुनें।

सीता : हाँ, मैंने देखा कि सारे अवध समाज के साथ भरत जी यहाँ हमारे आश्रम में पधारे हैं। आपके वियोग की अग्नि से उनका शरीर सन्तप्त है। सब लोग दुःखी और उदास हैं। मेरी सास, सभी माताएँ श्वेत वस्त्र पहने हैं। नहीं मेरा जी घबरा रहा है। (रोने लगती हैं।)

राम : (सोचवश)- लक्ष्मण, यह स्वप्न तो अच्छा नहीं है, अवश्य ही कोई अनिष्ट का समाचार सुनायेगा।

(किरात आता है, प्रणाम करके)

किरात : प्रभु, वह देखिये उत्तर दिशा में धूल उड़ रही है, वन के पशु-पक्षी घबराकर आश्रम की ओर आ रहे हैं। सच तो यह है कि अपनी सेना और समाज के साथ अयोध्या से भरत जी इधर ही आ रहे हैं। (प्रस्थान)

राम : भरत आ रहे हैं? भरत? पर क्यों आ रहे हैं। सेना के साथ आ रहे हैं। नहीं कुछ भ्रम हुआ है। भरत तो साधु और सयाने हैं, मेरे कहने में हैं।

लक्ष्मण : हे स्वामी, क्षमा कीजियेगा। मैं बिना आपकी अनुमति के कुछ कह रहा हूँ पर विशेष अवसर पर सेवक की ढिठाई दोष नहीं होती! नाथ, आप बड़े सरल हृदय और स्नेह भरे हैं, आप सहज ही सब पर विश्वास कर लेते हैं। सबको अपने-जैसा मानते हैं। परन्तु संसार में मूढ़ और विषयी लोग प्रभुता पाकर अपना असली रूप प्रकट कर देते हैं। दुनिया जानती है कि भैया भरत नीतिपारायण, साधु और चतुर हैं, आपके चरणों में उनका अनुराग भी है। पर आज उन्हें राज-पद मिल गया है, कुटिल भाई आज कुसमय देखकर आपको अकेला जानकर, राज्य को निष्कण्टक बनाने चल पड़े हैं। मैं पूछता हूँ यदि ऐसा नहीं है तो सेना, हाथी, घोड़े, रथ की क्या जरूरत थी? पर भरत का भी दोष नहीं है। राजमद ने संसार में किसे पागल नहीं बनाया। चन्द्रमा, नहुष, बेन, सहस्रबाहु, इन्द्र और त्रिशंकु सभी को राजमद ने कलंक लगाया है। ठीक सोचा भरत ने शत्रु और ऋण शेष नहीं रखना चाहिए। बस एक बात ठीक नहीं किया, आपको अकेला जानकर उसने आपका

अनादर किया। (गरजकर) ठीक है आज उसे पता चल जायगा। (राम के चरण छूकर और धनुष-बाण सँभालते हुए) प्रभु, मेरी बात का बुरा न मानियेगा, छेड़छाड़ भरत ने की है और हम क्षत्री हैं, कहाँ तक अन्याय सहेंगे? अरे लात मारने पर तो धूल भी सिर पर चढ़ जाती है। मुझे आज्ञा दें प्रभु, आज मैं राम-सेवक होने का जस लूँगा और भरत को ऐसी सीख दूँगा कि वे भी याद करेंगे। आपकी सौगन्ध, शंकर भी उसकी सहायता को आवेंगे तो भी उन्हें नहीं छोड़ूँगा। मुझे आज्ञा दें। (जाने को उद्यत)

आकाशवाणी : हे राजकुमार लक्ष्मण, आपका प्रताप, आपकी महिमा अपार है। लेकिन उचित-अनुचित जो भी काम करना हो उसे समझ-बूझकर करना चाहिए। विद्वानों का मत है कि जो बिना विचारे जल्दी में कुछ कर डालते हैं, वे पीछे पछताते हैं।

(लक्ष्मण सहम जाते हैं। राम उठकर प्रेम से उन्हें पास बैठाते हैं)

राम : हे तात, तुमने अच्छी बात कही, सच में राज मद बड़ा कठिन है। पर भाई मेरे, राजमद किसे होता है? उसे न, जिसने साधु-सत्संग नहीं किया! सुनो लखन, भरत-जैसा व्यक्ति तो ब्रह्मा की सृष्टि में न हुआ, न होगा। अवध का राज तो क्या विधि-हरि-हर पद पाकर भी भरत को राजमद नहीं हो सकता। जरा सोचो लक्ष्मण, क्या काँजी की एक बूँद से क्षीरसागर फट जायगा? क्या अन्धकार सूर्य को निगल सकता है? क्या बादलों को आकाश में रास्ता न मिलने की बात सम्भव है? मैं तो कहता हूँ कि सम्भव है अगस्त्य गोखुर जल में डूब जाय, धरती अपनी सहज क्षमा छोड़ दे, मच्छर की फूँक से आकाश उड़ जाय पर भरत की सौगन्ध खाकर कहता हूँ कि भरत-जैसा भाई इस संसार में कोई नहीं है।

पाठ : *सुनि रघुबर बानी बिबुध देखि भरत पर हेतु।*
सकल सराहत राम सो प्रभु को कृपानिकेतु॥
जौं न होत जग जनम भरत को। सकल धरम धुर धरनि धरत को॥

दर्शक दीर्घा के पीछे से गिरते-पड़ते भरत और उनके पीछे शत्रुघ्न, वशिष्ठ, माताएँ, मन्त्री आदि आते हैं। वे शनैः-शनैः मंच की ओर बढ़ते हैं।

भरत मंच के पास आकर चित्रकूट धाम निहारते हैं।

पाठ : *राम सैल सोभा निरखि भरत हृदयँ अति पेमु।*
तापस तप फलु पाइ जिमि सुखी सिरानें नेमु॥
इतने में हो गया-कुछ और का और।
एक बावला आ गया-सम्मुख में उस ठौर॥
नंगे थे पाँव बावले के कीचड़ मिट्टी में सने हुए।
कुछ खून भी बहता था, छोटे-छोटे काँटे थे गड़े हुए॥

भरत बावले-से सोपान पर गिरते-पड़ते चढ़ते हैं। उधर लक्ष्मण के संकेत पर राम धनुष, उत्तरीय फेंककर भरत की ओर भागते हैं।

पाठ : *बावला चाहता है पहले रघुबर को शीश झुका लूँ मैं।*
रघुबर चाहते हैं पहले छाती से उसे लगा लूँ मैं॥
आखिर रघुबर की ही विजय हुई, दोनों हाथों उठा लिया,
वह चरन छुवे उससे पहले छाती से उसे लगा लिया।
जब हृदय हृदय से आन मिला तो दूर विरह का ताप हुआ।
अब सबने देखा, चित्रकूट में ऐसे भरत मिलाप हुआ।
(राधेश्याम रामायण से)

लक्ष्मण विकल हो भरत के चरण छूना चाहते हैं, भरत उन्हें गले लगा लेते हैं। फिर लखन-शत्रुघ्न भेंटते हैं और इस बीच रामायण पाठ चलता है।

पाठ : *मिलनि प्रीति किमि जाइ बखानी। कबिकुल अगम करम मन बानी॥*
परम पेम पूरन दोउ भाई। मन बुधि चित अहमिति बिसराई॥
मिलि सपेम रिपुसूदनहि केवटु भेंटेउ राम।
भूरि भायँ भेंटे भरत लछिमन करत प्रनाम॥

केवट : हे नाथ! गुरुवर वशिष्ठ, सब माताएँ, अवध निवासी, सेनापति, सेवक सब आपसे मिलने आये हैं।

(सब आते हैं और रामायन पाठ के साथ भेंटने का क्रम चलता है)

पाठ : *सीलसिंधु सुनि गुर आगवनू। सिय समीप राखे रिपुदवनू॥*
चले सबेग रामु तेहि काला। धीर धरम धुर दीनदयाला॥
गुरहि देखि सानुज अनुरागे। दंड प्रनाम करन प्रभु लागे॥
मुनिबर धाइ लिए उर लाई। प्रेम उमगि भेंटे दोउ भाई॥

सानुज मिलि पल महुँ सब काहू। कीन्ह दूरि दुखु दारुन दाहू॥
देखीं राम दुखित महतारीं। जनु सुबेलि अवलीं हिम मारीं॥
प्रथम राम भेंटी कैकेई। सरल सुभायँ भगति मति भेई॥

दोहा : *भेंटि रघुबर मातु सब करि प्रबोध परितोषु।*
अंब ईस आधीन जगु काहु न देइअ दोषु॥
जनकसुता तब उर धरि धीरा। नील नलिन लोयन भरि नीरा॥
मिली सकल सासुन्ह सिर जाई। तेहि अवसर करुना महि छाई॥

(सब लोग बिराजते हैं)

राम : गुरुदेव, आप सबने यहाँ पधारकर हमें धन्य किया है। एक बात समझ में नहीं आ रही है कि माताएँ इस मलिन वेश में क्यों हैं? पिता जी कहाँ हैं? कैसे हैं?

वशिष्ठ : हे तात! महाराज दशरथ ने स्वर्ग की ओर गमन किया है। वे तुम्हारे विरह को सहन नहीं कर पाये और सुमन्त्र के अयोध्या लौटने पर तुम्हारा नाम लेते हुए प्राण त्याग दिये।

राम-लखन-जानकी रोने लगते हैं, 'हाँ तात! हाँ पिता जी! कहकर विलाप करते हैं। सभी लोग शोकाकुल हो जाते हैं। (वशिष्ठ राम को सहारा देते हैं।)

वशिष्ठ : राम, तुम तो तत्त्वज्ञानी हो, उठो, धीरज धरकर अपने पिता को जलांजलि दो और स्नान करो।

(सब लोगों के साथ राम-लखन-जानकी मंच से नेपथ्य में जाते हैं।)

कुछ देर रामधुन चलती है, फिर वशिष्ठ जी के साथ भरत, शत्रुघ्न तथा अन्य लोग आते हैं। उनके बैठने के बाद श्रीराम आते हैं।)

राम : गुरुदेव, दो दिन बीत गये हैं। लोग यहाँ घोर असुविधा भोग रहे हैं। कन्द, मूल, फल खाकर किसी प्रकार जी रहे हैं। मुझे सबका कष्ट देखकर बड़ा दुःख हो रहा है। अब आप सब लोग अयोध्या लौट जायँ या फिर जैसा आदेश करें।

वशिष्ठ : वत्स राम, यह तुम्हारा भ्रम है, लोग दुःखी नहीं बल्कि तुम्हारे दर्शन पाकर अत्यन्त प्रसन्न हैं। कुछ दिन और इन्हें अपने सान्निध्य से शान्ति प्रदान करो।

राम : जो आज्ञा प्रभु! (जाते हैं)

भरत : (अपने-आप से) माँ का सहारा लेकर विधि ने कैसी कुचाल की है। अब कैसे होगा भैया का राज्याभिषेक? मुझे तो कोई उपाय नहीं सूझता। हाँ, गुरुदेव कहें तो प्रभु अवश्य लौट चलेंगे पर हाँ, माँ कौशल्या अम्बा कहें तो? पर नहीं वे राम जी की माँ हैं, ऐसा हठ क्यों करेंगी? तब तब मैं हठ करूँ, सेवक होकर ऐसा कुकर्म करूँ? नहीं कोई उपाय नहीं है। (निढाल हो बैठ जाते हैं।)

वशिष्ठ : (भरत के सिर पर हाथ रखकर) सुजान भरत. रामचन्द्र सत्यप्रतिज्ञ हैं, वेद धर्मरक्षक हैं। देखो, उनका तो अवतार ही लोक-कल्याण के लिए हुआ है। वे माता-पिता का आज्ञापालन करनेवाले, दुष्टों का दलन करनेवाले हैं। वे सर्वोपरि हैं अतः उनकी आज्ञा और रुख रखने में ही हम सबका हित है। जो सर्वसम्मत हो वही करो। राम का राज्याभिषेक सबके लिए मंगल और आनन्ददायक है। राम जी वापस अयोध्या कैसे चलें इसका उपाय सोचना चाहिए।

भरत : गुरुदेव, आप हमसे उपाय पूछते हैं, यह तो मेरा अभाग्य है।

वशिष्ठ : हे तात! राम जी की कृपा से ही कार्य हो सकता है। राम विमुख को स्वप्न में भी सिद्धि नहीं मिलती। एक बात कहता हूँ कि जब सरबस जाता हो तो बुध आधा त्याग देते हैं। एक उपाय तो यह है कि तुम दोनों भाई वन में जाओ और राम-लखन-जानकी अयोध्या लौट चलें।

भरत : (प्रसन्नता से) हाँ, हाँ गुरुदेव, यह अत्यन्त उत्तम उपाय है।

वशिष्ठ : पर माताओं की बात भी सोचो, उन्हें तो दो पुत्रों का वियोग सहते रहना होगा।

भरत : नहीं, नहीं चौदह वर्ष तो होते ही कितने हैं। मैं तो आज्ञा करें तो आजीवन वनवास करने को तैयार हूँ।

पाठ : *भरत महा महिमा जलरासी। मुनि मति ठाढ़ि तीर अबला सी॥*
गा चह पार जतनु हियँ हेरा। पावति नाव न बोहितु बेरा॥

वशिष्ठ : ठीक है। भरत! मैं राम से ही बात करता हूँ।
(वशिष्ठ जी राम के पास आते हैं।)

वशिष्ठ : बैठो वत्स राम! तुम तो सबके मन की बात जानते हो। अब पुरवासियों, माताओं और भरत का जिसमें हित हो वह उपाय करो।

राम : गुरुदेव! उपाय तो आपके हाथ है, हम सब आपके आदेशों का प्रसन्नतापूर्वक पालन करेंगे। मुझे जो आज्ञा हो वह मैं करूँ।

वशिष्ठ : वत्स राम! तुमने सत्य कहा पर भरतलाल के प्रेमसागर में डूबकर इस समय मेरी बुद्धि भ्रमित हो गयी है। भरत की रुचि रखकर जो भी किया जायगा, शुभ होगा। मेरे विचार से पहले भरत की विनती सुन लो, फिर साधुमत, लोकमत, राजनीति और निगमागम का विचार कर निर्णय करो।

राम : धन्य है भैया भरत जिसे आपका ऐसा स्नेह प्राप्त हुआ है। गुरुदेव! मैं आपसे सत्य कहता हूँ कि विश्व में भरत-जैसा भाई तो कोई है ही नहीं। परन्तु गुरुदेव, भरत मेरा छोटा भाई है, उसके मुँह पर उसकी प्रशंसा करने में मुझे संकोच होता है। भरत जो कहें, वही कीजिये।

वशिष्ठ : सुमन्त्र जी, जरा भरतलाल को तो भेजियेगा।

(भरत आते हैं)

वशिष्ठ : आओ भरत, अब सब संकोच त्यागकर अपने प्यारे भाई से अपने मन की बात कहो।

भरत : मेरा कहना तो सब आपने कह दिया अब और मैं क्या कहूँ? मैं अपने स्वामी का स्वभाव जानता हूँ, वे तो अपराधी पर भी क्रोध नहीं करते, मुझ पर तो उनकी विशेष कृपा है। बचपन में खेल में हारने पर भी ये मुझे जिता देते थे और मैंने भी प्रेम और संकोचवश इनके सामने मुँह नहीं खोला है। पर शायद विधाता को यह अच्छा नहीं लगा और नीच माता के बहाने यह अन्तर डाल दिया। यह भी ठीक नहीं है। मैं ही कोन बड़ा साधु हूँ, माँ को क्यों कहूँ। नहीं, नहीं, किसी का कोई दोष नहीं है, मैं ही भारी अभागा हूँ। मैं हार गया हूँ। अतः मुझे अपनी भलाई का कोई उपाय नहीं सूझता। बस इतना ही आसरा है कि आप साथ में हैं और श्रीराम मेरे स्वामी हैं (राम से) प्रभु, पिता जी नहीं रहे, माँ के मन में ऐसी कुबुद्धि समायी-सब लोग दुःखी हैं और इस सब अनर्थ का मूल मैं हूँ। आप लखन भैया और भाभी को लेकर नंगे पैर कष्ट सहते बन में चले आये, इतने कष्ट सहे! हाँ, यह सब देख सुनकर भी मैं जीवित हूँ, मुझसे अच्छा तो निषादराज है (कण्ठ रुँध जाता है।) (राम

उठकर भरत को गले लगाकर पास बैठाते हैं।)

पाठ : *कहि अनेक बिधि कथा पुरानी। भरत प्रबोधु कीन्ह मुनि ग्यानी।*
बोले उचित बचन रघुनंदू। दिनकर कुल कैरव बन चंदू॥

राम : हे तात, तुम व्यर्थ ही ग्लानि करते हो। अरे, जिस माँ ने भरत जैसे भाई को जन्म दिया वह कुमाता कैसे हो गयी? वह तो सौ बार धन्य है। और सुनो, जो मन-ही-मन भी तुम पर कुटिलता का आरोप करेगा उसका लोक-परलोक बिगड़ जायगा। तुम्हारा तो नाम स्मरण करने से सभी अमंगल दूर हो जायँगे। हे तात, व्यर्थ कुतर्क न करो। पिता जी ने मुझे त्यागकर सत्य का पालन किया। प्रेम के लिए प्राण त्याग दिये। तुम जो कहो, वही मैं करूँगा, संकोच मत करो। अब प्रसन्न हो जाओ मेरे भाई।

(मंच पर अन्धकार। आकाश में बिजली चमकती है और देवताओं की बात सुनायी देती है)

इन्द्र : देवगुरु, यह तो सब काम ही बिगड़ जानेवाला है। अब तो भरत का ही आसरा है।

बृहस्पति : देवराज, व्यर्थ चिन्ता मत करो, भय की कोई बात नहीं है। प्रभु की लीला देखा।

(मंच पर प्रकाश छा जाता है)

भरत : हे स्वामी, हे कृपासिन्धु, अब मैं क्या करूँ? गुरु महाराज को प्रसन्न और आपको अनुकूल जानकर मेरी पीड़ा मिट गयी है। अब मेरे मन में कोई भी क्षोभ या सन्देह नहीं है। अब वही कीजिये जिससे दास के लिए प्रभु के चित्त में क्षोभ न हो। हे नाथ, आपके लौटने में हम सभी का स्वार्थ है, फिर आपकी आज्ञा का पालन करने में कोटि कल्याण है, वहाँ स्वार्थ और परमार्थ है। आप शत्रुघ्न सहित मुझे वन जाने दीजिये और अयोध्या लौटकर सबको सनाथ कीजिये। यदि ऐसा न हो तो शत्रुघ्न और लखन को लौटा दीजिये। मैं आपके साथ चलूँगा। या फिर ऐसा करें हम तीनों वन में रह जायँ और आप भाभी को साथ लेकर अयोध्या लौट जायँ। आपको जो अच्छा लगे वही कीजिये। मैं जानता हूँ, मैं स्वार्थ भाव से यह सब कह रहा हूँ पर आर्त्त को चेत कहाँ रहता है। आप प्रसन्न हैं तो मुझे आज्ञा दें, मैं अक्षरशः उसका पालन करूँगा।

(आकाश से पुष्पवर्षा होती है, देवता 'धन्य धन्य' कहते हैं।)

(सहसा किरात आते हैं।)

किरात : महाराज की जय हो। प्रभु, महराज जनक और मिथिलावासी पधार रहे हैं।

पाठ : *सुनत जनक आगवनु सबु हरषेउ अवध समाजु।*
रघुनंदनहि सकोचु बड़ सोच बिबस सुरराजु॥

(राम, भरत, वशिष्ठ सब उठते हैं, दर्शक दीर्घा से जनक जी आते हैं उनके पीछे सुनयना जी तथा अन्य मिथिलावासी हैं।)

जानकी जी आकर माता-पिता को प्रणाम करती है। जनक उन्हें हृदय से लगा लेते हैं।)

जनक : बेटी, तूने तो दोनों कुल पवित्र कर दिये हैं। तेरे निर्मल यश से सारा संसार आलोकित है।

(मंच पर प्रकाश धीमा होता है। सब जाते हैं। मंच पर केवल सुनयना और जनक रह जाते हैं।)

सुनयना : नाथ, आपने भरत की दशा देखी। भरत तो सोने की सुगन्ध है, अमृत की वर्षा हैं, मैं तो उनका प्रेम देखकर विह्वल हो गयी हूँ।

जनक : प्रिये, भरत की यह कथा संसार के सभी बन्धनों से मुक्त करानेवाली है। धर्म, राजनीति और ब्रह्मविचार इन तीनों में मेरी थोड़ी गति है पर मेरी यह बुद्धि भी भरत की महिमा वर्णन करने में अक्षम है। भरत तो असीम गुणसम्पन्न और उपमारहित पुरुष हैं। भरत की महिमा तो केवल राम जी जानते हैं। मैं तुम्हारी बात से सहमत हूँ कि लक्ष्मण लौट जायँ और भरत यहाँ रहें पर राम-भरत का प्रेम सम्बन्ध विचार की सीमा में नहीं आता। राम समता की सीमा है तो भरत प्रेम ममता की। मैं जानता हूँ भरत भूलकर भी राम जी की आज्ञा नहीं टालेंगे। देखो, कल प्रातः सभा में क्या निर्णय होता है।

(मंच पर अन्धकार)

प्रकाश लौटता है तो मंच पर वशिष्ठ, जनक सहित सब लोग विराजमान हैं।

श्रीराम : (वशिष्ठ जी से) गुरुदेव, अनेक दिन हो गये, भरत, अवधपुरवासी, माताएँ मिथिलावासी, महाराज जनक और सुनयना जी सभी

वनवास का क्लेश भोग रहे हैं। अब जो उचित हो कीजिये।

वशिष्ठ : हे राम, तुम्हें छोड़कर किसे घर सुहाता है? सब तो तुम्हारे बिना दुःखी हैं। तुम्हारी आज्ञा सबके सिर माथे है।(रामचन्द्र उठकर जाते हैं)

जनक उठकर मंच के आगे आते हैं, वशिष्ठ उनके पास आते हैं।

वशिष्ठ : महाराज, आप बड़े हैं, अब आप वही करें जिसमें सबका हित हो। आप तो महाज्ञानी हैं, आपसे ज्यादा कौन समर्थ है।

जनक : मुनिवर, हम यहाँ आये यह अच्छा नहीं किया। दशरथ जी ने तो अपने वचन की रक्षा के लिए राम वियोग में प्राण त्याग दिये। हम तो अब इन्हें इस वन से और गहन वन में भेजकर ही प्रसन्न मन लौटेंगे-यह कैसी विडम्बना है।

(लौटकर अपने आसन पर बैठते हैं)

जनक : हे तात भरत, तुम्हें तो राम जी का स्वभाव मालूम है। राम सत्यव्रत और धर्मप्राण हैं, सबका शील और स्नेह रखनेवाले हैं। अस्तु वे संकोच में पड़े हैं, तुम जो निर्णय करो वही किया जाय।

भरत : हे प्रभो, आप हमारे पिता के समान हैं। आप मुझे अपना बालक, सेवक और आज्ञाकारी समझकर आदेश दें। इस विद्वत्-समाज में यदि मैं मौन रहता हूँ तो मलिन समझा जाऊँगा और बोलना पागलपन होगा। स्वामी धर्म और स्वार्थ में गहरा विरोध है। वैर अन्धा होता है और प्रेम को ज्ञान नहीं होता। अस्तु हे तात! मुझे पराधीन जानकर, स्वामी के रुख, धर्म और रुचि को रखते हुए सबके लिए हितकारी सुझाव दें।

(प्रकाश मन्द हो जाता है और आकाश में देवगण की वार्त्ता सुन पड़ती है)

इन्द्र : देवी शारदा, वशिष्ठ और जनक दोनों ही राम के प्रेम में डूब गये हैं, देवकाज का क्या होगा? शीध्र कुछ कीजिये देवी वीणापाणि, भरत की बुद्धि फेर दीजिये।

सरस्वती : देवराज! आप मुझसे कह रहे हैं कि भरत की बुद्धि फेर दूँ। आप तो हजार आँख के अन्धे हैं। चाँदनी से कहते हैं सूर्य का प्रकाश चुरा ले। एक बार कुचाल करके आपका जी नहीं भरा है क्या? मुझे तो क्षमा ही करें।

(प्रकाश)

पाठ : *सुर स्वारथी मलीन मन कीन्ह कुमंत्र कुठाटु।*
रचि प्रपंच माया प्रबल भय भ्रम अरति उचाटु॥

चौ0 : *करि कुचालि सोचत सुरराजू। भरत हाथ सब काजु अकाजू॥*

मंच पर राम-लखन-जानकी, माताएँ, आती हैं, भरत, वशिष्ठ और जनक पहले से विराजमान हैं।

वशिष्ठ : हे तात राम, मैं तुम्हें महाराज जनक और भरतलाल के विचार बता चुका हूँ। अब मेरा मत है कि तुम जैसा निर्णय करो सब वैसा ही करें।

राम : गुरुदेव, आपके और मिथिलेश के रहते मेरा कुछ कहना अत्यन्त अनुचित होगा। मैं शपथपूर्वक कहता हूँ कि आप लोग आज्ञा दें और हम सब उसका पालन करेंगे।

(सब लोग स्तब्ध रह जाते हैं)

पाठ : राम सपथ सुनि मुनि जनकु सकुचे सभा समेत।
सकल बिलोकत भरत मुखु बनइ न ऊतरु देत॥

भरत : नाथ, मैं बिना आज्ञा के बोल रहा हूँ इसके लिए क्षमा करेंगे। हे प्रभु, आप मेरे माता, पिता, मित्र सब-कुछ हैं। आप सरीखे स्वामी आप ही हैं! मैं स्वामी का द्रोही हूँ। मैं पिता जी के और आपके वचन का उल्लंघन करके यहाँ आया हूँ। मैंने ढिठाई की है और आपने उसे सेवा मान लिया है। मैं भुजा उठाकर प्रण रोपकर कहता हूँ- ऐसा स्वामी आपके सिवा दूसरा कोई नहीं है। आपने सेवक की बिगड़ी सुधारकर उसे साधु बना दिया है। इससे अब हे देव, मुझे आज्ञा दीजिये, आपने मेरी सब बात सुधार दी है।

(राम के चरण पकड़ लेते हैं)

(श्री राम भरत को सम्मान सहित उठाकर अपने पास बैठाते हैं)

पाठ : *रघुराज सिथिल सनेहँ साधु समाज मुनि मिथिला धनी।*
मन महुँ सराहत भरत भायप भगति की महिमा घनी॥
भरतहि प्रसंसत बिबुध बरषत सुमन मानस मलिन से।
तुलसी बिकल सब लोग सुनि सकुचे निसागम नलिन से॥

श्रीराम : हे भाई, कर्म, वचन और मन से तुम्हारे-जैसा निर्मल कोई नहीं है।

तुम वचन और धर्म की सब बात जानते हो। पिता जी के निधन के बाद गुरु जी और मिथिलाधिपति ने हमें सँभाला है नहीं तो हम बर्बाद हो जाते। हे तात, तुम सूर्य कुल के रक्षक बनो। इस भारी संकट में प्रजा और परिवार को सुखी करो। हे भाई, मेरी विपत्ति तो सबने बाँट ली है पर तुमको इन चौदह वर्षों में बड़ी कठिनाई उठानी होगी। मैं यह बड़ी कठोर बात कह रहा हूँ।

भरत : हे नाथ! मुझे आपके साथ जाने का सुख प्राप्त हो गया। आपकी आज्ञा शिरोधार्य कर इस अवधि को पार करने हेतु मुझे कोई अवलम्ब प्रदान करें। गुरु जी की आज्ञा से मैं राज्याभिषेक के लिए समस्त तीर्थों का जल लाया था इसका क्या करूँ?

राम : भाई ऋषियों के प्रमुख अत्रि जी जहाँ आज्ञा दें वहीं तीर्थों का जल स्थापित करो।

(भरत राम के चरण स्पर्श करते हैं। पुष्प वर्षा, जयकारा, धन्य-धन्य की ध्वनि)

भरत : हे दीनदयाल! यह दास पुनः आपके दर्शन करें और यह अवधि कैसे बितायें यह शिक्षा दें। हे प्रणतपाल! आप सब किसी का पालन करेंगे और हे देव! दोनों तरफ को अन्त तक निबाहेंगे।

राम : हम सबकी चिन्ता गुरुदेव और महाराज को है अतः तुम्हें स्वप्न में भी क्लेश नहीं होगा। हम दोनों पिता की आज्ञा पालन करें। अब सोच-विचार त्याग दो और अवध जाकर अवधि भर उसका पालन करो। गुरु जी, माताओं और मन्त्रियों की शिक्षा मानकर तदनुसार पृथ्वी, प्रजा और राजधानी का पालन करो।

पाठ : *मुखिआ मुखु सो चाहिऐ खान पान कहुँ एक।*
पालइ पोषइ सकल अँग तुलसी सहित बिबेक॥
बंधु प्रबोधु कीन्ह बहु भाँती। बिनु अधार मन तोषु न साँती॥
भरत सील गुर सचिव समाजू। सकुच सनेह बिबस रघुराजू॥
प्रभु करि कृपा पाँवरीं दीन्हीं। सादर भरत सीस धरि लीन्हीं॥

श्रीराम भरत को अपनी पाँवरी देते हैं जिसे भरत दोनों हाथों पर उठा सादर सिर पर रख लेते हैं।)

पाठ : *मागेउ बिदा प्रनामु करि राम लिए उर लाइ।*
लोग उचाटे अमरपति कुटिल कुअवसरु पाइ॥

भरत प्रणाम करके बिदा माँगते हैं। भरत के पीछे क्रम से सभी लोग बिदा लेकर मंच से उतरकर दर्शक दीर्घा से होकर पीछे जाते हैं। मंच पर केवल राम-जानकी-लखन रह जाते हैं। प्रकाश मन्द होता है। चित्रकूट का पट बन्द होता है। भरत का दल पुनः दर्शक दीर्घा से मंच की ओर आता है। दो सेवक मंच पर सिंहासन रखते हैं और भरत जी सादर पादुका उस पर स्थापित करते हैं और पुष्प अर्पित करते हैं। पादुका के समक्ष बैठे भरतलाल की आरती के साथ लीला समाप्त होती है।)

छन्द : *सिय राम प्रेम पियूष पूरन होत जनमु न भरत को।*
मुनि मन अगम जम नियम सम दम बिषम ब्रत आचरत को॥
दुख दाह दारिद दंभ दूषन सुजस मिस अपहरत को।
कलिकाल तुलसी से सठन्हि हठि राम सनमुख करत को॥

(समाप्त)

परिशिष्ट-2

संक्षिप्त रामलीला

(एकश्लोकी पर आधारित)

विश्व संस्कृत सम्मेलन में प्रस्तुत

काशी में आयोजित विश्व संस्कृत सम्मेलन के अवसर पर देश-विदेश से आये विद्वानों के समक्ष रामलीला प्रस्तुत करने का प्रस्ताव था। समय केवल आधा घण्टा था।

अतः तुलसीघाट पर 'तुलसी मंच' पर चित्रकूट रामलीला (झाँकी लीला) की शैली में एकश्लोकी रामायण को आधार बनाकर रामलीला प्रस्तुत की गयी। एकश्लोकी के प्रत्येक खण्ड पर रामचरितमानस की आठ-दस चौपाइयाँ/दोहे चुने गये और उनके नारदबानी पाठ के साथ लीला के दृश्य प्रस्तुत किये गये।

दक्षिण में विष्णुमंच, पूर्व में जनमंच (गंगातट की ओर जहाँ रामायणी विराजे थे) उत्तर में राजमंच और पश्चिम में देवीमंच था। उत्तर-दक्षिण मंचों को जोड़ता एक पथ था जिस पर लीला होनी थी। पथ के दोनों और दर्शकों की भारी भीड़ थी। दक्षिण मंच के पीछे नेपथ्य व्यवस्था थी।

लीला का आरम्भ एकश्लोकी के एक खण्ड के साथ हुआ।

1. आदौ राम तपोवनादि-गमनं

मानस के वनगमन की चौपाइयाँ।

दक्षिण मंच के पीछे से निकलकर राम-जानकी-लक्ष्मण पथ पर उत्तर की ओर चलते हैं और फिर लौटकर दक्षिण मंच पर सिंहासन पर विराजते हैं।

2. हत्वा मृगं कांचनं

स्वर्णमृग सम्बन्धी चौपाइयाँ।

पथ पर स्वर्णमृग लुका-छिपी करता है। सीता इंगित करती हैं। राम उठते हैं और मृग का पीछा करते हैं। मृग भागता हुआ दक्षिण मंच के पीछे चला जाता है और 'हे

लक्ष्मण' पुकारता है। सीता विकल हो लक्ष्मण से जाने को कहती हैं। रेखा खींचकर लक्ष्मण दक्षिण मंच के पीछे जाते हैं।

3. वैदेही-हरणं

सीताहरण की चौपाइयाँ।

यती वेश में रावण दक्षिण मंच के समक्ष आता है सीता भिक्षा देने आती हैं, रावण रेखाबद्ध भिक्षा नहीं लेता। सीता रेखा पार करती हैं। वह दक्षिण मंच के पश्चिम से पीछे चला जाता है और पूर्व से अपने असली स्वरूप में आकर रावण सीता को पकड़ लेता है। उत्तर-दक्षिण पथ पर चलता है।

4. जटायु मरणं

जटायु - रावण की चौपाइयाँ।

पथ मध्य में जटायु मार्ग रोकता है। जटायु-रावण का युद्ध होता है। जटायु आहत हो गिर पड़ता है। रावण सीता को ले जाकर पश्चिम स्थित देवी-मंच पर स्थापित करता है। उधर दक्षिण मंच से निकलकर राम लक्ष्मण आते हैं, मंच खाली देखकर पथ पर चलते हैं। जटायु को देखकर उसकी सहायता करते हैं और उसे उठाकर दक्षिण मंच के पीछे ले जाते हैं।

5. सुग्रीव सम्भाषणम्

राम हनुमान मिलन-सुग्रीव मैत्री की चौपाइयाँ।

दक्षिण मंच पर सुग्रीव तथा वानर दल बैठा है। दक्षिण मंच के पीछे से निकलकर राम-लक्ष्मण पथ पर दक्षिण की ओर चलते हैं। सुग्रीव इंगित करता है, हनुमान जाते हैं और पथ-मध्य में राम-लक्ष्मण से मिलते हैं। दोनों भाइयों को उठाकर सुग्रीव के पास लाते हैं। सुग्रीव-राम मैत्री होती है। सारा दल दक्षिण मंच के पास आता है। दक्षिण मंच पर बालि आ बैठता है।

6. बालि निर्दलनं

बालि-सुग्रीव युद्ध और बालि वध की चौपाइयाँ।

श्रीराम के संकेत पर सुग्रीव उत्तर मंच के सामने आकर बालि को ललकारता है। पथ-मध्य में दोनों भाइयों का युद्ध होता है। दक्षिण से राम बाण चलाते हैं और बालि गिर पड़ता है। राम बालि को आश्वस्त करते हैं और सब वानर बालि को दक्षिण मंच के पीछे ले जाते हैं। राम-लक्ष्मण दक्षिण मंच पर बैठते हैं। सुग्रीव, अंगद, हनुमान भी दक्षिण मंच पर आकर राम चरण में बैठते हैं।

7. समुद्रतरणं

हनुमान द्वारा सागर पार करने की चौपाइयाँ।

श्रीराम हनुमान को मुद्रिका देते हैं। वानर दल पथ-मध्य में आता है। यहाँ एक नीला पट बिछा है (सागर-प्रतीक)। श्री हनुमान सागर पार करते हैं। सीता को खोजते हैं, उत्तर मंच तक जाते हैं जहाँ अब रावण विराजमान है। फिर पश्चिम मंच पर बैठी सीता तक आते हैं।

8. लंकापुरी दाहनं

लंका दहन की चौपाइयाँ।

हनुमान सीता के पास जाते हैं- मुद्रिका देते हैं। वृक्ष उखाड़ते हैं- पथ पर राक्षसों से युद्ध होता है। मेघनाद हनुमान को बाँधकर उत्तर मंच पर रावण के समक्ष लाता है। हनुमान जी की पूँछ में आग लगा दी जाती है। उत्तर मंच के सामने एक छोटी दफ्ती में कटी लंका रखी है उसे जला देते हैं। समुद्र पारकर दक्षिण में खड़े वानरों से आ मिलते हैं। सब दक्षिण मंच पर आते हैं। हनुमान राम के चरण छूते हैं।

9. रावण - कुम्भकर्ण हननं

रावण वध की चौपाइयाँ।

श्री राम-लक्ष्मण सेना सहित दक्षिण मंच से उत्तर मंच की ओर चलते हैं। उत्तर से रावण-कुम्भकर्ण-मेघनाद सेना सहित आगे बढ़ते हैं। तीर चलते हैं। क्रम से मेघनाद, कुम्भकरण और अन्त में रावण वध होता है। राक्षस सेना मृत वीरों को उठाकर उत्तर मंच के पीछे ले जाती है। सीता को हनुमान लाते हैं और सब दक्षिण मंच के पीछे जाते हैं।

10. काली-दुर्गा

वन वेश उतारकर राजसी पोशाक में राम-लक्ष्मण को तैयार करने के लिए अन्तराल में काशी की रामलीला की काली-दुर्गा युद्ध नृत्य लोकरंजन करता है। दक्षिण मंच पर स्वर्ण सिंहासन स्थापित होता है।

11. राज्याभिषेक की झाँकी

परिशिष्ट-3

संक्षिप्त रामलीला

(सात प्रसंग)

('श्रेयस्', अहमदाबाद में रामलीला मेले में प्रस्तुत)

श्रेयस् रामलीला

सन् 1978 में गुजरात की अभिनव शिक्षा संस्था 'श्रेयस्' (अहमदाबाद स्थित और श्रीमती लीना साराभाई द्वारा संचालित) ने 'उत्तर प्रदेश की झाँकी' के नाम से 'श्रेयस् मेला' का आयोजन किया था। इस झाँकी में श्रेयस् के विद्यार्थियों ने काशी की रामलीला संक्षेप में प्रस्तुत की थी। व्यास और रामायणी वाराणसी से गये थे। प्रस्तुत है लीला का विवरण जो तुलसी मंच पर प्रस्तुत की गयी।

आरम्भ :

गणपति वन्दना

"गाइये गणपति जग वन्दन" (विनयपत्रिका से)

दृश्य-1

(फुलवाड़ी)

विश्वामित्र के साथ राम-लक्ष्मण मिथिला जाते हैं। प्रातः गुरु की पूजा के लिए दोनों भाई जनकराज की फुलवाड़ी में पुष्प लेने जाते हैं। बाग की शोभा से दोनों भाई प्रसन्न होते हैं। गुरु की पूजा के लिए, पुष्प चयन करने हेतु माली को बुलाते हैं। माली से ज्ञात होता है कि कुछ ही देर में जानकी जी गिरिजा-पूजन के लिए सखियों के साथ पधार रही हैं।

गिरिजा-पूजन के लिए मंगलगीत गाती सखियों के साथ जानकी जी आती हैं। सरोवर में मार्जन कर वे गिरिजा-पूजन के लिए मन्दिर में जाती हैं। वृन्द से अलग पड़ गयी एक सखी फुलवाड़ी में आती है और वह दोनों राजकुमारों को देख होश-हवास खो बैठती हैं।

सखी वापस आती है तो उसकी विह्वलता का कारण जानने हेतु अन्य सखियाँ पूछताछ करती हैं। वह बताती है कि विगत कल मुनि के साथ जो दो राजकुमार आये

हैं वे इस समय फुलवाड़ी में हैं। इनके रूप का वर्णन करना सम्भव नहीं है। गिरा को नयन नहीं है, नयन बोल नहीं सकते। सीता राम के दर्शन करती हैं। फिर सीता गिरिजा-मन्दिर में अपने मन अनुरूप वर माँगती हैं। देवी का वरदान प्राप्त कर सीता वापस लौटती हैं। सीता के हृदय में आगन्तुक कुमार की छवि प्रतिष्ठित होती है।

दृश्य-2

(स्वयंवर)

स्वयंवर स्थल पर राजा आते हैं। विश्वामित्र के साथ राम-लक्ष्मण पधारते हैं। रावण और बाणासुर आते हैं। राजा सबको उचित स्थान पर बैठाते हैं।

बन्दीजन राजा जनक की प्रतिज्ञा का उद्‌घोष करते हैं।

"शिव के धनुष को चढ़ाकर तोड़नेवाले से जानकी का विवाह होगा"

राजा एक-एक करके, फिर मिलकर चेष्टा करते हैं पर धनुष तिलभर नहीं हिलता।

रावण और बाणासुर भी मन-ही-मन नमन कर चले जाते हैं। जनकराज कहते हैं कि पृथ्वी शौर्यहीन हो गयी है, आप सब अपने-अपने घर जायँ, सीता के भाग्य में विवाह नहीं है।

विश्वामित्र राम को आदेश देते हैं कि धनुष उठाओ और राजा जनक की चिन्ता दूर करो। राम गुरु को प्रणाम करके धनुष उठाते हैं। उठाकर चढ़ाते ही धनुष के दो टुकड़े हो जाते हैं। देवता सुमन वर्षा करते हैं। जय-नाद होता है। उत्सव भरा कोलाहल होता है।

सीता राम को जयमाला पहनाने आती हैं।

इसी अवसर पर परशुराम पधारते हैं। क्षत्रिय राजा काँप उठते हैं। जनक भी गूँगे बन जाते हैं। राजागण परशुराम को नमस्कार करने आते हैं। विश्वामित्र राम-लक्ष्मण से प्रणाम करवाकर आशीर्वाद दिलाते हैं। जनक सीता को आशीर्वाद दिलवाते हैं। "पुत्री, तेरा अहिवात अचल हो।"

परशुराम क्रोध भरे हैं। शिव-धनुष तोड़नेवाला उनका दुश्मन है ऐसा प्रकट करते हैं। राम परशुराम से विवेकपूर्वक कहते हैं कि दोष तो मेरा अपना है। आप मेरे सिर पर कुठार चलायें। परशुराम प्रसन्न होते हैं। परशुराम राम के विनय ओर अडिग धैर्य से प्रभावित हो उन्हें विष्णु का धनुष देते हैं। परशुराम राम को प्रणाम कर वहाँ से चले जाते हैं।

दृश्य - 3

(शूर्पणखा नासिका छेदन और सीताहरण)

राम, लक्ष्मण और सीता गोदावरी तट पर पंचवटी में विराजते हैं। एक बार रावण की शूर्पणखा नामक बहन सुन्दर रूप धारण करके वहाँ आती है और विवाह की विनती

करती है। राम से कहती है कि "आप-जैसा कोई पुरुष नहीं है और मेरे- जैसी कोई नारी नहीं है।" विधाता ने हमारा एक-दूसरे के लिए निर्माण किया है अतः मुझसे विवाह करें। राम उसे लक्ष्मण के पास भेजते हैं।

राम कहते हैं वे विवाहित हैं पर उनका भाई अविवाहित है अतः उसके पास जाओ। लक्ष्मण उसे वापस धकेल देते हैं। शूर्पणखा कुपित होती है। सीता भयभीत होती हैं।

राम लक्ष्मण को संकेत करते हैं और लक्ष्मण शूर्पणखा के नाक-कान काट लेते हैं।

बावली अपमानित शूर्पणखा राक्षसों की सेना बुला लाती है। लक्ष्मण सीता को गिरिकन्दरा में सुरक्षित स्थान पर ले जाते हैं। राम अकेले ही खर-दूषण आदि दस हजार राक्षसों को मार गिराते हैं।

शूर्पणखा रावण के यहाँ जाकर फरियाद करती है। अयोध्या के राजकुमार पंचवटी में आये हैं और उनके साथ एक सुन्दर स्त्री है। रावण शूर्पणखा को आश्वस्त करके मामा मारीच के पास जाता है। मारीच स्वर्णमृग बनकर राम को पंचवटी से दूर खींच ले जाता है। राम का तीर लगते ही "हे लक्ष्मण" कहकर पुकारता है। सीता भयभीत होकर लक्ष्मण को राम की सहायता करने भेजती हैं। लक्ष्मण जाना नहीं चाहते पर सीता के मर्मभेदी वाक्य सुनकर वे रेखा खींचकर जाते हैं। सीता से यह रेखा न लाँघने की सूचना भी देते हैं।

उसी समय रावण ब्राह्मण के वेष में भिक्षा माँगने आता है सीता रेखा के अन्दर रहकर भिक्षा देना चाहती हैं, पर रावण स्वीकार नहीं करता इस कारण सीता रेखा लाँघती हैं। रावण अपने मूलरूप में आकर सीता का अपहरण करता है।

रास्ते में जटायु गिद्ध सामना करता है पर मारा जाता है। किष्किन्धा में ऋष्यमूक पर्वत पर सुग्रीव आदि बन्दर बैठे हैं। रावण वहाँ से गुजरता है। सीता अपने वस्त्राभूषण फेंकती हैं। वानर उसे ले लेते हैं। लंका जाकर रावण, सीता को अशोक-वाटिका में अशोक वृक्ष के नीचे बैठा देता है। राक्षसों को पहरा देने का आदेश देता है।

दृश्य - 4
(लंका-दहन)

दक्षिण में समुद्र-तट पर अंगद, जामवन्त, नल, नील, हनुमान आदि वानर बैठे हैं। वे भारी ऊहापोह में हैं, लंका पहुँचने के लिए समुद्र पार करना पड़ेगा और समुद्र पार करने की शक्ति किसी वानर में नहीं है। अन्त में जामवन्त सुझाव देते हैं कि हनुमान यह कार्य कर सकते हैं।

हनुमान अपनी शक्ति का स्मरण आते ही राम काज के आवेश में आकर विराट रूप धारण करते हैं। "जय श्रीराम प्रभु" कहकर समुद्र लाँघने को तत्पर होते हैं। वानरों से राह देखने को कहकर जाते हैं।

समुद्र पार जाकर, लंका में प्रविष्ट हो वे रावण के महल में आते हैं। सब निद्रावश सो रहे हैं। चलते-चलते वे विभीषण के घर के पास आते हैं, वहाँ धीमे स्वर में राम नाम का जय सुनायी देता है। हनुमान विभीषण से मिलते हैं और सीता अशोकवाटिका में है यह जान लेते हैं। हनुमान अशोकवाटिका में जाकर सीता जिस वृक्ष के नीचे बैठी हैं उस पर छुपकर बैठ जाते हैं।

रावण मन्दोदरी और राक्षसों के साथ आता है। सीता को मान जाने को समझाता है। सीता नहीं मानतीं। रावण क्रोधित होता है, वध करने के लिए तलवार उठाता है। मन्दोदरी रावण को स्त्री वध करने से रोकती है।

रावण राक्षसियों को सौंपकर, एक मास की अवधि देकर चला जाता है। एक मास में नहीं मानी तो सीता का वध करूँगा ऐसी धमकी देता है।

रावण के जाने के बाद हनुमान राम की दी हुई मुद्रिका नीचे गिराते हैं। सीता राम की मुद्रिका देखकर हृदय में प्रसन्न होती हैं। हनुमान नीचे कूदकर सामने आ खड़े होते हैं। ''राम का दूत हूँ और आपकी खोज करने आया हूँ।'' हनुमान सीता को सूचित करते हैं।

सीता लक्ष्मण सहित राम का कुशल समाचार पूछती हैं। हनुमान सुग्रीव मिलन बालि वध तक के समाचार सुनाते हैं।

राम वानर सेना के साथ शीघ्र ही आयेंगे ऐसा सूचित कर हनुमान सीता से धैर्य धारण करने को कहते हैं।

हनुमान को भूख लगी है इसलिए अशोकवाटिका में फल खाने की अनुमति माँगते हैं। वाटिका राक्षसों द्वारा रक्षित है अतः सावधानी से फल खाने की सीता अनुमति देती हैं।

हनुमान अशोकवाटिका के वृक्ष उखाड़ने लगते हैं। राक्षसों को परास्त करते हैं। रावण मेघनाद को भेजता है। मेघनाद ब्रह्मास्त्र का प्रयोग करके हनुमान को बाँध लेता है और राजसभा में रावण के पास ले जाता है।

रावण कुपित हो हनुमान का वध करने का आदेश देता है पर विभीषण समझाते हैं कि दूत का वध अधर्म होता है और वध करने से रोकते हैं। वानर को पूँछ प्रिय होती है अतः उसमें आग लगा देने का हुकुम होता है।

समूची लंका के चिथरे लपेट, तेल में डुबाकर पूँछ सुलगायी जाती है। हनुमान ''जय श्रीराम प्रभु'' कहकर लंका के एक महल से दूसरे महल पर कूदते हैं और आग लगाते हैं। समूची लंका भभककर जल उठती है। समुद्र में पूँछ बुझाकर सीता से राम के लिए संकेत चिह्न लेकर हनुमान पुनः समुद्र लाँघकर वानरों से आ मिलते हैं।

दृश्य-5

(रावण वध)

कुम्भकर्ण और मेघनाद का वध होने के बाद रावण स्वयं लड़ने को आता है। घोर युद्ध होता है। लक्ष्मण मूर्च्छित होते हैं। राम उन्हें जागृत करते हैं। हनुमान, जामवन्त रावण से लड़ते हैं।

विभीषण राम से कहते हैं कि रावण की नाभि में अमृतकुण्ड है। उसका नाश किये बिना रावण नहीं मरेगा। राम आखिर रावण को मारते हैं।

दृश्य- 6

(भरत मिलाप)

राम वानरों के साथ पुष्पक विमान में बैठकर अयोध्या जाते हैं। राम-लक्ष्मण दौड़कर भरत-शत्रुघ्न से भेंटते हैं। राम बड़ी कठिनाई से भरत को उठाकर हृदय लगाते हैं। सबसे पहले कैकेयी से मिलकर तब राम अन्य सबसे मिलते हैं। सबका मिलन होता है।

दृश्य - 7

(राज्याभिषेक)

स्वर्ण सिंहासन मँगाकर राम का राज्याभिषेक होता है। सबसे पहले वशिष्ठ राजतिलक करते हैं। पुष्प वृष्टि और आरती होती है।

(समाप्त)

परिशिष्ट-4

सम्पूर्ण रामायण

(रेकार्ड पर रामलीला)

दोहा

भुजबल बिस्व बस्य करि राखेसि कोउ न सुतंत्र।
मंडलीक मनि रावन राज करइ निज मंत्र॥

चौपाई

अतिसय देखि धर्म कै ग्लानी। परम सभीत धरा अकुलानी॥
धेनु रूप धरि हृदयँ बिचारी। गई तहाँ जहँ सुर मुनि झारी॥

त्रेतायुग में लंकाधिपति रावण ने अपने बाहुबल से सम्पूर्ण विश्व को अपना दास बना लिया। समूची धरा आतंकित हो उठी। सर्वत्र धर्म की हानि होने लगी। तब गाय का रूप धारण कर पृथ्वी ब्रह्म जी के पास गयी। सुर-नर-मुनि सबने मिलकर क्षीर सागर में शयन कर रहे भगवान् विष्णु को पुकारा। भगवान् ने कहा :

जनि डरपहु मुनि सिद्ध सुरेसा। तुम्हहि लागि धरिहउँ नर बेसा॥
अंसन्ह सहित मनुज अवतारा। लेहउँ दिनकर बंस उदारा॥

देवताओं के दिये अपने वचनानुसार त्रेतायुग में भगवान् ने अवतार लिया। सूर्यवंशी महाराज दशरथ ने वशिष्ठ मुनि की आज्ञानुसार पुत्रेष्टि यज्ञ किया। यज्ञ देवता से प्राप्त पायस को ग्रहण कर महाराज दशरथ की तीनों रानियाँ कौशल्या, कैकेयी और सुमित्रा अम्बा गर्भवती हो गयीं।

जा दिन तें हरि गर्भहिं आए। सकल लोक सुख संपति छाए॥
सुख जुत कछुक काल चलि गयऊ। जेहिं प्रभु प्रगट सो अवसर भयऊ॥

रामजन्म

दोहा

जोग लगन ग्रह बार तिथि सकल भए अनुकूल।
चर अरु अचर हर्षजुत राम जनम सुखमूल॥

छन्द

भए प्रगट कृपाला दीनदयाला कौसल्या हितकारी।
हरषित महतारी मुनि मन हारी अद्भुत रूप बिचारी॥
लोचन अभिरामा तनु घनस्यामा निज आयुध भुज चारी।
भूषन बनमाला नयन बिसाला सोभासिंधु खरारी॥

प्रभु के प्रकट होने की आशा मात्र से ही पृथ्वी और देवलोक में अपार हर्ष छा गया। समय पाकर माता कौशल्या के गर्भ से साक्षात् भगवान् ने श्रीराम का रूप धारण कर जन्म लिया। बालरूप श्रीराम की शोभा देखकर कौशल्या अम्बा सहित सारी धरा आनन्द विभोर हो उठी।

सुनि सिसु रुदन परम प्रिय बानी। संभ्रम चलि आईं सब रानी॥
दसरथ पुत्रजन्म सुनि काना। मानहुँ ब्रह्मानंद समाना॥

भगवान् सूर्य के पुत्र मनु ने 23 हजार वर्ष की तपस्या के बाद दशरथ के रूप में जन्म लेकर साक्षात् विष्णु भगवान् को पुत्र के रूप में प्राप्त किया था। श्रीराम के जन्मते ही आकाश से पुष्पवर्षा होने लगी। सम्पूर्ण ब्रह्माण्ड आनन्द से मगन हो उठा।

चौपाई

जाकर नाम सुनत सुभ होई। मोरें गृह आवा प्रभु सोई॥
सुमनबृष्टि अकास तें होई। ब्रह्मानंद मगन सब लोई॥

दोहा

बिप्र धेनु सुर संत हित लीन्ह मनुज अवतार।
निज इच्छा निर्मित तनु माया गुन गो पार॥

अहल्या उद्धार

सोरठा

पुरुषसिंह दोउ बीर हरषि चले मुनि भय हरन।
कृपासिंधु मतिधीर अखिल बिस्व कारन करन॥

चौपाई

कटि पट पीत कसें बर भाथा। रुचिर चाप सायक दुहुँ हाथा॥
स्याम गौर सुंदर दोउ भाई। बिस्वामित्र महानिधि पाई॥

राक्षसी ताड़का के पुत्र मारीच और सुबाहु के घोर अत्याचार से व्याकुल होकर भगवान् शिव के अवतार महर्षि विश्वामित्र ने अयोध्यानेरश महाराज दशरथ से उनके दोनों पुत्र राम और लक्ष्मण को साथ ले जाने की आज्ञा ले ली। मार्ग में ताड़का का वध करके मुनि के साथ दोनों भाई उस स्थल पर आये जहाँ सिंह समान दोनों भाइयों ने यज्ञ में विघ्न डाल रहे दोनों राक्षसों का वध कर दिया।

चौपाई

मारि असुर द्विज निर्भयकारी। अस्तुति करहिं देव मुनि झारी॥
तहँ पुनि कछुक दिवस रघुराया। रहे कीन्हि बिप्रन्ह पर दाया॥

इसी समय मिथिलेश महाराज जनक की प्रिय पुत्री सीता के स्वयंवर का समाचार मिला। मुनि विश्वामित्र ने दोनों भाइयों को साथ लेकर जनकपुर की ओर प्रस्थान किया।

चौपाई

आश्रम एक दीख मग माहीं। खग मृग जीव जंतु तहँ नाहीं॥
पूछा मुनिहि सिला प्रभु देखी। सकल कथा मुनि कहा बिसेषी॥

दोहा

गौतम नारि श्राप बस उपल देह धरि धीर।
चरन कमल रज चाहति कृपा करहु रघुबीर॥

छन्द

परसत पद पावन सोक नसावन प्रगट भई तपपुंज सही।
देखत रघुनायक जन सुखदायक सनमुख होइ कर जोरि रही॥
अति प्रेम अधीरा पुलक सरीरा मुख नहिं आवइ बचन कही।
अतिसय बड़भागी चरनन्हि लागी जुगल नयन जलधार बही॥

पितामह ब्रह्मा की पुत्री एवं गौतम ऋषि की पत्नी सर्वाङ्ग सुन्दरी अलौकिक स्वरूपवाली तपस्विनी अहल्या देवराज इन्द्र के कपट से छली जाकर अपने पति के शाप से पत्थर बन गयी थी। श्रीराम की चरण-रज के स्पर्शमात्र से वह पुनः मानव रूप धारणकर भगवान् की स्तुति करने लगी।

छन्द

मैं नारि अपावन प्रभु जग पावन रावन रिपु जन सुखदाई।
राजीव बिलोचन भवभय मोचन पाहि पाहि सरनहिं आई॥
मुनि श्राप जो दीन्हा अति भल कीन्हा परम अनुग्रह मैं माना।
देखेउँ भरि लोचन हरि भव मोचन इहइ लाभ संकर जाना॥

भगवान् के दर्शन से अहल्या कृतार्थ हो गयी। उसके सम्पूर्ण पाप-ताप मिट गये। भगवान् श्री राम के चरणों में अनुरक्त होकर उनकी पवित्र स्तुति करते हुए अहल्या सप्तर्षियों में शोभायमान् अपने पति गौतम के लोक को सिधार गयी।

छन्द

एहि भाँति सिधारी गौतम नारी बार बार हरि चरन परी।
जे अति मन भावा सो बरु पावा गै पति लोक अनंद भरी॥

दोहा

अस प्रभु दीनबंधु हरि कारन रहित दयाल।
तुलसिदास सठ तेहि भजु छाड़ि कपट जंजाल॥

राम-विवाह

चौपाई

सीय स्वयंबरु देखिअ जाई। ईसु काहि धों देइ बड़ाई॥
राजकुअँर तेहि अवसर आए। मनहुँ मनोहरता तन छाए॥
सहज मनोहर मूरति दोऊ। कोटि काम उपमा लघु सोऊ॥
सिय सोभा नहिं जाइ बखानी। जगदंबिका रूप गुन खानी॥

दोहा

बोले बन्दी बचन बर सुनहु सकल महिपाल।
पन बिदेह कर कहहिं हम भुजा उठाइ बिसाल॥

चौपाई

नृप भुजबलु बिधु सिवधनु राहू। गरुअ कठोर बिदित सब काहू॥
त्रिभुवन जय समेत बैदेही। बिनहिं बिचार बरइ हठि तेही॥

राजा जनक की प्रतिज्ञा सुनकर कि जो शिव धनुष तोड़ेगा उसी के साथ सर्वाङ्ग सुन्दरी सीता का विवाह होगा। रावण सहित अनेक राजा बारी-बारी से उठकर अपना बल परीक्षण करने लगे। किन्तु तोड़ना तो दूर वे धनुष हिला तक नहीं पाये।

चौपाई

श्रीहत भए हारि हियँ राजा। बैठे निज निज जाइ समाजा॥
नृपन्ह बिलोकि जनकु अकुलाने। बोले बचन रोष जनु साने॥
अब जनि कोउ माखै भट मानी। बीर बिहीन मही मैं जानी॥

राजा जनक के कटु वचन सुनकर लक्ष्मण ने क्रोधाभिभूत होकर भगवान् रामचन्द्र से कहने लगे कि भैया आपकी आज्ञा हो तो गेंद की भाँति यह ब्रह्माण्ड उठा लूँ, कच्चे घट की भाँति उसे फोड़ डालूँ, इस पुराने धनुष की तो बिसात ही क्या है।

चौपाई

सयनहिं रघुपति लखनु नेवारे। प्रेम समेत निकट बैठारे॥
बिस्वामित्र समय सुभ जानी। बोले अति सनेहमय बानी॥
उठहु राम भंजहु भवचापा। मेटहु तात जनक परितापा॥
तब रामहि बिलोकि बैदेही। सभय हृदयँ बिनवति जेहि तेही॥
तौ भगवानु सकल उर बासी। करिहि मोहि रघुबर कै दासी॥
अस जियँ जानि जानकी देखी। प्रभु पुलके लखि प्रीति बिसेषी॥
गुरहि प्रनामु मनहिं मन कीन्हा। अति लाघवँ उठाइ धुन लीन्हा॥
तेहि छन राम मध्य धनु तोरा। भरे भुवन धुनि घोर कठोरा॥
प्रभु दोउ चापखंड महि डारे। देखि लोग सब भए सुखारे॥
बाजे नभ गहगहे निसाना। देवबधू नाचहिं कर गाना॥
सखिन्ह मध्य सिय सोहति कैसें। छबिगन मध्य महाछबि जैसें॥
गावहिं छबि अवलोकि सहेली। सियँ जयमाल राम उर मेली॥

सोरठा

रघुबर उर जयमाल देखि देव बरिसहिं सुमन।
सकुचे सकल भुआल जनु बिलोकि रबि कुमुदगन॥

चौपाई

मंगल मूल लगन दिनु आवा। हिम रितु अगहनु मासु सुहावा॥
दूत अवधपुर पठवहु जाई। आनहिं नृप दसरथहि बोलाई।

जेहिं मंडप दुलहिनि बैदेही। सो बरनै असि मति कबि केही॥

दूलहु रामु रूप गुन सागर। सो बितानु तिहुँ लोक उजागर॥

छन्द

सुखमूल दूलहु देखि दंपति पुलक तन हुलस्यो हियो।
करि लोक बंद बिधानु कन्यादानु नृपभूषन कियो॥
बैठारि आसन आरती करि निरखि बरु सुखु पावहीं।
अवलोकि रघुकुल कमल रबि छबि सुफल जीवन लेखहीं॥
अति हरषु राजसमाज दुहु दिसि दुंदुभीं बाजहिं घनी।
बरषहिं सुमन सुर हरषि कहि जय जयति जय रघुकुलमनी॥

चित्रकूट में भरत मिलाप

दोहा

आपनि दारुन दीनता कहउँ सबहि सिरु नाइ।
देखें बिनु रघुनाथ पद जिय कै जरनि न जाइ॥

चौपाई

कहेउ लेहु सबु तिलक समाजू। बनहिं देब मुनि रामहि राजू॥

भरत बचन सब कहँ प्रिय लागे। राम सनेह सुधाँ जनु जागे॥

राम के बिरह से व्याकुल योगीराज भरत वन में ही भैया राम का राजतिलक करने की समस्त सामग्री लेकर, समूची प्रजा के सहित चित्रकूट की ओर चल पड़े। मार्ग में निषादराज, भरद्वाज ऋषि और अनेकानेक नर-नारियों की शंकाओं का निवारण करते हुए सबको साथ लिये भरतलाल चित्रकूट पहुँचे।

चौपाई

उहाँ रामु रजनी अवसेषा। जागे सीयँ सपन अस देखा॥

सहित समाज भरत जनु आए। नाथ बियोग ताप तन ताए॥

लखन सपन यह नीक न होई। कठिन कुचाह सुनाइहि कोई॥

मातेश्वरी सीता के दुःस्वप्न का हाल सुनकर भैया लक्ष्मण क्रोधित हो उठे और धनुष-बाण चढ़ाकर भरतलाल से युद्ध करने को तत्पर हो गये। परन्तु उसी समय-

चौपाई

जगु भय मगन गगन भइ बानी। लखन बाहुबलु बिपुल बखानी॥

सहसा करि पाछें पछिताहीं। कहहिं बेद बुध ते बुध नाहीं॥

दोहा

भरतहि होइ न राजमदु बिधि हरि हर पद पाइ।
कबहुँ कि काँजी सीकरनि छीरसिंधु बिनसाइ॥

आकाशवाणी और भैया श्रीराम के वचन सुनकर लक्ष्मण जी की शंका दूर हो गयी। इतने ही में भावविह्वल भरत जी दौड़ते हुए आकर श्रीराम के चरणों में लोट गये।

चौपाई

कहत सप्रेम नाइ महि माथा। भरत प्रनाम करत रघुनाथा॥
उठे रामु सुनि पेम अधीरा। कहुँ पट कहुँ निषंग धनु तीरा॥

दोहा

बरबस लिए उठाइ उर लाए कृपानिधान।
भरत राम की मिलनि लखि बिसरे सबहि अपान॥

चौपाई

मिलनि प्रीति किमि जाइ बखानी। कबिकुल अगम करम मन बानी॥
भेंटेउ लखन ललकि लघु भाई। बहुरि निषादु लीन्ह उर लाई॥

भैया श्रीराम और लक्ष्मण तथा जगदम्बा सीता से शुभाशीर्वाद पाकर भरत जी अश्रु बहाते शान्त खड़े रहे तथा निषादराज ने श्रीराम को सूचना दी कि गुरु वशिष्ठ सहित तीनों माताएँ और सकल साकेत समाज भी भैया भरत के साथ आया है। यह सुनकर श्रीराम

चौपाई

चले सबेग रामु तेहि काला। धीर धरम धुर दीनदयाला॥
गुरहि देखि सानुज अनुरागे। दंड प्रनाम करन प्रभु लागे॥

चौपाई

केहि बिधि अवध चलहिं रघुराऊ। कहहु समुझि सोइ करिअ उपाऊ॥

परन्तु रघुकुल रीति सदा चलि आई, प्रान जाइ पर बचन न जाई। भगवान् श्रीराम ने भरत को अयोध्या लौटकर राजकाज सँभालने का परामर्श दिया और स्वयं वन जाने के लिए तत्पर हुए।

चौपाई

प्रभु करि कृपा पाँवरी दीन्हीं। सादर भरत सीस धरि लीन्हीं॥
सेवक सचिव भरत रुख पाई। निज निज काज लगे सब जाई॥

सीता हरण

चौपाई

दसमुख गयउ जहाँ मारीचा। नाइ माथ स्वारथ रत नीचा॥

दोहा

करि पूजा मारीच तब सादर पूछी बात।
कवन हेतु मन ब्यग्र अति अकसर आयहु तात॥

चौपाई

दसमुख सकल कथा तेहि आगें। कही सहित अभिमान अभागें॥
होहु कपट मृग तुम्ह छलकारी। जेहि बिधि हरि आनौं नृपनारी॥
तेहि बन निकट दसानन गयऊ। तब मारीच कपटमृग भयऊ॥

आत्मयोगी मारीच ने श्रीराम के हाथों मुक्ति पाने की आशा से स्वर्ण मृग का रूप धारण कर लिया। जगदम्बा सीता ने स्वर्ण के समान प्रकाशमान् हिरन को देखा तो श्रीराम से उसे पकड़ लाने को कहा। श्रीराम ने मृग का पीछा किया और पर्णकुटी से बहुत दूर चले गये।

चौपाई

तब तकि राम कठिन सर मारा। धरनि परेउ करि घोर पुकारा॥
लछिमन कर प्रथमहिं लै नामा। पाछें सुमिरेसि मन महुँ रामा॥

चौपाई

आरत गिरा सुनी जब सीता। कह लछिमन सन परम सभीता॥
जाहु बेगि संकट अति भ्राता। लछिमन बिहसि कहा सुनु माता॥

लक्ष्मण जी ने कहा—माँ, जिनके भृकुटि विलास मात्र से सारी सृष्टि का लय हो जाता है वे श्रीराम क्या कभी स्वयं में भी संकट में पड़ सकते हैं। इस पर किशोरी जी

कुछ मर्म वचन कहने लगीं तब प्रभु प्रेरणा से लक्ष्मण जी का मन भी चंचल हो उठा और वे श्रीराम का पता लगाने चल पड़े।

चौपाई

सून बीच दसकंधर देखा। आवा निकट जती कें बेषा॥
नाना बिधि करि कथा सुहाई। राजनीति भय प्रीति देखाई॥
कह सीता धरि धीरजु गाढ़ा। आइ गयउ प्रभु रहु खल ठाढ़ा॥

दोहा

क्रोधवंत तब रावन लीन्हिसि रथ बैठाइ।
चला गगनपथ आतुर भयँ रथ हाँकि न जाइ॥

चौपाई

बिबिध बिलाप करति बैदेही। भूरि कृपा प्रभु दूरि सनेही॥
सीता कै बिलाप सुनि भारी। भए चराचर जीव दुखारी॥

जगदम्बा सीता के आर्त्तनाद से व्याकुल होकर गिद्धराज जटायु ने रावण से उनको मुक्त कराने की चेष्टा की परन्तु रावण ने जटायु के पंख काटकर उसे भूमि पर गिरा दिया।

चौपाई

करति बिलाप जाति नभ सीता। ब्याध बिबस जनु मृगी सभीता॥
गिरि पर बैठे कपिन्ह निहारी। कहि हरि नाम दीन्ह पट डारी॥
एहि बिधि सीतहि सो लै गयऊ। बन असोक महँ राखत भयऊ॥

इस प्रकार लंकाधिपति रावण छलपूर्वक मातेश्वरी सीता का हरण कर उन्हें लंका ले गया।

उधर मृग का वध कर श्रीराम और उन्हें ढूँढ़ने गये लक्ष्मण जब आश्रम में लौटे तो देखा किशोरी जी वहाँ नहीं हैं।

चौपाई

आश्रम देखि जानकी हीना। भए बिकल जस प्राकृत दीना॥
हे खग मृग हे मधुकर श्रेनी। तुम्ह देखी सीता मृगनैनी॥

चौपाई

कटि पट पीत कसें बर भाथा। रुचिर चाप सायक दुहुँ हाथा॥
स्याम गौर सुंदर दोउ भाई। बिस्वामित्र महानिधि पाई॥

राक्षसी ताड़का के पुत्र मारीच और सुबाहु के घोर अत्याचार से व्याकुल होकर भगवान् शिव के अवतार महर्षि विश्वामित्र ने अयोध्यानेरश महाराज दशरथ से उनके दोनों पुत्र राम और लक्ष्मण को साथ ले जाने की आज्ञा ले ली। मार्ग में ताड़का का वध करके मुनि के साथ दोनों भाई उस स्थल पर आये जहाँ सिंह समान दोनों भाइयों ने यज्ञ में विघ्न डाल रहे दोनों राक्षसों का वध कर दिया।

चौपाई

मारि असुर द्विज निर्भयकारी। अस्तुति करहिं देव मुनि झारी॥
तहँ पुनि कछुक दिवस रघुराया। रहे कीन्हि बिप्रन्ह पर दाया॥

इसी समय मिथिलेश महाराज जनक की प्रिय पुत्री सीता के स्वयंवर का समाचार मिला। मुनि विश्वामित्र ने दोनों भाइयों को साथ लेकर जनकपुर की ओर प्रस्थान किया।

चौपाई

आश्रम एक दीख मग माहीं। खग मृग जीव जंतु तहँ नाहीं॥
पूछा मुनिहि सिला प्रभु देखी। सकल कथा मुनि कहा बिसेषी॥

दोहा

गौतम नारि श्राप बस उपल देह धरि धीर।
चरन कमल रज चाहति कृपा करहु रघुबीर॥

छन्द

परसत पद पावन सोक नसावन प्रगट भई तपपुंज सही।
देखत रघुनायक जन सुखदायक सनमुख होइ कर जोरि रही॥
अति प्रेम अधीरा पुलक सरीरा मुख नहिं आवइ बचन कही।
अतिसय बड़भागी चरनन्हि लागी जुगल नयन जलधार बही॥

पितामह ब्रह्मा की पुत्री एवं गौतम ऋषि की पत्नी सर्वाङ्ग सुन्दरी अलौकिक स्वरूपवाली तपस्विनी अहल्या देवराज इन्द्र के कपट से छली जाकर अपने पति के शाप से पत्थर बन गयी थी। श्रीराम की चरण-रज के स्पर्शमात्र से वह पुनः मानव रूप धारणकर भगवान् की स्तुति करने लगी।

छन्द

मैं नारि अपावन प्रभु जग पावन रावन रिपु जन सुखदाई।
राजीव बिलोचन भवभय मोचन पाहि पाहि सरनहिं आई॥
मुनि श्राप जो दीन्हा अति भल कीन्हा परम अनुग्रह मैं माना।
देखेउँ भरि लोचन हरि भव मोचन इहइ लाभ संकर जाना॥

भगवान् के दर्शन से अहल्या कृतार्थ हो गयी। उसके सम्पूर्ण पाप-ताप मिट गये। भगवान् श्री राम के चरणों में अनुरक्त होकर उनकी पवित्र स्तुति करते हुए अहल्या सप्तर्षियों में शोभायमान् अपने पति गौतम के लोक को सिधार गयी।

छन्द

एहि भाँति सिधारी गौतम नारी बार बार हरि चरन परी।
जे अति मन भावा सो बरु पावा गै पति लोक अनंद भरी॥

दोहा

अस प्रभु दीनबंधु हरि कारन रहित दयाल।
तुलसिदास सठ तेहि भजु छाड़ि कपट जंजाल॥

राम-विवाह

चौपाई

सीय स्वयंबरु देखिअ जाई। ईसु काहि धों देइ बड़ाई॥
राजकुअँर तेहि अवसर आए। मनहुँ मनोहरता तन छाए॥
सहज मनोहर मूरति दोऊ। कोटि काम उपमा लघु सोऊ॥
सिय सोभा नहिं जाइ बखानी। जगदंबिका रूप गुन खानी॥

दोहा

बोले बन्दी बचन बर सुनहु सकल महिपाल।
पन बिदेह कर कहहिं हम भुजा उठाइ बिसाल॥

चौपाई

नृप भुजबलु बिधु सिवधनु राहू। गरुअ कठोर बिदित सब काहू॥
त्रिभुवन जय समेत बैदेही। बिनहिं बिचार बरइ हठि तेही॥